문화 트렌드 2026

도시활력과 지역발전을 위한 12가지 조류와 제안

신형덕·박지현·박영은
정보람·조만수·한광야

박영사

▶▶▶ 서문

    2021년 이래 매년 문화 트렌드를 분석하는 보고서를 발간하면서 저자들이 갖는 고민은 한결같았다. 문화라는 연속적이고 광범위한 주제를 다루면서 다음 해의 트렌드를 주장하는 기준을 어디에 두어야 할 것인가? 우리가 주장하는 트렌드가 그저 멋지게 보이기만 하는 허상에 그치지나 않을까? 다시 말해서, 연말만 되면 서점을 채우는 많은 트렌드 서적의 하나가 되기 보다는 독자에게 현실적이고 유익한 시사점을 줄 수 있는 내용으로 채우기를 항상 원했다.

    그러한 의미에서 『문화 트렌드 2026』은 특정 주제에 초점을 맞추어 현실적인 조류와 그에 따른 시사점을 제시하기로 하고 2026년에 특히 중요하게 떠오를 주제 중에서 도시활력과 지역발전에 대해 다루기로 하였다. 도시와 지역을 주제로 선택한 이유는 다음 두 가지와 같다.

    첫째, 인구 감소라는 거대한 트렌드의 여파로 나타나는 가장 중요한 이슈인 지방 소멸을 방지하기 위해 지역의 부흥과 관련된 열 두 가지 트렌드에 대해 집중적으로 설명하여 구체적인 대책을 강구하는 것에 도움이 되기 원했다. 여기에서 설명하는 열두 가지 트렌드는 기후위기와 회복 탄력성에 관련된 트렌드,

기술과 산업과 콘텐츠와 경제적 환경과 관련된 트렌드, 고령화와 사회적 갈등과 주거 행복과 관련된 트렌드, 그리고 헤리티지와 뉴트로와 지역 브랜딩과 관련된 트렌드이다. 우리 주변에 흐르고 있는 이러한 거시적 트렌드가 지방 소멸을 해소할 수 있는 단서가 될 수 있음을 설명하고 싶었다.

둘째, 소극적인 소멸 회피를 넘어서 도시활력의 원동력을 찾는 방법을 제시하고 싶었다. 수 년 전부터 사람들의 관심은 국가 경쟁력으로부터 도시 경쟁력으로 옮겨지고 있다. 국가는 주로 국적이나 관세 등과 관련된 정책을 통해 국민 전체의 행복에 초점을 두지만 일반 시민이 일상 생활에서 체험하는 행복은 자신이 거주하는 도시와 지역의 활력에 기반을 두는 경우가 많다. 국민소득은 높지만 내가 사는 지역의 상황은 피폐할 수도 있고, 무역에서 적자를 기록하고 있지만 내가 일하는 도시에서는 행복한 삶의 터전이 마련될 수도 있다. 세계 구석구석의 도시와 지역에서는 현지의 지방정부가 특별히 큰 예산을 집행하지 않더라도 산업 변동에 현명하게 대처하거나 지역 코인을 도입하거나 도시 브랜딩을 성공적으로 수행하여 행복한 시민의 삶을 마련했던 사례가 적지 않다. 우리도 이러한 도시와 지역을 만들 수 있다는 것을 설명하고 싶었다.

필자를 포함한 여섯 명의 집필진은 이러한 주제에 대해 특별한 사명감을 갖고 본서를 집필했다. 경영학, 문화예술학, 정책연구, 도시설계, 그리고 연극분야에서 각자의 시각으로 트렌드를 읽고 이를 도시활력의 원동력으로 연결하는 작업은 보람찬 과정이었다. 이제 그 결실을 일반 독자, 특히 지역 정책을 수행하는 실무자들과 나누려 한다. 본서를 통해 여러분께 도시활력과 지역발전을 위한 현실적이고 유익한 시각을 조금이라도 제공할 수 있다면 더 이상 바랄 것이 없다.

2025년 가을 와우산 자락에서

대표저자 신형덕

목차

PART 01. 2025년 문화 트렌드 회고

너와 나의 연결고리, 그리고 소비

쉽게 더 쉽게, 이지-코노미(easy-conomy)_박지현	2
티키타카 소비를 통한 미니맥시즘_박영은	8
스타와 팬의 팀플, 프라이빗 메시지_박지현	16
없는 추억도 만들어낸다: 겪어보지 않은 것에 대한 향수_정보람	21

불확실 시대의 유연성

적대적 공생과 협쟁(coopetition)_신형덕	24
머피베드 인생, 변화에 접속하는 방식!_박영은	30
멀티 레이블의 명과 암_신형덕	38
미술품 투자_신형덕	42

재미있거나 혹은 진지하거나

노는 게 제일 좋아, 펀플레이션(funflation)_박지현	47
숏폼이 바꾼 시간의 감각, 그리고 우리가 다시 마주한 '8만 6400초의 인생'_박영은	52
다큐멘터리 연극: 현실이 무대 위로 올라가다_조만수	60
도파민 디톡스(dopamine detox)_박지현	65

신한류 시대 그 이후

2025년, 문화가 국경을 넘는 시대의 단상:
  한류의 물결 위를 걷는 사람들_박영은   70
K-드라마의 세계화_신형덕   78

노멀과 뉴노멀

전통문화, 오래된 미래_박지현   81
미신과 영웅_신형덕   86
탈권위 반전 매력_박지현   93
정상, 상식, 그리고 뉴 노멀_신형덕   98

PART 02. 2026년 문화 트렌드 전망

chapter 1 회복탄력성 필요의 시대:
  위기를 기회로 바꾸는 도시들의 비밀   107

1부 기후위기와 도시_박지현   108
2부 피로시대와 도시_정보람   129

chapter 2 기술 혁신과 산업 전환:
스마트한 미래, 똑똑한 도시들 **147**

1부 4차산업기술과 도시_신형덕 148
2부 산업변동과 도시_신형덕 162
3부 콘텐츠가 만들어내는 도시의 매력_박영은 175
4부 지역 화폐의 스테이블 코인 도입과
지역 경제 활성화_신형덕 194

chapter 3 인구구조 변화: 연대와 균형의 도시 **211**

1부 모두를 위한 도시의 조건:
Age-friendly City_박지현 212
2부 사회갈등과 도시_정보람 234
3부 직주락 도시_한광야 250

chapter 4 주목경제의 시대:
도시 브랜딩과 문화의 재발견 **279**

1부 도시의 헤리티지:
과거를 품은 미래도시 전략_박영은 280
2부 도시의 뉴트로 전략_박영은 304
3부 예술을 매개로 한 도시 브랜드의 국제화_조만수 326

미주 345
이미지 출처 359

PART 1

2025년 문화
트렌드 회고

쉽게 더 쉽게, 이지-코노미 (easy-conomy)

《문화 트렌드 2025》에서는 넘쳐나는 정보로 인해 오히려 복잡한 사고를 꺼리는 사람들이 늘어나면서, 쉽게 만들수록 인기를 얻는 이지-코노미(easy-conomy) 현상에 대해 살펴보았다. 복잡한 전개와 서사보다 쉽고 단순한 드라마가 인기를 얻고, 가볍게 듣기 좋은 음악들이 사랑받는 시대. 특히 AI 기술이 발전하면서 영상, 책은 물론 통화내용이나 댓글까지 요약해주는 서비스가 확산되면서, '맥락을 파악하고 핵심을 정리하는 역할'을 점점 AI에 맡기고 있다는 점이 주목할 만하다.

2025년은 국내외적으로 급격한 변화와 불확실성이 뒤섞인 해였다. 국내 정치 지형의 급변, 전쟁 등 국제 정세의 불안, 경제의 불확실성까지 맞물리며 사람들은 복잡한 사고와 결정을 회피하려는 경향을 보였다. 이처럼 불안정한 환경 속에서 '익숙함'과 '예측 가능성'은 사람들에게 하나의 심리적 안정 장치가 되었고, 그 결과 콘텐츠와 상품 소비 전반에서 '쉬움'을 핵심 가치로 삼는 경향이 더욱 강화되었다. 고민하지 않아도 되는 콘텐츠나 설명 없이도 바로 이해되는 제품이 인기를 끄는 이유는 단순히 편리해서가 아니라 이러한 직관성이 불확실한 시대를 살아가는 사람들에게 심리적 안식처로 작용하기 때문이다.

이 같은 흐름을 기반으로 《문화 트렌드 2025》에서는 '기능의 단순화'와 '직관적 경험'이 소비 시장의 새로운 표준으로 자리 잡고 있음을 강조하였다. 누구나 쉽게 사용할 수 있는 간편 가전이 틈새 인기를 얻고 있고, 앱 하나로 검색, 예약, 구매, 결제까지 모두 해결해주는 통합형 서비스가 확산되고 있는 것도 같은 맥락이다. 제품은 본연의 기능에 집중하여 사용자는 복잡한 설명 없이도 즉시 이해하고 사용할 수 있어야 한다. 이는 단순한 사용자 편의 차원을 넘어 정보 과잉 시대의 '인지 피로'를 줄이기 위한 전략이기도 하다.

AI가 짜주는 나만의 여행 코스

AI 기술의 발전은 이러한 이지-코노미 현상에 더욱 박차를 가하고 있다. 크리테오의 '2025 상반기 글로벌 여행 트렌드 리포트'에 따르면, 전 세계 많은 여행자들이 여행 계획의 초기 단계부터 AI를 활용하고 있다.[1] 특히 여행지와 액티비티, 숙소 추천 등에서 적극적으로 AI를 활용하고 있는 것으로 나타났다. 소비자들은 더 이상 수많은 정보를 비교하고 분석하는 대신 AI가 제시하는 '요약된 선택지' 안에서 직관적으로 결정을 내릴 수 있게 되었다. 여행 계획 짜느라 골머리를 앓던 '파워 J'들은 시간을 아끼게 되었고, 여행 계획 짜는 것이 너무 귀찮던 '파워 P'들은 새로운 플래너를 얻게 된 것이다. 이러한 흐름은 마케팅 전략에도 영향을 미치고 있다. 복잡한 브랜드 서사나 장황한 설명보다 AI 알고리즘에 잘 잡히는 키워드 기반의 간결한 메시지가 경쟁력을 가지는 시대가 된 것이다.

Z세대를 중심으로 불고 있는 클래식 열풍

문화소비의 측면에서도 '쉬움'과 '가벼움'이 새로운 미덕으로 떠오르고 있다. 최근 Z세대를 중심으로 불고 있는 클래식 열풍에서 이러한 변화를 읽을 수 있다. 전통 예술 장르인 클래식 음악이 다시 주목받고 있는 이유는 단순한 복고 열풍이나 품격 추구가 아니라, 클래식의 문턱을 낮추는 전략에 있다. 한국관광공사의 통계에 따르면, 20대의 핫플레이스 상위권에 미술관과 공연장이 대거 진입했고, 예술의전당 오페라하우스는 검색량이 전년 대비 160% 이상 증가했다[2]. 이는 복장 규제가 없는 캐주얼 콘서트, 관객과 연주자가 대화하는 토크콘서트, 애니메이션과 OST를 접목한 크로스오버 무대와 같이 클래식을 더 쉽고 편하게 접할 수 있는 공연 형식이 젊은 세대의 감성에 부합했기 때문이다. 클래식의 진입장벽을 낮추려는 다양한 시도들이 클래식 음악의 대중화를 이끌었다고 볼 수 있다.

한편, 콘텐츠 소비 방식 자체가 요약 중심으로 더욱 강화되고 있는 점도 눈여겨볼 만하다. 네이버는 블로그 콘텐츠에 AI 미리보기 기능을 추가하여 섬네일(대표 이미지)과 함께 블로그 내용을 간략히 요약하여 보여주는 서비스를 도입하였다. 소비자의 입장에서는 더 많은 콘텐츠를 쉽고 빠르게 습득할 수 있게 된 것이다. 사람들은 이제 콘텐츠를 '감상'하기보다 '스캔'하고, 핵심만을 소비한다. 전체를 파악하고 이해하는 방식보다 검색하고 요약된 결과를 참고하는 방식이 일상화되면서, 요약된 정보를 통해 스스로 맥락을 재구성하는 능력이 오히려 더 중요해지고 있는 역설적 현상이 벌어지고 있다.

그러나 이러한 요약 중심 소비 패턴은 다양한 문제를 동반하고 있다. 저작권 이슈가 그 대표적인 사례다. 콘텐츠 창작자들 사이에서는 "요약도 창작이며 일종의 비평"이라는 인식이 존재하지만, 법적으로는 요약물이 원저작물을 얼마나 창의적으로 재해석했는지가 쟁점이 된다.[3] 특히 요약 콘텐츠가 원작의 플롯이나 핵심 전개를 사실상 대체할 수 있는 수준으로 구성될 경우, 이는 저작권 침해로 이어질 수 있다. 그리고 이러한 변화는 미디어 생태계에도 영향을 미치고 있는데, 월스트리트저널(WSJ)은 구글이 검색 결과에 AI 요약 기능을 도입하면서 뉴스 웹사이트의 트래픽이 급감하고 있다고 보도했다.[4] 사용자가 기사 원문 대신 AI가 자동으로 요약한 내용을 검색 상단에서 바로 확인하게 되면서 언론사로 유입되는 방문자 수가 눈에 띄게 줄어든 것이다.

뉴스 대신 AI 요약을 보는 시대

이지-코노미는 단순한 '귀차니즘'이나 '편리함을 추구하는 습관'으로만 보기는 어렵다. 불확실하고 피로감이 누적된 시대를 살아가는 현대인들이 인지적 과부하와 감정적 스트레스에서 벗어나기 위한 심리적 자기보호 전략으로 해석할 수 있다. 그리고 이 전략은 콘텐츠 소비, 정보 활용, 기술 수용, 저작권 구조까지 전방위적인 재편을 촉진하고 있는 것이다. 2025년 이후 이지-코노미가 우리 삶의 모습을 어떻게 바꿔 나갈지, 지켜봐야 할 것이다.

티키타카 소비를 통한 미니맥시즘

티키타카 소비, 삶과 물건 그리고 나 사이의 균형을 찾아서

'소비'라는 단어는 한때 자본주의 시스템의 상징이자, 인간 욕망의 부산물로 여겨졌다. 그러나 이제 우리는 더 이상 물건을 단순히 '사는' 행위에 그치지 않는다. 우리는 소비가 무엇을 의미하는지, 인간에게 어떤 역할을 수행하며, 어떤 감정을 불러일으키는지를 생각하며 살고 있다. 이 가운데, 특히 2025년의 소비는 점차 '삶과 물건, 그리고 나 사이의 소통'의 영역으로까지 확장되고 있다. 그리고 소비자와 제품 사이, 사람과 기술 사이에 오가는 신호와 반응 속에서 우리는 '티키타카 소비'라는 새로운 감각을 발견하게 된다.

티키타카는 원래 축구 용어로, 짧고 빠른 패스를 주고받으며 공간을 만들어내는 축구 전술이다. 하지만 이 단어는 어느새 일상의 언어로 확장되어, 소통이 잘 맞는 사람들 간의 관계를 표현할 때도 자주 쓰인다. 그리고 지금, 이 단어는 이제 물건을 소비하는 것과도 연결된다. 나와 물건 사이에, 또는 나와 기술 사이에 주고받는 감각. 즉, 물건이 단순히 존재하는 것이 아니라, 나의 삶과 호흡하고 대화한다는 개념으로 거듭난 것이다.

축구 용어에서 유래된 티키타카

예를 들어, 우리는 물건을 구입한 뒤 그것과 자연스럽게 관계를 맺게 된다. 물건 가격의 높고 낮음을 떠나서 자주 사용하고 손이 가는 물건은 점점 애착의 대상으로 자리 잡지만, 전혀 쓰이지 않고 공간만 차지하는 물건은 관계의 단절만 불러온다. 특히 2020년에 시작된 팬데믹을 보내면서 많은 이들이 이러한 단절을 자각하게 되었다. 각자의 집 안에는 '예쁘지만 쓸모없는' 물건들이 가득했고, 이 물건들은 결국 마음의 여유를 갉아먹는 존재가 되었다. 소위 '예쁜 쓰레기' 혹은 쓰지는 않지만 버리기는 아까운 '계륵템'이라고도 불리우는 그것은 처음에는 기분 좋은 만족감을 안겨준다. 그러나 시간이 지날수록 그 존재는 점점 불편한 이물감으로 변해간다. 이러한 경험을 반복하면서 우리는 소비에 대해 다시 생각하게 된다. 꼭 필요한 것만을 사야 한다는 강박이 아니라, 나와 조화를 이루는 물건을 선택하는 것이야말로 '좋은 소비'라는 깨달음을 얻게 되고, 내 삶에 정착해가는 물건만 남기게 된다. 뽕뽑템(뽕을 뽑을 수 있는 물건)과 계륵템(별로 득이 되지는 않지만, 남주기에는 아까워 버리지 못하고 갖고 있는 물건), 그 사이 어딘가에서 감정의 교차점이 일어나는, 티키타카 소비는 바로 그런 점에서 물건의 가치를 다시 정의하려는 움직임이라 볼 수 있다.

거리의 쇼핑 공간, 마타데로 마드리드에서 열리는 시장

티키타카 소비, 삶의 재정렬을 위한 첫 걸음

이러한 변화는 2025년을 맞이하면서 단순히 개인의 생활 수준을 넘어서 사회적, 문화적 차원으로 확산되고 있다. 사람들은 이제 소비에서 '실용성'과 '지속 가능성'을 더 중요하게 여기기 시작했다. 정리 수납 전문가들이 계속해서 주목받고, 렌탈 서비스나 리필 스테이션이 늘어나고 있으며, 디지털 미니멀리즘을 추구하는 앱들이 등장하는 것도 같은 맥락에서 볼 수 있다. 더 많이 가지려는 시대를 지나, 이제는 더 '잘' 가지려는 시대가 된 것이다. 정리 수납이라는 개념 역시 단순한 정돈의 기술로 끝나지 않는다. 오히려 이보다는 삶의 방향을 다시 세우는 과정으로 보는 것이 맞다. 곤도 마리에의 정리 철학처럼, 설레지 않는 물건은 떠나보내고, 남은 물건과는 의미 있는 관계를 만들어나가는 것. 이런 과정은 물건과의 관계뿐 아니라, 우리의 삶 전체를 재정렬하는 데에도 깊은 영향을 주고 있다. 특히 삶의 재정렬을 위한 첫 걸음으로서 티키타카 소비는 심리학적인 시각에서 보았을 때도 매우 유효하다. 사람은 공허함을 느낄 때 무의식적으로 물질에 의존하려는 경향이 있다. 쇼핑은 그 중 하나의 오래된 방식이다. 하지만 쇼핑은 문제의 해결이 아닌 회피일 수 있으며, 티키타카 소비는 그 회피의 반복을 끊고 삶의 방향을 바꾸는 전환점이 될 수 있다. 마치, 외로움을 메우기 위해 누군가에게 전화를 걸기보다는 혼자만의 시간을 제대로 돌보는 선택처럼 말이다. 그렇다고 티키타카 소비가 무조건 물건을 버리자는 의미는 아니다. 오히려 물건과 기술, 공간과의 관계를 성찰하고, 나에게 '정말' 필요한 것이 무엇인지 고요히 묻는 과정을 차곡히 더해나가는 과정에 가깝다. 이 물건은 나와 대화가 가능한가? 이 기술은 나의 삶을 방해하기보다 도와주는가? 이 공간은 나에게 위로를 주는가? 이런 질문들로부터 티키타카 소비는 시작된다.

2025년의 소비는 더 이상 '물건'만을 대상으로 하지 않는다. 이제 우리는 기술과도 티키타카를 나누어야 한다. 그리고 2025년 현재, 이 흐름은 더욱 뚜렷해지고 있다. 인공지능 비서와의 대화, 알고리즘이 추천하는 콘텐츠, 스마트홈 디바이스와의 상호작용 속에서 우리는 무수한 선택지를 마주한다. 이때 필요한 것은 기술을 '사용'하는 주체로서의 자각이다. 예컨대, AI 스피커가 켜주는 음악이 나의 하루를 어떻게 바꾸는지, 추천 알고리즘이 나의 소비 성향을 어떻게 형성하는지를 돌아보는 일. 기술은 선택지를 넓히지만, 선택은 여전히 인간의 몫이다. 기술과의 티키타카 역시, 나의 삶과 잘 맞는 방향으로 조율되어야 한다. 인공지능 기술과 함께 우리는 새로운 형태의 관계를 맺기 시작했다. AI 비서에게 말을 걸고, 디지털 콘텐츠를 선택받고, 데이터 기반 추천을 따라가며, 우리는 기술과 나 사이의 또 다른 티키타카를 체험하고 있다. 기술이 나의 감각을 이해하고, 나는 그것을 받아들이거나 거절하는 일련의 흐름 속에서 소비의 형태는 점점 더 개인화되고 있는 것이다. 따라서, 결국 티키타카 소비는 인간 중심의 소비를 말한다. 타인의 시선을 따라가는 소비가 아니라, 나에게 집중하는 소비, 그리고 그 중심에는 '선택의 자율성'이 있다. 기술도, 물건도, 서비스도 나의 삶과 호흡할 수 있을 때 비로소 가치가 있기 때문이다. 이것이야말로 지속 가능한 삶을 위한 첫 걸음이다.

미니맥시즘의 철학, 적게 갖고 넓게 누리는 삶

소비가 정체성과 직결되는 시대, 우리는 어떤 물건과 기술과 호흡하고 있는가? 그 질문은 단순히 물건을 덜 사는 것이 아니라, 내 삶의 무게 중심을 어디에 둘 것인가를 묻는 질문이기도 하다. 티키타카 소비는 그 질문에 조심스럽게 대답하려는, 작지만 의미 있는 몸짓이다. 지금, 우리의 삶은 하루하루, 매 순간이 끊임없는 선택으로 이루어진다. 그 선택이 타인의 기준이 아닌 나의 감각으로부터 시작될 때, 우리는 비로소 진짜 '소비의 자유'를 경험할 수 있다. 그 자유를 위해 우리는 오늘도 물건을 들여다보고, 기술과 대화하고, 공간을 다시 정리한다. 그렇게 삶은 조금씩 나와 닮아간다. 따라서, 이제는 소비도 대화를 한다. 나와 물건 사이, 나와 공간 사이, 나와 기술 사이에 흐르는 '티키타카'의 감각. 축구 용어에서 비롯된 이 단어가 2025년의 소비 패러다임을 설명하는 데 이토록 잘 어울릴 줄 누가 알았을까?

몇 년 전까지만 해도 소비는 욕망의 발로였고, 구매는 충동의 종착점이었다. 그러나 코로나 팬데믹을 기점으로 많은 이들이 집안 구석구석을 들여다보기 시작했다. 그 과정에서 누구나 한 번쯤은 마주했을 것이다. '예쁘지만 쓸모없는 것들'로 가득 찬 집. 보기에는 멋진데, 정작 내 삶에 아무런 쓰임이 없는 물건들. 그 속에서 우리는 비로소 물건과 관계를 맺는 새로운 방식, '티키타카 소비'에 눈을 떴다. 이 소비는 단순한 미니멀리즘과는 다르다. 무작정 버리고 비우는 대신, 나와 소통하는 물건만을 남기는 선택적 소비다. 설레지 않으면 떠나보내고, 손이 자주 가는 것에는 애정을 담는다. 이러한 판단의 기준은 외부의 기준이 아니라, 오직 개인의 삶과 호흡하는 리듬에서 나온다. 쇼핑 중독을 다룬 심리상담 사례를 들여다보면, 소비는 종종 마음의 공허함을 채우려는 시도로 시작된다. 하지만 쇼핑백이 집 구석에 내려앉는 순간, 만족감은 휘발되고 다시 공허함이 찾아온다. 이 무한반복의 사이클 속에서 많은 이들이 느끼는 건, 물건으로 마음을 채우는 것이 얼마나 일시적이고 단편적인 위로인지에 대한 깊은 자각이다. 그렇다고 완전한 금욕을 말하는 것은 아니다. 오히려 필요한 것과 그렇지 않은 것을 구분하고, 지금의 나에게 진정 유용한 것을 선택하는 능력이 중요하다. 이것이 바로 티키타카 소비의 출발점이다. 물건과 교감하는 감각, 그것이 바로 지속 가능한 소비의 실마리다.

　소셜미디어를 중심으로 확산된 시각 중심의 소비 문화는 '예쁜 쓰레기'라는 새로운 개념을 만들어냈다. 보기에는 좋지만 기능은 떨어지는 제품, 사진을 위한 소비. Z세대를 비롯한 많은 젊은 세대는 시각적 만족을 중요한 기준으로 삼지만, 이 소비는 때때로 불필요한 낭비로 이어진다. 결국 소비란 '지속 가능한 관계'여야 한다. 디자인만이 아니라 사용성, 편리함, 그리고 삶 속에서의 효용성이 어우러져야 진정한 가치가 있다. 외형 중심의 소비에서 '생활 중심의 소비'로 전환하는 것이야말로, 우리가 맞이할 다음 시대의 방향이다. 바로 미니맥시즘은 '최소의 것으로 최대의 효과를 거두는 삶의 전략'이다. 단순히 적게 쓰는 것을 넘어, 의미 있게 쓰는 데 초점을 둔다. 이 철학은 우리의 주거 공간, 디지털 환경, 심지어 기업의 운영 방식까지 영향을 미친다. 예컨대, 리필 스테이션, 제로 웨이스트 상점, 렌탈 서비스, 디지털 미니멀리즘 앱 등은 모두 티키타카 소비와 미니맥시즘이 만나는 접점이다. 불필요한 것을 없애고, 진짜 나와 호흡이 맞는 것만 남기는 과정에서 우리는 삶의 밀도를 높이게 된다. 결국 이 모든 변화는 '나를 중심에 두는 소비'로 이어진다. 남을 위한 소비, 보여주기 위한 소비가 아닌, 나의 감각과 필요에 맞는 소비. 이것이야말로 티키타카 소비의 본질이다.

티키타카 소비는 더 이상 유행이 아니라, 삶의 방식이다. 이 소비 방식은 불필요한 과잉을 줄이고, 나만의 질서를 회복하는 데 도움을 준다. 개인의 정신 건강은 물론, 환경, 경제, 심리적인 안정감까지 고려한 종합적 선택이다. 소비란 이제 단순한 '구매 행위'가 아니라 '관계 맺기'다. 물건과 관계를 맺고, 기술과도 대화를 나누며, 그 속에서 나를 중심에 둔 삶을 설계하는 일. 2025년, 이 시대는 우리에게 질문을 던진다. "당신과 티키타카가 맞는 것은 무엇인가요?" 그 질문에 답을 하기 위해, 우리는 조금씩 덜어내고, 천천히 걸러내며, 삶의 속도를 다시 조절해 나가야 한다. 어쩌면 그것이야말로 진짜 '소비의 미학'인지도 모른다.

스타와 팬의 팀플, 프라이빗 메시지

　《문화 트렌드 2025》는 위버스, 디어유와 같은 팬 커뮤니티 플랫폼의 프라이빗 메시지 유료 서비스가 팬덤 문화에서 갖는 의미에 주목하였다. 겉으로는 아티스트와 팬이 1대 1로 메시지를 주고받는 형태처럼 보이지만, 실제 구조는 1 대 다(多) 송신에 팬의 반응만 개인화된 방식이다. 그럼에도 불구하고 팬은 아티스트와 내가 '둘이서' 나누는 대화라는 착각에 가까운 몰입을 경험한다. 이러한 착시와 감정적 참여가 결합되며, 팬들은 그 관계를 하나의 특별한 경험으로 인식하게 되는 것이다.

weverse
Official for All Fans

대표적인 팬 커뮤니티 플랫폼 위버스

특히 디어유 버블은 2020년 SM엔터테인먼트 아티스트를 중심으로 첫 서비스를 시작한 이후, 프라이빗 메시지 서비스의 대표적 모델로 자리 잡았다. 이러한 플랫폼은 단순한 정보 전달을 넘어서, 아티스트의 일상을 엿보고 반응을 보낼 수 있는 감정적 인터페이스로 기능한다. 글로벌 팬들은 이 서비스를 통해 소속감을 느끼고, '쌍방향'이라는 키워드 아래 팬덤 활동을 보다 능동적으로 수행하게 된다. 아티스트 역시 팬의 반응을 실시간으로 확인하며 소통의 질을 높이는 데 집중할 수 있다.

《문화 트렌드 2025》에서는 이러한 현상을 플랫폼 비즈니스의 성장을 넘어 팬이 '관계 경험의 소비자이자 공동 창작자'로서 자리매김하는 흐름으로 해석한다. 물론 팬들은 이러한 메시지가 실제로는 1:1이 아니라는 점도, 완전히 프라이빗하지 않다는 점도 알고 있다. 그럼에도 불구하고 서비스를 구독하는 이유는, 그들이 나만의 경험이라 여기는 정서적 보상을 얻기 때문이다. 결국 이 서비스의 성패는 플랫폼의 기술보다 아티스트가 얼마나 진정성 있게 응답하느냐에 달려 있다. 팬과 아티스트가 함께 만들어가는 이 상호작용은 단순한 팬서비스가 아니라 하나의 팀플레이로 작동하는 감정 기반 공동체의 작동 원리이기도 하다.

팬 커뮤니티 플랫폼에서 팬들만 향유할 수 있는 차별화된 콘텐츠를 제공하는 사례는 더욱 증가하고 있다. 2025년 6월에는 그룹 세븐틴의 10주년을 기념해 제작된 '나나민박 with 세븐틴'이 tvN을 통해 방영되었다. 충북 보은의 한 민박집에서 펼쳐진 이 콘텐츠의 TV 시청률은 0.7%로 다소 낮았지만 OTT 플랫폼인 티빙과 디즈니+에서 모두 10위권에 오르며 인기를 입증했고, 무엇보다 위버스에서 제공된 풀버전 콘텐츠는 팬들의 강력한 소비로 이어졌다. 방송에서는 80분 분량의 3회만 방영되었지만 위버스에서는 170분짜리 6회 분량의 풀버전이 3만 7천 원에 유료 판매되었다. 이에 대해 팬들 사이에서도 "가격 대비 충분한 가치"라는 반응과 "너무 잦은 유료화로 피로하다"는 의견이 엇갈리기도 했다.[5]

하지만 이처럼 팬들의 지갑을 여는 데는 성공했을지 몰라도, 플랫폼 전체의 지속 가능성에는 불안 요소가 감지되고 있다. 2024년 들어 위버스와 디어유는 모두 처음으로 매출 감소를 기록했다. 위버스컴퍼니는 전년 대비 24.3%의 매출 감소와 107억 원의 순손실을 보고했으며, 디어유 역시 매출과 영업이익 모두 하락세를 보였다.[6] 방탄소년단의 군입대, 주요 아티스트들의 활동 공백, 새로운 서비스 개발에 따른 투자 증가 등 복합적인 요인이 작용했지만, 그 이면에는 팬들 사이에 점점 커져가는 피로감도 있다. '프라이빗'하지 않은 프라이빗 메시지, 반복되는 유료 콘텐츠, 기계적인 소통 방식이 누적되면서 팬덤의 충성심에도 균열이 생기기 시작한 것이다.

《문화 트렌드 2025》는 이러한 상황 속에서 팬덤 플랫폼의 미래를 결정짓는 요소로 '진정성 있는 상호작용'과 '경험의 차별화'를 강조했다. 단순히 많은 콘텐츠를 제공하거나, 화려한 기능을 탑재하는 것으로는 더 이상 팬의 마음을 붙잡을 수 없다. 팬덤 플랫폼은 이제 감정이 교류되는 정서적 인터페이스가 되어야 한다.

스타와 팬의 팀플로 확장되어 갈 팬덤 플랫폼

이러한 변화는 기술의 진화 방향에도 반영되고 있다. 아티스트가 원하는 구성으로 팬 커뮤니티를 직접 설계할 수 있도록 한 '비스테이지(BeStage)'는 브랜드의 세계관을 기반으로 한 커스터마이징 기능과 맞춤형 AI 기술을 결합해 단순한 소통을 넘어 팬이 브랜드의 감정선에 몰입할 수 있는 환경을 제공한다. 론칭 4년 차를 맞은 지금, 지드래곤, 태양 같은 아티스트뿐 아니라 스포츠, e스포츠, 뮤지컬, 라이프스타일 브랜드까지도 비스테이지를 활용해 팬덤 커머스를 확장하고 있다.[7]

한편, 팬덤의 소통 방식이 점차 픽션의 영역으로까지 확장되고 있는 것도 흥미로운 변화다. 네이버웹툰의 '캐릭터챗'은 웹툰 속 등장인물과 사용자 간의 교류를 가능케 하는 시스템으로, 팬덤 플랫폼의 작동 원리를 엔터테인먼트 경험으로 전환시킨 대표 사례다. 사용자가 캐릭터와 나누는 대화는 빈도와 방식에 따라 반응이 달라지고, 친밀도가 높아질수록 마치 현실 친구처럼 다른 톤으로 응답하는 시스템은 팬들에게 일종의 '감정 몰입형 시뮬레이션 게임' 같은 경험을 제공한다. 실제로 전체 메시지 중 유료 메시지 비율이 41%에 달할 정도로, 충성 사용자 층이 점점 두터워지고 있다.[8]

이제 팬덤 플랫폼은 단순히 정보를 주고받는 서비스가 아닌, 관계와 감정, 브랜드 세계관이 입체적으로 작동하는 환경이 되어야 한다. 과잉된 유료화, 반복적 콘텐츠, 형식적인 팬서비스는 더 이상 팬의 지지를 이끌어낼 수 없다. 반면, 진정성 있는 소통, 참여의 주체로 존중받는 경험, 그리고 감정선을 따라 몰입할 수 있는 구조는 팬덤을 하나의 '확장된 세계'로 인식하게 만든다.

기술은 계속 진화하겠지만, 그 위에서 움직이는 것은 결국 사람의 마음이다. 팬덤 플랫폼의 내일은 스타와 팬이 얼마나 교감할 수 있는 팀플의 장을 만들어내는가에 달렸다.

없는 추억도 만들어낸다:
겪어보지 않은 것에 대한 향수

　《문화 트렌드 2025》에서는 한번도 경험한 적이 없는 것에 대해서도 향수를 느끼고 열광하는, 일명 '아네모이아(anemoia)'에 주목하였다. Z세대를 중심으로 자신의 세대 이전에 유행했던 음악과 패션을 좋아하고 자신이 태어나기 전 시대의 거침없고 무질서하던 생활상을 낭만의 시대로 묘사하며 그리워하는 것이다. 단 한번도 겪어보지 못한 향수라는 점에서 지나간 과거에 대한 그리움과 향수를 느끼고 즐기는 유행인 복고나 레트로 개념과는 확연히 다른 현상이다.

　2025년에는 아네모이아 현상이 패션, 가전, IT, 주류, 식품업계까지 전반적으로 퍼지며 새로운 소비 패턴을 형성하였다. 패션아이템으로 90년~2000년대 유행하던 틴티드 선글라스, 크롭탑 등의 유행이 계속되었고, 그 시절 유행하던 브랜드인 코치, 잔스포츠, 롱샴 등이 제2의 전성기를 맞았다.[9] 식품업계의 경우 대표적으로 농심이 1975년 '형님 먼저, 아우 먼저'를 광고 카피로 한 농심라면을 2025년 재출시하였고 3개월 만에 1,000만 봉 이상 판매되어 큰 인기를 끌었다. 뿐만 아니라 단종된 클레오파트라 감자칩, 미노스바나나우유, 치토스 체스터쿵, 함흥비빔면 등 제품들이 2025년 연이어 재출시되었는데, 특히 과거에 접한 경험이 없는 Z세대에게 화제가 되었다. 과거 디자인을 그대로 사용하여 레트로 감성을 극대화하는 노스텔지어 마케팅이 사람들을 움직이고 있다.

1975년 출시된 농심라면 광고와 제품   2025년 재출시된 농심라면 제품

드라마, 영화를 포함한 문화 콘텐츠에서도 노스텔지어적 요소가 강하게 나타났다. 90년대 사랑을 받았던 영화 '라이언 일병 구하기', '러브레터'가 재개봉되고 많은 관심을 받았다. 과거 영화를 보았던 관객에게는 추억을 자극하고 새로운 Z세대에게는 과거와 과거의 명작을 경험하는 문화 소비로서 관심과 의미를 둔 것이다. 다른 한편으로 넷플릭스 드라마 '폭싹 속았수다'는 1960~70년대 제주도의 생활상, 1990년대의 시대적 배경을 주로 다루는데 국내뿐만아니라 글로벌 흥행을 이루었다. 기성세대뿐만 아니라 젊은세대에게까지 과거의 시대상과 정서를 이해하고 삶의 위

로와 희망을 전달한 작품으로 평가받고 있다.

유튜브, 인스타그램, 틱톡 등 플랫폼에서는 과거의 스타일과 문화를 다시 조명하는 콘텐츠가 끊임없이 업로드되고 있고 화제성이 높다. 유튜버 랄랄은 90년대 유행했던 스타일과 감성을 재현하는 컨셉인 부캐릭터 아이돌 '율(YUL)'로 활동하면서 화제가 되었다. 90년대 유행했던 화장법, 의상, 음악 등을 활용하여 90년대 감성을 재현하고 실제 음반활동까지 하는데, 지니 최신 발매 차트 1위, 멜론 HOT100 진입 등으로 젊은 세대들을 중심으로 폭발적인 관심을 받았다.[10] 한편 MBC 예능 '놀면 뭐하니?'에서는 80년대 음악을 무대에 올리는 가요제인 '80s MBC 서울가요제'를 기획하였는데, 분당 시청률 7.4%를 기록하는 화제를 일으키기도 하였다.

모든 오래된 것은 결국 다시 새로워진다. 10~20대가 직접 겪지 못한 시대의 콘텐츠를 소비하는 것은 과거의 시대를 새로운 세계로 받아들이기 때문일 것이다. 그런데 살아보지 않은 과거의 시대를 "낭만화"하고 시간과 장소를 "추억"하는 현상은 그만큼 현재를 살아가는 현실이 가혹하기 때문일 수 있다. 불확실성이나 급격한 변화의 시기에 사람들이 과거의 편안함과 친숙함을 추구한다. 청년들의 현재에 대한 불안과 디스토피아적 관점이 겪어보지 않은 과거의 시대상을 동경하게 만드는 것은 아닐까?

적대적 공생과 협쟁
(coopetition)

정치인들은 종종 적대적 공생 관계에 놓인다
(Putin carrying his buddy Trump)

　적대적 공생과 협쟁에 대한 트렌드를 분석했던 작년 이맘때부터 지금까지 이와 관련된 수많은 극적인 사건이 있었다. 이를 상징적으로 보여주는 것이 바로 작년에 사용했던 위의 이미지이다. 이 이미지를 사용했던 당시에는 미국의 전직 대통령이었던 트럼프와 러시아의 푸틴 대통령의 적대적 공생에 대한 내용을 다루었으나 이제는 미국과 러시아의 현직 대통령으로서 트럼프와 푸틴의 적대적 공생을 목격하고 있다. 2024년 11월에 실시된 대통령 선거에서 당선된 트럼프 대통령은 선거 캠페인 내내 본인이 대통령이 되면 취임 후 24시간 내에 우크라이나 전쟁을 해결하겠다고 장담했다. 러시아와는 분명 경쟁 관계이지만 우크라이나의 양보를 이끌어내는 강력한 수단으로 러시아와의 공생을 표명했던 것이다. 결과적으로 그 약속은 지켜지지 않았다.[11]

이러한 적대적 공생 현상은 미국 정치에서만 발견되는 것은 아니었다. 한국의 정치 상황도 예측 불가한 사건의 연속이었다. 2024년 12월 3일 밤, 한국 역사상 약 50년 만에 선포된 비상계엄은 다음날 새벽 4시 30분까지 짧게 유지되었으나, 그 후 기나긴 수습 절차를 보여주고 있다. 이제 새롭게 탄생한 진보 정부는 선거 패배의 후유증에 빠진 보수 야당과의 공생 관계를 통해 대한민국의 미래를 이끌어갈 책임을 지게 되었다.

문제는 이 관계를 적대적 공생 관계로 가져갈 것인가, 또는 협쟁의 관계로 승화시킬 것인가의 판단이다. 만약 적대적 공생 관계로 가져간다고 결정한다면 한국의 정치는 지방색과 종북 세력 논란과 남녀 및 세대간 대립의 저급한 이슈에서 벗어나지 못한 채 극단적 진보와 극단적 보수가 각각 기득권을 지키는 광경으로 수놓아질 것이다. 그와는 반대로 만약 정치권에서 협쟁의 관계로 결정한다면 우리는 정치인들이 대한민국의 미래를 위해 가장 옳은 판단을 내리기 위해 사안별로 합리적인 경쟁과 협력을 택하여 발전의 경로를 개척하는 것을 목격하게 될 것이다.

적대적 공생이 빈번한 대한민국 국회

지난 글에서 적대적 공생의 유사어로 협쟁 이외에도 프레너미와 영원한 라이벌도 소개했다. 먼저 협쟁은 철저하게 이성적인 동기에서 협력과 경쟁을 사안별로 선택하는 것이고, 프레너미는 친구(friend)와 적수(enemy)의 합성어로서 경쟁을 통해 성장하지만 우정에 초점을 맞추는 관계를 의미하며, 영원한 라이벌은 두 상대자 사이의 우열보다는 주변 관찰자들의 주목에 초점을 두면서 경쟁 구도를 통해 이득을 취하는 개념이다. 세 가지 개념을 다시 정리하면 다음의 표로 비교할 수 있다.

개념	경쟁의 영역	이성/감성	가치창출의 원천
적대적 공생	총체적	감성적	내부적
협쟁	사안별	이성적	내부적
프레너미	사안별	감성적	내부적
영원한 라이벌	총체적	감성적	주변적

적대적 공생 관계는 상대를 악마화 하는 등 총체적으로 경쟁 구도를 형성하면서 내부적으로 결집을 도모한다. 이는 총체적인 라이벌 구도를 유지한다는 경쟁의 영역 차원에서 영원한 라이벌 관계와 유사하지만 사안별로 경쟁하는 협쟁과 프레너미와 구별된다. 또한 프레너미와 영원한 라이벌과 함께 감성적으로 접근한다는 유사성을 갖지만 철저한 이성적인 판단에 기반하는 협쟁과는 반대이다. 마지막으로 이익과 발전의 원천이 내부에 존재한다는 점에서 협쟁 및 프레너미와 유사하지만 주변의 주목과 관심을 끄는 것에서 이익을 추구하는 영원한 라이벌 구도와는 차별화된다.

2024년 이후, 우리 사회는 이러한 유형과 관련하여 어떠한 양상을 보이고 있을까? 사회가 양극화되면 강한 팬덤과 함께 비이성적인 적대적 공생이 부각될 것이라고 예측할 수 있는데, 유감스럽게도 대통령 탄핵과 선거의 과정을 보면서 극단적 진보와 보수 집단이 보여준 여러 행태들은 적대적 공생의 현상이 아직도 현재진행형이라는 생각을 갖게 한다. 상대 진영에 대해서는 무조건 반대, 우리 진영에 대해서는 무조건 옹호하면서 이를 통해 내부 결속을 다지는 후진적 형태를 우리는 두 세력으로 나눠어 거리를 점령했던 시위 부대를 통해 볼 수 있었다. 이를 주목하는 외국 언론은 한류의 놀라운 성장과 비교되는 한국 정치의 후진성에 대해 경악했고, 이는 한국의 국가경쟁력을 깎아먹고 있다.[12]

만약 철저한 협쟁의 구도를 형성하기 힘들다면 그 대안으로 프레너미나 영원한 라이벌 구도를 형성하는 것도 나쁘지는 않을 것이다. 대표적인 영원한 라이벌 관계였던 태진아와 송대관, 그리고 남진과 나훈아의 경쟁 구도는 2025년 2월 송대관의 별세와 2025년 1월 나훈아의 은퇴공연을 기하여 종료되었다. 이들 이후로는 이들만큼 대중의 관심을 끌며 상호 윈-윈 구도를 만드는 영원한 라이벌 관계의 탄생 소식이 전해지지 않고 있다. 한류에 대한 높은 관심을 고려할 때 새롭게 탄생하는 한류 아이돌, 웹툰 크리에이터, 영화 감독 등에서 영원한 라이벌들이 탄생하는 것은 어떨까?

프레너미 또한 마찬가지이다. 우리는 종종 뉴스 보도를 통해 재벌 3세들의 회동 소식을 듣곤 한다. 이들은 반도체나 패션, 유통 산업 내에서 종종 치열하게 경쟁하는 기업인들이지만 사적 자리에서는 오래된 친분 관계를 유지하는 동료들이기도 하다. 동일한 산업에서는 어쩔 수 없는 경쟁자이지만 상호 보완적인 사업에서는 서로 돕는 친구인 것이다. 특히 선대로부터 내려온 오랜 친분관계는 전문경영인에 의해 운영되는 기업 사이의 관계와는 전혀 다른 감정적인 연대를 조성하게 된다.

2025년 6월, 미국은 이스라엘과 협력하여 이란의 핵시설을 공습하고 중동 지역의 분쟁을 일단 정지시켰다. 이것은 트럼프와 네타냐후가 미국의 중간선거와 이스라엘의 정권유지를 위해 협력한 것으로 해석될 수 있다.[13] 우크라이나와 전쟁을 벌이고 있는 러시아는 이에 대해 "깊은 유감"을 표했다. 중동 문제와 관련하여 미국과 러시아는 또 다른 차원의 적대적 공생의 길로 접어들 것인가? 아니면 이제라도 세계 평화를 위해 협쟁의 결단을 내릴 것인가? 2026년의 세계가 맞이할 새로운 경쟁 구도를 조심스럽게 지켜볼 일이다.

머피베드 인생, 변화에 접속하는 방식!

2025년, 이 시대를 관통하는 핵심 키워드는 단연 '변화'다. 그러나 변화는 어느 날 갑자기 나타나지 않는다. 그것은 일상의 틈에서 조금씩 감지되기 시작하며, 어느 순간 우리 삶에 전체적인 전환을 유도해버린다. 많은 사람들이 이를 직감적으로 알고 있고 변하지 않으면 뒤처질 수 있다는 불안을 갖고 있지만, 막상 변하려면 무엇을 바꿔야 할지 막막하기만 하다. 하지만 그 불편한 마음 어느 한 켠에서 삶의 방향을 찾으려는 노력은 이미 계속 진행되고 있다. 바로 이 시점에서 '머피베드 인생'이라는 개념이 다시 떠오른다. 한때는 단지 좁은 공간을 효율적으로 사용하는 가구로 여겨졌던 머피베드는, 이제 '유연한 삶'을 표현하는 은유로 자리 잡았다. 고정된 하나의 정체성에서 벗어나 다양한 역할을 수행할 수 있는 삶. 필요할 때 꺼내 쓰고, 다시 접어 넣는 능력. '변신'이라는 말이 단지 외양의 변화가 아닌, 존재의 다면성을 뜻하게 된 것이다.

2025년의 우리는 여전히 변화의 파도 위를 항해하고 있다. 한때는 안정이 인생의 목표였고, 전문성만이 생존의 전략이라고 믿었다. 하지만 세상이 달라졌다. 아니, 나부터 달라지지 않으면 도태될 수밖에 없는 시대가 도래했다. '머피베드 인생'이라는 표현은 이제 더 이상 단순히 공간 활용의 기발한 가구를 뜻하지 않는다. 그것은 삶의 철학이고, 우리에게 있어 하나의 생존 전략이다. 처음 이 표현을 접했을 때, 우리는 그것을 도시의 좁은 공간에서 '살아남는 법' 정도로만 해석했다. 그러나 팬데믹이 휩쓸고 지나간 뒤, 디지털 전환과 인공지능의 일상화가 가속화되면서 우리는 깨닫게 되었다. 우리의 경력과 정체성, 인생 설계 자체가 머피베드처럼 접혔다 펴지며 끊임없이 재정의될 수 있어야 한다는 것을.

고정된 직업의 시대는 끝났다. 한때 '평생직장'이라는 단어는 안정의 상징이었다. 그러나 이제 그 단어는 박물관에 전시되어야 할 유물처럼 되버렸다. 2025년도 2분기(4~6월) 통계청의 '경제활동인구조사'에서 직장인들의 부업(N잡러) 설문 통계자료에 따르면, 월평균 약 67만 6천 명, 즉 직장인의 91%가 N잡을 고려하고 있다는 조사 결과가 나왔다. 이는 2014년 집계를 시작한 이래 최고치로, 직전 2분기(62만 5천 명)보다 약 8.2% 증가한 수치이다. 이제 하나의 일만으로는 부족하다는 인식은 더 이상 일부 계층만의 감각이 아니며, 우리 사회가 어떤 전환점을 통과하고 있는지를 보여준다. 일반인들에게는 또 다른 세계로 보일 수 있는 연예계도 마찬가지다. 많은 배우, 방송인, 모델, 스포츠인 등 '셀럽'이라 불리우는 사람들의 유튜브 채널이 봇물처럼 쏟아지고 있다.

방송에서 불러줄 때까지 기다리는 것이 아니라, 본인들이 직접 방송 채널에 나와 콘텐츠를 만드는 세계를 열었다. 연예인도 N잡러가 된 시대, 다중 직업 현상은 2025년을 기점으로 정점을 찍고 있는 듯하다.

디지털 세계에서의 변신

이 같은 다중 직업 현상은 단지 생계의 문제만은 아니다. 삶의 의미와 만족, 자기 표현에 대한 욕구도 함께 자리한다. 유튜브, 틱톡, 인스타그램을 통해 자신의 경험을 공유하는 사람들은 콘텐츠 소비자가 아니라 생산자로 전환되었고, 이는 기존 산업 구조를 넘어선 새로운 생태계를 만들어냈다. 디지털 플랫폼은 부업의 무대이자, 새로운 정체성을 발현시킬 수 있는 제3의 공간이 되었다. 1980년 사회학자인 레이 올덴버그가 그의 책 〈The Great Good Place〉를 집필하면서 소개했던 '제3의 공간'은 "집과 회사 외의 공간 중에서 사람들이 스스럼없이 자주 모일 수 있는 공간 (informal place gathering places outside home and workplaces where people gather frequently, willingly, and informally)"으로 정의되어 있다. 45년이 지난 지금, 디지털 시대로 전환된 지금, 이 개념의 의미는 디지털 플랫폼 안에서 다시 정의될 수 있겠다. 집과 일터를 벗어난 디지털 세계 속에서 누구나 격 없이 모일 수 있고, 즐겁게 대화(코멘트를 남기고, 댓글을 달면서)를 나누면서, 편안하게 휴식할 수 있는 그런 공간! 이미 45년 전에 예언된 '제3의 공간'은 오프라인이건, 온라인이건 상관없이 우리의 삶에 충분히 스며들어 있다. 혼자 또는 여럿, 혹은 숫자를 셀 수 없는 많은 사람들이 만나 대화하고 새로운 영감과 자극을 받을 수 있는 공간으로 변화되었다.

2025년, 대학 강단에 서 있는 대학교수들도 마찬가지다. 이제는 더 이상 그 직업 하나로 사람을 설명할 수 없다. 어떤 교수들은 교수(교육자)이자 동시에 콘텐츠 창작자이고, 정책 자문가 혹은 평가자이며, 작가이자 연구자이자 컨설턴트다. 그 어느 때보다 다기능적이고, 범용적인 인간으로 살아가는 것을 보여주는 좋은 사례이다.

변화를 감지하는 힘, 동적 역량: 시대에 맞는 생존 기술

2025년 봄, 어느 강의실에서 "N잡러가 되는 게 꿈"이라면서, 취직보다 이직을 먼저 말하던 학생이 있었다. 요즘 세대의 대학생들로부터 발견되는 머피베드 인생의 본질은 2025년을 휘감는 문화 트렌드를 잘 보여준다. 하나의 목적과 하나의 정체성만으로는 버텨낼 수 없는 세상이라는 것. 우리 인생 역시 하나의 서랍에 고정될 수 없다는 것을 체감하고 있는 시대이다. 이제는 누구나 다양한 모습으로 살아간다. 유튜버, 블로거, 다양한 플랫폼상의 크리에이터, 교육자, 기획자… 하나의 본업만으로는 생계를 유지하기 어려운 현실이지만, 그보다 더 머피베드가 중요한 이유는 자아의 확장과 이를 깨닫고 실천하는 원동력을 만드는 데 있다. 삶의 여러 국면과 시대를 마치 연극의 배역처럼 수행해내는 과정에서, 우리는 우리가 몰랐던 새로운 나를 발견한다. 그리고 그 다양한 나들이 조화를 이루며 지금의 나를 만들어간다. 이질적으로 보이던 분야들이 실제로는 유기적인 생태계를 이루고 있음을 우리는 발견할 수 있으며, 경계 없는 사고의 확장 및 넓어진 삶의 스펙트럼을 실감할 수 있다.

한국 배우, 모델 등 셀럽들의 새로운 공간이 된 유튜브

변화는 단지 경제적 생존의 문제가 아니라, 정체성과 문화의 문제이기도 하다. '부캐(부가 캐릭터)'라는 개념은 이제 현대 사회에서 일상적인 단어가 되었다. 본캐(본래의 직업, 본래의 자아)만으로는 충족되지 않는 욕망을 해소하기 위한 일종의 삶의 분할과도 같은 것이다. 이 같은 삶의 구조는 불안정한 사회 속에서 자율성과 창의성을 발휘하려는 인간적 시도의 산물이다. 연예인들조차 유튜브 채널을 개설하고, 본업 외의 영역에서 활동을 펼친다.

이는 단지 수익의 문제가 아니라, 자신의 영역을 확장하고자 하는 문화적 실험이다. 전통적인 직업의 경계가 희미해지면서, 사람들은 직업이 아닌 '기능' 중심으로 자신의 삶을 재구성하고 있다. 머피베드처럼, 필요에 따라 꺼내 쓰고, 새로운 조합을 시도하면서 자신만의 생존 전략을 구축해 나가는 것이다.

변화에 대처하기 위해 필요한 것은 단지 기술이나 지식이 아니다. 그것은 '동적 역량'이라고 불리는 현대사회에 필요한 생존 능력이다. 동적 역량은 변화하는 환경을 감지하고, 거기에 맞춰 자신의 자원과 능력을 재구성하는 능력이다. 과거에는 조직이나 기업의 경영 전략으로서 논의되던 개념이었지만, 지금은 개인의 생존 기술로 확장되고 있다. 동적 역량은 본능적인 감지력과 선택의 용기를 요구하기도 한다. 환경의 변화를 민감하게 포착하고, 기존의 방식을 과감히 내려놓을 수 있는 용기가 필요하기 때문이다. 이는 단지 트렌드를 따라가는 능력이 아니라, 자신의 삶을 설계하고 다시 다채롭게 조립할 수 있는 능력을 의미한다. 보통 이러한 역량을 갖춘 사람은 한 분야의 전문가일 필요는 없지만, 다양한 분야를 유기적으로 연결할 줄 아는 통합적 사고를 갖추고 있음이 분명하다. 또한 이 능력은 '감지력'이라는 단어를 떠올리게 만든다. 경영학에서 말하는 '동적 역량'이라는 개념도 결국 이 감지력에서 출발하는데, 변화하고 있는 환경을 감지하고 기회를 포착하며, 자신을 재구성할 수 있는 힘. 이것이야말로 지금 시대를 살아가는 인간에게 필요한 가장 중요한 능력이다. 과거에는 직업을 하나 선택하면 정년까지 간다고 믿었지만, 지금은 다르다. 세상은 변하고, 기술은 도약하고, 일자리는 스러진다. 그러니 '직업'이 아니라 '역량'에 집중해야 한다. 역량은 내가 쌓은 지식이나 경력만을 말하지 않는다. 그것은 나의 태도이자, 나의 적응력이며, 내 삶을 마주하는 감정의 근육이기도 하다.

2025년, 우리 삶의 브리콜라주, 그리고 2025년에 발견하는 인생

프랑스 인류학자 레비스트로스가 말한 '브리콜뢰르'는 제한된 도구를 활용해 문제를 해결하는 사람을 의미한다. 복잡한 공정이나 대량 생산이 아니라, 상황에 맞는 조합과 창의력으로 결과를 만들어낸다. 이러한 의미에서, 오늘날의 삶은 브리콜라주의 방식으로 진화하고 있는 세상이라 말할 수 있다. AI, 빅데이터, 디지털 플랫폼이라는 도구들이 곁에 있지만, 그것들을 어떻게 조합해 어떤 결과를 만들어내느냐는 각자의 몫이다. 직업도, 자격도, 공간도 하나로 고정되지 않는다. 때론 교사이면서 콘텐츠 크리에이터이고, 때론 마케터이면서 수공예 작가가 되기도 한다. 이런 삶은 과거의 안정적인 삶과는 거리가 멀지만, 대신 더 높은 자율성과 만족을 준다. 미래는 정해진 경로가 아니라 끊임없이 '설계되는 과정'이다. 머피베드처럼, 삶도 접었다 펼 수 있어야 하며, 지금 여는 방식이 다음의 변신을 결정하게 된다. 브리콜뢰르(bricoleur)는 마법사가 아니다. 제한된 자원을 가지고도 새로운 무언가를 만들어낼 수 있는 사람, 오히려 끊임없이 연습하고, 실패하고, 다시 도전하는 사람이다. 인생은 완성된 형태로 존재하지 않고, 그때그때의 상황과 필요에 따라 다른 모습으로, 다른 기능으로 나타나야 한다. 그런 의미에서 '머피베드 인생'은 단지 생존을 위한 전략이 아니다. 그것은 변화에 기민하게 반응하면서도, 자기 삶의 주도권을 놓지 않겠다는 태도다. 이것이야말로 2025년의 시대정신이고, 앞으로도 우리가 살아갈 방식이다. 변화는 고통이 아니라, 가능성의 문이다. 2030년까지 세계적으로 20억 개의 일자리가 사라질 것이라는 전망은 암울하지만, 동시에 새로운 기회의 출발점이기도 하다. 머피베드 인생이란, 공간의 효율성처럼 보이지만 본질적으로는 생존을 넘어선 삶의 기획이다. 과거에 기대지 않고, 불확실한 미래를 마주하면서 자신만의 '스핀오프 프로젝트'를 구상하는 것. 그것이 2025년을 살아가는 현대인의 모습이다. 정해진 직업이 아닌, 자신만의 기능 조합으로 살아가는 삶. 고정된 직책이 아니라, 스스로 선택한 역할과 의미로 채워가는 인생. 이 시대의 변화는 단지 외적 조건의 변화가 아니다. 그것은 각자가 자신에게 묻는 질문의 방식, 그리고 거기에 답하는 태도의 변화다. 변화는 더 이상 피할 수 없는 짐이 아니다. 그것은 가능성의 문이며, 머피베드처럼 다양한 형태로 나아갈 수 있는 인생의 또 다른 기회다.

멀티 레이블의 명과 암

멀티 레이블 시스템은 하이브의 뉴진스 사태를 계기로 2024년 한국 가요계를 뜨겁게 달구었다. 복수의 독립적인 레이블을 통해 소속 아티스트의 활동을 지원하는 것이 과연 효과적인 것인가? 지배구조의 위험성을 효과적으로 관리할 수 있는가? 불행히도 뉴진스의 경우 2024년 11월에 계약해지를 선언하고 독자적인 활동을 시도하다가 법원 판결에 의해 활동이 중단된 상태에서 데뷔 천일을 넘기게 되었다.

한편 SM은 다섯 개의 프로덕션 체제를 갖춘 SM 3.0 체제에서 배출하는 첫 걸그룹으로 2025년 2월에 8인조인 하츠투하츠를 선보였다. 이 그룹은 ONE, PRISM, RED, NEO, WIZARD 프로덕션 중 PRISM 프로덕션에 속했는데 데뷔 15일 만에 음악방송 1위를 하는 등 순조로운 출발을 보이고 있다.[14]

물론 이러한 좋은 성과가 멀티 레이블 시스템의 효과인지 그렇지 않은지에 대해서는 알기 힘들다. 그러나 한류 아티스트 육성 체제의 기초를 닦았던 SM이 초기의 이수만 프로듀서의 단일 체제에서 벗어나서 역할 분담을 하는 복수의 프로덕션 체제를 갖추고 그 첫 아이돌 그룹을 배출했다는 것은 적지 않은 의미를 가졌다고 볼 수 있다.

지난 호에서 멀티 레이블의 명과 암을 다룰 때에 시사점에서 강조했던 것이 있다. 바로 환경의 속성과 이에 따른 기회의 속성에 대한 것이었다. 환경의 변화가 크지 않고 시장에서의 성공 요인이 비교적 가시적으로 존재할 때에는 경쟁의 폐단이 클 수 있는 독립채산제 레이블보다는 한 명의 총괄 프로듀서의 지휘 하에서 조직 내 지식의 이전과 상호 학습이 용이한 사업부 수준의 레이블이 적절할 수 있다. 반면에 환경의 변화가 극심하여 새로운 역량의 탐색과 창출이 필요할 때에는 총괄 프로듀서가 혼자서 관리하는 것보다는 독립적 권한을 가진 복수의 프로듀서가 복수의 독자적 레이블을 관리하면서 기업의 영역을 확장하도록 지원하는 것이 효과적일 수 있다는 것이다. 그리고 그 예로서 하이브가 2023년에 엑사일 콘텐츠 음악 부문을 인수하여 라틴 장르로 진출하는 첫 발을 디딘 것을 제시했다.

이와 관련하여 2025년에 발표된 학술 논문에서 격변기의 환경에 대응하여 한국의 엔터테인먼트 기업들이 어떠한 성장 경로를 선택했는가에 대해 분석한 모델이 있어서 설명하고자 한다. 먼저 이 모델은 기업이 기존의 역량을 활용하는 것에 초점을 두는가(활용, Exploitation) 아니면 새로운 역량을 탐색하는 것에 초점을 두는가(탐색, Exploration)를 기준으로 세로축을 설정한다. 가로

축에는 새로운 경쟁력을 구축하기 위한 세 가지 단계인 기회 포착(Sensing), 기회 수익모델화(Seizing), 그리고 수익모델 정착을 위한 자원 재구성(Reconfiguration) 단계를 설정했다.

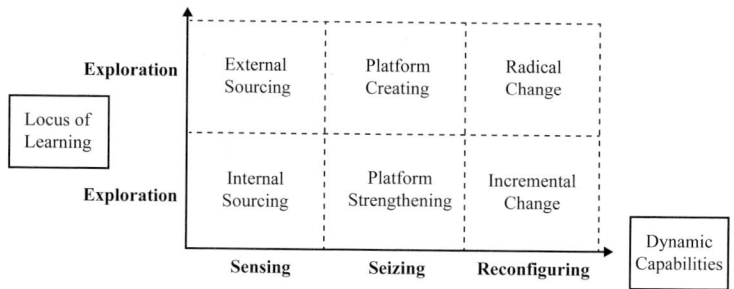

격변기 환경에 대응하는 기업의 진화 모형

이 모델을 적용하여 코로나 사태에 대응하는 한국의 두 엔터테인먼트 기업인 JYP와 HYBE의 진화 모형을 분석한 결과 연구자들은 JYP와 HYBE의 진화 경로에서 차이점을 발견했다. 어쩌면 이 결과는 두 회사가 가지고 있는 멀티 레이블 시스템의 차이를 반영하는 것으로도 볼 수 있다. 멀티 레이블을 추구하고 있지만 박진영 총괄 프로듀서의 리드가 강한 JYP의 경우와 레이블 수장의 권한이 비교적 강한 HYBE의 시스템 차이가 이러한 진화 경로의 차이를 가져오는 것이라고 추측할 수 있는 것이다. 물론 진화 경로에 있어서 우열이 존재하는 것은 아니다.

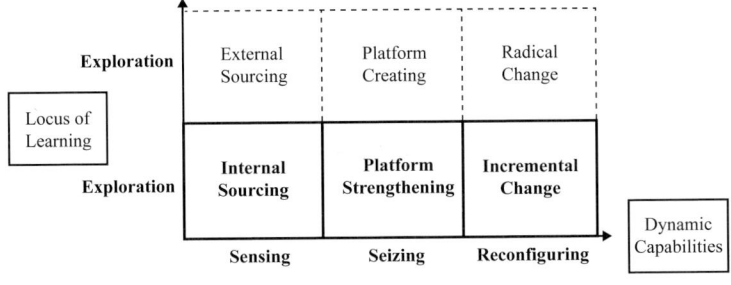

코로나 사태에 대응하는 JYP의 진화 경로

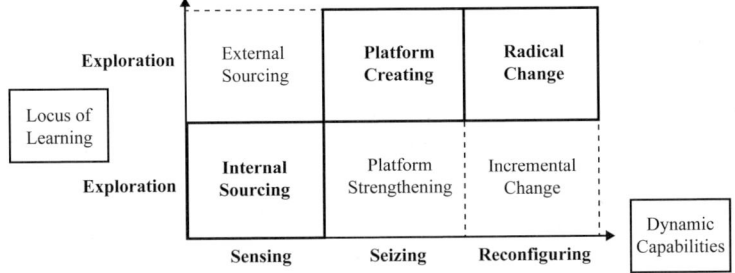

코로나 사태에 대응하는 HYBE의 진화 경로

미술품 투자

미술품 NFT는 침체기를 겪고 있다

　2025년은 우리나라의 미술품 투자 시장에 여러 불안 요소가 발생했던 시기였다. NFT(Non-Fungible Token, 대체 불가능 토큰)에 대한 관심이 감소하고 특히 디지털 아트 분야 시장은 크게 감소했다. 물론 트럼프 대통령이 자신을 슈퍼 히어로나 카우보이 등의 이미지와 합성하여 제작한 NFT를 좋아하고 이를 판매하는 라이선스 계약으로 약 100억 원의 수익을 얻기도 했지만,[16] 전반적으로 NFT 시장은 축소 또는 정체기에 빠져 있다고 평가되고 있다.

미술품 조각 투자 분야도 여러 불법적인 행위로 얼룩졌다. 2024년 9월에 적발된 사건에서는 청담동에 갤러리를 차린 일당이 2019년부터 모집한 100여 명의 투자자부터 905억 원을 가로챘는데, 투자 원금을 보장하고 투자금의 1%를 매달 저작권료로 지급한다고 약속한 다음 새로운 투자자의 투자금을 기존 투자자에게 지급하는 폰지 사기로 밝혀졌다.[17] 2025년 6월에 적발된 사건에서도 한 갤러리가 원금 보장과 1% 정도의 저작권료를 지급한다는 유사한 조건으로 투자자를 모집했는데, 이 과정에서 보험설계사가 개입하여 투자를 유도하기도 했다.[18]

미술품 투자와 관련된 여러 사건에서 볼 수 있는 현상은 투자 피해자들이 미술품에 대한 투자 역시 부동산이나 주식과 같이 맹목적인 수익률 보장에 의지하는 경우가 많았다는 것이다. 즉 원금 보장이나 수익률 보장이라는 문구에 현혹되어 실제 미술품의 존재를 확인하지도 않은 채 투자하는 경우도 많았다. 이는 마치 주식 투기를 조장하는 리딩방 등에서 근거 없는 소문이나 또는 불법적인 작전 세력에 의지하여 투자를 유도하는 현상과 유사하다. 많은 미술 관계자들은 미술품에 대한 투자는 부동산이나 유가증권 등 다른 재무적 투자 행위와 달리 미술에 대한 지식과 관심에 기반해야 한다고 주장한다.[19] 하지만 현실적으로 미술에 대한 관심이 없으면서 단지 수익률에만 관심을 갖는 투자자들이 많고 폰지 사기 등을 통해 투자자를 속이려는 의도를 가진 세력들에게 있어서 이러한 맹

목적인 투자자들이 오히려 쉬운 범죄 대상이 될 수 있다는 사실은 잠재적 미술품 투자자들에게 중요한 시사점을 던지고 있다.

또한 이러한 미술품 투자 시장의 침체 또는 불황 현상은 미술시장 자체의 불황과 관련되어 있는 듯하다. 2022년 말에 시작된 글로벌 미술시장 불황은 한국의 미술시장의 침체로 이어지고 있다. 이에 미술품 조각투자 청약자 모집도 부진하고 외국 대형 갤러리의 한국 지점 철수도 뒤따르고 있다.[20] 시장이 축소되고 있으니 무리한 조건으로 투자자를 모집하려는 시도가 이루어지는 측면도 있다. 심지어 수년간 서울에서 진해되어 온 프리즈 아트 페어도 다른 곳으로 옮길 수 있다는 전망까지 나오고 있다.

아트 페어의 인기는 미술시장의 척도이다

그러나 우리나라에서는 미술시장의 활성화를 위한 노력의 일환으로 법령 정비의 작업이 이루어지고 있다. 미술품 투자와 관련된 중요한 법령으로는 2024년 7월에 시행된 「미술진흥법」을 들 수 있다. 여기에는 미술품의 제작, 유통, 감정, 소장에 걸친 여러 절차가 투명하게 이루어지게 하는 법령이 따르게 된다.[21] 특히 그 후속 조치로서 「2025-2029년 미술진흥 기본계획」이 2025년 7월에 발표되어 미술시장 발전의 방향성을 제시했다.

여기에는 문화비 소득공제에 미술품 구입비용도 포함하고 미술품 물납 허용 범위를 미술품 상속세에 한정하지 않고 상속세 전체로 확대하는 안이 담겨 있다. 특히 미술품 투자를 주저하게 하는 요소 중 하나로 미술품의 위작 우려가 큰데, 2026년 7월 시행 예정인 미술서비스업 신고제의 일부로서 미술품 감정업자는 '진위감정서' 또는 '시가감정서'를 발부하여 미술작품의 정보와 감정의 근거를 세부적으로 기재하도록 했다.[22] 이는 미술품 물납제와 미술품 담보대출 등의 근거가 되는 법령으로서 미술품 매매를 활성화하는 효과를 가질 것으로 기대된다.

미술품 감정은 미술시장 활성화의 전제 조건이다

이재명 대통령은 토큰증권(STO, Security Token Offering)의 법제화를 공약으로 제시하고 부동산, 미술품, 지식재산권 등 실물 자산을 블록체인 상에서 거래할 수 있는 경로를 만드는 것을 추진했다.[23] 앞에서 살펴본 NFT의 부진, 미술시장의 침체, 그리고 미술진흥법을 통한 노력과 결합되어 미술품 거래의 디지털화가 2026년의 미술품 투자 환경에 미치는 영향을 주목해야 할 시점이다.

노는 게 제일 좋아,
펀플레이션(funflation)

《문화 트렌드 2025》에서는 팬데믹 이후 재개된 공연, 축제, 스포츠 이벤트 등 다양한 여가 분야에서 가격 인상이 이어지면서 일상을 즐겁게 만드는 활동들이 점점 더 경제적 부담으로 다가오는 현상, 이른바 '펀플레이션(Funflation)'에 주목하였다. 공연, 놀이공원, 스포츠, OTT 구독 서비스에 이르기까지 여가의 전반적인 비용이 인플레이션을 뛰어넘는 수준으로 상승하면서, 즐거움을 누리는 일이 점점 '비싼 취미'가 되어가고 있는 양상이다.

전통적인 경제학의 수요-공급 원칙대로라면 가격이 오르면 수요가 줄어들어야 하지만, 여가 분야에서는 오히려 그 반대 현상이 관찰되고 있다는 점에서 펀플레이션을 독특한 소비 트렌드로 바라볼 수 있다. SNS의 보편화는 여가 시간을 '쉼'의 도구가 아닌 '자신을 보여주는 무대'로 만들었고 그 결과 사람들은 점점 더 화려하고 특별한 여가 경험을 추구하게 되었다. 이는 단순히 음악을 듣고 공연을 즐기는 차원을 넘어서, 여가 소비 자체가 명품 소비와 유사한 과시적 성격을 띠게 된 것이다.

놀이동산도 부담되는 펀플레이션 현상 확산

그럼 2025년은 어땠을까? 공연 시장을 살펴보면 이러한 흐름이 더욱 뚜렷하게 드러난다. KOPIS 동향분석보고서에 따르면 2024년 공연시장 총 매출은 1조 4,421억 원으로 사상 최고치를 경신했다. 또한, 토종 창작 뮤지컬 〈어쩌면 해피엔딩〉이 미국 토니상에서 작품상 등 6개 부문을 수상하며 세계적인 주목을 받은 사건은 한국 뮤지컬 산업에 대한 관심을 크게 끌어올렸다. 그러나 한편으로는 "4인 가족이 뮤지컬 한 편 보려면 100만 원이 든다"는 말이 관람객들 사이에서 심심찮게 나오고 있다.[24] '한 장당 20만 원'이라는 가격은 이제 뮤지컬 업계에서 사실상 기준점으로 통용되고 있다. '알라딘', '위키드', '오페라의 유령' 등 글로벌 라이선스 뮤지컬들이 나란히 19만 원대 티켓을 책정하며, 업계는 '누가 먼저 20만 원을 넘길 것인가'를 두고 눈치싸움을 벌이고 있는 실정이다.

공연 분야에서 더 뚜렷하게 나타나는 펀플레이션

　대중음악 시장도 펀플레이션의 대표적인 현장이다. 지난 3월 열린 지드래곤의 콘서트에서는 일반석 티켓 가격이 15만 원 이상, 최고가는 22만 원에 달했다. 세계적인 밴드 콜드플레이의 내한 공연 역시 일반석이 25만 원, 'ULTIMATE SPHERES EXPERIENCE'라는 패키지 티켓은 무려 108만 원에 책정되었다.[25] 이 티켓에는 백스테이지 투어, 공연 후 무대 위 기념 촬영 등의 체험 요소가 포함되어 있는데, 이는《문화 트렌드 2025》에서 강조한 '특별한 경험이 소비를 자극하는 시대'라는 인사이트와 일맥상통한다. 단순히 관람이 아닌 남들과 다른 특별한 경험이 더욱 강력한 구매 동기로 작용하고 있는 것이다.

《문화 트렌드 2025》에서는 이러한 펀플레이션 현상이 여가 소비의 양극화를 가속시킬 것을 우려하였다. 실제로 2025년 발표된 통계청 자료에 따르면 고소득층은 여가와 문화, 자기계발 등 삶의 질을 높이는 소비에 지출을 지속적으로 확대하고 있는 반면, 중·저소득층은 생계 지출의 비중이 커지면서 여가 소비를 점차 줄이고 있다.[26] 결과적으로 동일한 시간을 보내더라도 어떤 사람은 해외여행과 고급 콘서트를 즐기고, 또 다른 사람은 집에서 OTT 콘텐츠로 대체하거나 무료 체험 행사를 찾는 등 여가의 양태 자체가 계층화되고 있는 실정이다.

향유를 넘어 기록하고 공유하는 여가 활동

펀플레이션은 여가의 가치와 방식이 달라지고 있음을 나타내는 사회적 변화의 징후라고 볼 수 있다. 여가는 이제 개인의 정체성을 표현하고 경험을 설계하는 문화적 행위로 자리 잡았으며, 이에 따라 점점 더 다양하고 다층적인 방식으로 진화하고 있다. 콘텐츠를 경험하는 방법 자체에 대한 실험도 늘어나고 있는데, 가수 이승윤이 지난 7월 시도한 콘서트는 이런 측면에서 흥미로운 사례다. 관객이 원하는 만큼 지불하는 자유가격제와 추첨제 관람 방식은 공연의 상업성을 넘어서 관객의 자율성과 경험 가치를 중심에 둔 새로운 시도로 볼 수 있다. 이처럼 앞으로의 여가는 단순히 '무엇을 하느냐'보다 '어떻게 즐기고, 어떤 의미를 남기느냐'가 중요해지는 방향으로 더욱 변화해 나갈 것으로 예상된다. 이번 주말, 당신은 무엇을, 어떻게 즐길 것인가?

숏폼이 바꾼 시간의 감각, 그리고 우리가 다시 마주한 '8만 6400초의 인생'

2025년, 우리는 그 어느 때보다 시간을 잘게 잘게 쪼개 쓰고 있다. 어릴 적, 우리의 하루는 그냥 '하루'였고, 수업은 45~50분 단위였으며, 쉬는 시간은 10분이었다. 하지만 지금은 어떠한가? 1분은 긴 시간처럼 느껴지고, 30초만 넘겨도 인내심의 한계가 몰려온다. 그리고 이제 15초도 가끔은 '기다림'이 된다. 이 변화는 어디에서 시작되었을까. 그 변화의 중심에는 숏폼이 있다. 숏폼 콘텐츠가 등장하면서, 우리는 하루 24시간이 아니라, 1440분 혹은 8만 6400초의 세계로 들어섰다. 틱톡, 유튜브 쇼츠, 인스타그램 릴스. 단 몇 초 만에 웃기고, 감동시키고, 구매를 유도하는 영상들. 지하철에서 이동하는 시간, 라면이 끓는 3분, 엘리베이터를 기다리는 그 잠깐의 순간이 이제는 콘텐츠 소비의 타임슬롯이 되었다. 돌이켜보면 이 변화는 갑자기 찾아온 게 아니다. 2022년, 인천 송도와 영종, 청라에 설치된, 그리고 이제는 대한민국 곳곳에 설치된 스마트 횡단보도(LED 바닥 신호등)는 우리 눈이 더 이상 위를 보지 않고, 손에든 스마트폰과 함께 바닥을 본다는 사실에서 시작되었다. 스마트 LED 바닥 신호등은, 우리가 얼마나 모바일에 시선을 잃었는지를 역설적으로 보여준 풍경이다. 사람들이 스마트폰 화면에 눈을 떼지 못하는 것을 고려한 '스마트 횡단보도'가 전국 곳곳에 설치되는 현상은 단지 안전을 위한 기술의 발전이 아니라, 우리의 시선과 습관이 어떻게 바뀌었는지를 반영하는 트렌드이자, 삶의 변화이다. 그리고 이제, 그 몇 초의 대기 시간조차 '숏폼 콘텐츠'의 시간으로 소비되고 있다. 지하철 한 정거장을 이동하는 동안 몇 개의 숏폼을 볼 수 있을지 계산하는 시대이며, 이 현상은 2025년인 지금 더욱 선명해졌다. 실제로 여러 모바일 앱은 사용자의 이동 경로, 위치 정보, 시간 사용 습관 등을 분석해 '맞춤 숏폼'을 추천하고 있고, 사람들은 콘텐츠 길이에 따라 자신이 오늘 어떤 기분인지, 어떤 리듬으로 하루를 보내고 있는지를 자각하게 되었다. 시간은 곧 '콘텐츠 소비 단위'가 되었고, 그 단위는 점점 더 짧아지고 있다.

숏폼 콘텐츠는 단지 짧다는 이유로 사랑받는 것이 아니다. 그 짧음 안에 얼마나 많은 감정, 정보, 공감, 자극을 담아낼 수 있느냐가 관건이다. 우리가 기다리는 횡단보도 앞, 혹은 버스나 지하철을 기다리는 플랫폼에서, 엘리베이터가 도착하기까지의 그 몇 초. 숏폼은 그 틈을 파고들었다. 그리고 그 틈은, 단순한 '비는 시간'이 아닌, 새로운 '의미의 공간'이 되었고, 요즘 사람들이 살아가는 방식을 엿보는 콘텐츠로 자리잡았다. 2024년 MBC 예능 〈나혼자 산다〉에서 설현이 지하철을 애용하는 이유로 "모두가 휴대폰을 보느라 자신을 쳐다보지 않는다"고 말했던 장면은, 2025년을 관통하는 핵심적 상징이었다. 숏폼 콘텐츠는 단지 시간을 때우는 영상이 아니라, 사람들 사이의 거리, 시선, 공감의 방식을 바꾸고 있다. 누구도 서로를 바라보지 않지만, 모두가 동시에 같은 쇼츠 영상에 '좋아요'를 누르고 댓글을 남기며 연결된다. 나와 가까이 있는 누군가와 물리적으로 불편해질 수 있는 방식을 벗어나기 위해 모바일을 보고는 있지만, 디지털 세계에서는 동떨어지지 않는 커넥션이 존재한다. 그럼에도 불구하고, 이 변화는 단지 개인의 소비 패턴만을 바꾸는 데 그치지 않았다. 2025년 현재, 숏폼은 콘텐츠의 형식을 넘어 비즈니스 전략, 플랫폼 경쟁, 그리고 정보 전달, 심지어는 사회적 관계 맺기 방식까지 바꾸고 있는 중이다. TV가 주목받던 시절에도, 그리고 더 최근으로 들어와 OTT가 한창 주목받던 시절, 우리는 영화나 드라마 한 편을 몰아보며 긴 여유를 즐겼다. 그러나 지금은 '핵심만 보고 싶다', '결론만 알고 싶다'는 욕망이 숏폼으로 집약되고 있으며, 이러한 사람들의 심리와 행동을 파고들어 콘텐츠의 요약본만 짧게 만드는 사람들이 점점 더 많아지고 있다.

 기업들은 벌써 움직이기 시작했다. 단순한 SNS 광고를 넘어, 숏폼을 활용한 라이브 커머스, 300초 특가 방송, 상황 맞춤형 추천 알고리즘까지 숏폼을 기반으로 한 새로운 마케팅 전략이 펼쳐지고 있다. 소비자의 '틈새 시간'을 공략하는 이 전략은, 물리적 시간을 확보하는 대신, '심리적 시간 점유'를 노리는 방식이다. 누구보다 숏폼에 익숙한 세대에게 제품을 각인시키기 위한 가장 강력한 접근 방식인 셈이다. 이 같은 숏폼의 무한한 변신은 특히 유통 산업에서 명확히 드러난다. 롯데홈쇼핑이 시도한 '300

초 특가 방송'은 짧은 시간 안에 긴박성을 더하고, 이에 고객의 심리를 건드려 구매 결정을 유도하는 실험이었다. 그리고 놀랍게도, 이 시도는 기존 생필품 방송보다 3배 이상 더 많은 주문을 이끌어냈다. 이는 단지 마케팅의 성공 사례가 아니라, 소비자의 '시간 감각'이 어떻게 변했는지를 보여주는 지표가 되었다. 이와 함께, 이제는 콘텐츠를 '보는' 것만이 아니라, '보여지게 하는 방식'도 달라지고 있다. 네이버는 자사의 플랫폼 내에서 숏폼 클립을 강화하고, 기존 SNS 연동을 끊으면서 사용자의 플랫폼 체류 시간을 극대화하고자 하였다. 인스타그램 릴스의 MAU는 23억 명을 넘었고, 틱톡은 AI 기반 추천 알고리즘을 통해 사용자의 '콘텐츠 소비 습관'을 정밀하게 분석한다. 이 모든 현상은 결국, 콘텐츠와 시간이 밀접하게 엮인 시대적 흐름을 가리키며, 이렇게 축적된 데이터는 기업의 비즈니스 활동을 위한 또다른 밑거름이 되고 있다.

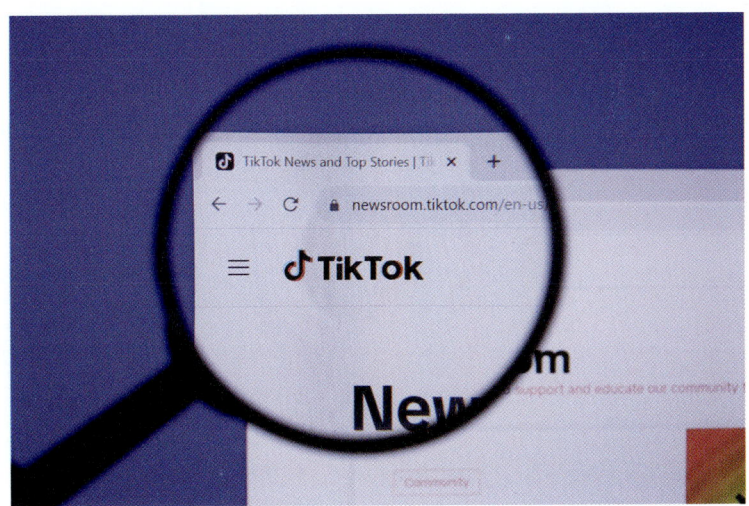

숏폼, 즉, 짧은 동영상의 시대를 열은, 틱톡(TikTok)

8만 6400초의 삶, 숏폼과 함께
다시 쓰는 시간의 기술

그렇다면 우리는 이 시대를 어떻게 살아야 할까? 숏폼의 물결에 떠밀리듯 휘둘려야 할까, 아니면 그 물결 위에서 스스로 균형을 잡으며 시간을 다시 디자인해야 할까? 2025년의 우리는 분명히 후자를 택해야 한다. 숏폼이라는 기술은 분명히 양날의 검이다. 너무 많은 정보, 너무나 자극적인 영상, 너무 짧은 집중을 요구하는… 그러나 동시에, 숏폼은 우리에게 '시간의 감각'을 되돌아보게 만든 도구이기도 하다. 단 15초짜리 영상을 보면서도 나는 '왜 이것을 선택했는가', '이 시간이 나에게 어떤 의미를 주는가'를 생각하게 된다면, 그것은 버려지는 소비가 아니라 사유가 될 수 있기 때문이다. "당신은 당신의 8만 6400초를 어떻게 쓰고 있는가?"라는 질문을 던졌을 때, 이에 대해 바로 답을 할 수 있는 사람이 있을까?". 시간은 누구에게나 공평하지만, 그 시간 안에서 어떤 영상을 보고, 어떤 정보를 받아들이며, 어떤 감정을 품는가는 전적으로 우리의 선택에 달려있다.

우리 삶의 맥락에서의 시간 관리 이론

    2025년은 숏폼 콘텐츠의 시대인 동시에, 시간 관리와 인식에 대한 새로운 각성의 해이다. 이제 우리는 숏폼을 통해 시간을 잃는 것이 아니라, 시간을 되찾고 다시 재조직하는 방법을 배워야 한다. 횡단보도에서, 엘리베이터 안에서, 점심시간의 짧은 순간에도 '지금 이 시간이 나에게 어떤 의미인가'를 생각할 수 있다면, 그것은 단지 콘텐츠 소비가 아니라 새로운 시간 활용의 철학과 각성이 될 수 있다. 2025년을 사는 우리는 하루를 여전히 24시간으로 알고 있지만, 실제로는 8만 6400초를 살아가고 있다. 이 숫자는 익숙한 듯 낯설다. 초 단위로 세분화된 시간 감각은 이제 우리의 일상에 깊숙이 들어온 '숏폼' 콘텐츠와 맞물리며, 시간의 구조 자체를 바꾸고 있다. 몇 초 만에 영상을 보고 넘기고, 15초 내에 결정을 내리고, 한 정거장 지하철 이동시간에 영상을 몇 개나 볼 수 있는지 계산하는 시대. 어쩌면 우리는 이미 시간의 밀도 속에서, 가장 짧은 콘텐츠가 가장 강력한 영향을 미치는 시대를 살고 있는지도 모른다. 우리는 이 짧은 콘텐츠의 세계에 '몰입'하는 수준을 넘어, 그것을 기준으로 일상을 재편해 나가고 있다. 사람들은 이제 숏폼의 길이에 맞춰 하루를 설계한다. 이동시간에는 30초짜리 콘텐츠를, 점심시간 직전에는 3분짜리 뉴스 클립을, 퇴근길에는 버스든 지하철이든 이동하는 수단에 맞추어 여러 개의 숏폼 시리즈를 계속해서 몰아본다. 콘텐츠가 시간이 되고, 시간이 콘텐츠가 되는 시대. 이 흐름은 단순히 콘텐츠 소비의 변화가 아니다. '시간 감각' 그 자체의 구조적 재편이다.

흥미로운 점은, 이렇게 강력한 디지털 트렌드가 오히려 '종이책'의 부활이라는 역설을 만들어냈다는 것이다. 지나치게 빠르고 자극적인 콘텐츠에 지친 사람들은, 오히려 느림과 집중을 요구하는 독서에 눈을 돌리기 시작했다. 숏폼 콘텐츠가 범람하는 시대에, 깊이 읽고 오래 생각하게 만드는 책의 가치는 이전보다 더욱 귀해졌고, 디지털 전자기기에서 벗어나 몸의 디톡스를 주는 효과까지 더해준다. 이것은 단순한 아날로그 감성의 회귀가 아니다. 디지털 피로에 대한 인간 본연의 반응이자, 초속의 정보 속에서도 여전히 '긴 호흡'을 찾고자 하는 균형잡힌 움직임이다. 도파민 중독, 팝콘 브레인, 집중력 저하, 틱 유사 행동 등 디지털 과잉 소비의 그림자속에서 우리는 다시 균형적인 삶을 위한 노력을 더해갈 수 있다. 2025년은 이제 막 '시간의 기술'이 다시 정의되는 원년이 되고 있다. AI가 나의 콘텐츠 소비 패턴을 분석하고, 상황별 추천 콘텐츠를 제공하며, 나아가 나의 라이프스타일까지 조율하는 시대가 열린다. '이 시간엔 이런 숏폼이 좋겠어요'라고 말하는 AI 비서는 이미 등장했다. 그리고 우리는 이 추천을 받으며, 나만의 분, 초 단위 시간표를 다시 그려 나갈 것이다.

다큐멘터리 연극:
현실이 무대 위로 올라가다

2025년의 트렌드로 '무대 위로 올라간 현실'을 제시한 이유는 다큐멘터리 연극과 이머시브 연극에서 공통으로 나타나는 경향이었기 때문이다. 허구가 아닌 현실 자체가 관객에게 노출되게 하는 것, 혹은 관객 자신이 무대의 일부가 되는 것, 이것이 무대 위로 올라간 현실이다. 허구로서의 연극이 유사한 드라마 장르인 영화, TV 시리즈와 경쟁하기 보다는 라이브 장르로서의 장점을 극대화하는 것이 허구와 현실을 충돌시키는 방식이었다. 허구보다 현실이 강조된다는 것은 허구를 바라보면서 관객이 사유활동을 하는 것보다 관객이 직접 무대 위 사건을 '감각'적으로 체험하는 것이 중요하다는 것을 말해준다. 허구의 이야기를 보고 듣기보다 그것을 만져보고자 하는 것이다.

다큐멘터리와 이머시브 중 2025년에 보다 가시적인 모습을 보인 것은 이머시브였다. 그 중에서도 〈슬리프 노 모어(Sleep No More)〉가 서울에서 개막한 것이 가장 중요한 사건이다. 이 작품은 영국의 펀치그렁크(Punchdrunk) 극단이 2003년 런던의 폐교에서 시작하고 이후 2009년에는 보스톤, 그리고 2011년부터는 뉴욕의 첼시 지역의 맥키트릭 호텔에서 공연되었다. 세익스피어의 〈맥베스〉를 기초로 대사 없이 연출된 연극에 관객은 5층의 호텔의 방들을 자유롭게 탐색하면서 적극적으로 참여한다. 호텔 객실들에서는 〈맥베스〉의 각기 다른 장면들이 공연되고, 관객은 자신을 이끄는 배우를 따라서 각기 다른 방을, 다른 순서로 드나들게 되기 때문에 각자 개별적인 방식으로 작품을 체험하게 된다. 3시간 정도되는 시간 동안 공연은 동일 장소에서 여러 차례 반복되는 루프 방식으로 공연되고 가면을 쓴 관객들은 사건과 인물들을 근접거리에서 관찰한다. 냄새, 조명, 소품 등 감각적 요소들을 활용하여 허구를 관객들이 현실적인 것으로 체험하게 유도한다. 2016년부터는 상하이 공연이 시작되었고 2025년 마침내 서울에서 공연을 시작하였다. 폐관한 대한극장 건물을 호텔로 개조하여 8월부터 〈슬리프 노 모어〉를 공연하고 있다. 〈슬리프 노 모어〉의 서울 공연은 서울이 고가의 입장료를 내야하는 이머시브 퍼포먼스가 장기 공연될 수 있는 시장성을 갖춘 곳이라고 판단했기에 가능한 것이다. 〈슬리프 노 모어〉는 1930년대 대공황 이후 불안과 욕망의 공간을 표현하기 위해 도심의 대형공간을 필요로 하는데, 서울 구도심인 충무로에 문화적 시효가 다한 대형 영화관 대한극장을 리모델링할 수 있었다는 것이 서울에서 〈슬리프 노 모어〉의 장기공연을 시도할 수 있는 중요 동인 중의 하나이다. 일본 도쿄에서는 아직 〈슬리프 노 모어〉가 공연되지 않았는

데 도심에서 대형공간을 마련하기 어려운 것도 이유 중의 하나일 것이다. 대신 일본에서는 방탈출게임에 이머시브 개념을 결합하는 형식이 등장하였다. 일본의 방탈출게임이 우리나라에 등장한 것은 2015년경이었으나 2020년대를 넘어서면서 서서히 퍼즐 중심에서 스토리와 캐릭터가 개입하는 이머시브 형식으로 변모하고 있다. 이머시브 방탈출게임은 우리나라에도 홍대 근처에서 '베니스 상인의 저주받은 주택', '아마존의 잃어버린 도시', 'CIA 본부에서의 탈출' 등의 테마로 시도되고 있다.

한편 다큐멘터리 연극으로 2025년에 발표된 것 중 가장 주목할만한 작품은 7월 31일부터 8월 8일까지 대학로 연우소극장에서 공연된 〈집으로 돌아가는 길: 형제복지원의 기억〉이다. 제목에서 알 수 있듯이 이 작품은 '형제복지원' 사건을 다루고 있다. 형제복지원 사건은 1975년부터 1987년까지 부산 주례동에 위치했던 대규모 사회복지시설이었고 부랑인, 고아, 무연고자들의 자립 기관이었다. 문제는 이곳에서 불법감금, 강제노역, 폭행, 성폭력이 자행되었고 공식적으로 최소 500명 이상이 사망하는 등 삼청교육대 이상의 국가폭력이 자행된 사건이지만 사회적 주변인, 약자들의 문제이기 때문에 오랫동안 주목받지 못했다. 2022년 과거사 정리위원회에 의해 '국가의 불법적인 부랑인 단속 정책과 그에 따른 인권침해 사건'으로 공식적으로 확인된다. 형제복지원 사건은 수천명이 관련된 엄청난 사건이지만 오랫동안 사회적으로 방치되어 공식화 이후에도 사회적으로 큰 반향을 얻지 못하는 사건이다. 소극장 연극 한 편이 이 사건에 대한 사회적 반향을 획기적으로 증폭시킬 수는 없지만 이 연극은 1980-2000년대까지 연극이 정치사회적 주제를 다루던 방식과는 다르게 다큐멘터리 형식을 취하면서 우리에게 잊힌 이야기를 재감각, 재사유해 낼 수 있는 방식을 제안한다. 이 사건을 다루는 창작진들은 부산형제복지원 사건 현장을 답사하고 피해 생존자 중 가장 활발하게 사건을 증언하는 활동을 하는 한종선씨를 인터뷰하기도 한다. 창작자들은 피해자의 경험을 자신의 것으로 하고, 나아가 개인의 체험을 사회적 기억으로 확장하고자 한다. 이를 위해 랩, 영상, 퍼포먼스를 통해 감각적으로 지나간 시대의 사회적 폭력을 관객에게 전달하고자 했다. '집으로 돌아가는 길'이라는 제목은 버려진 이들이 집으로 돌아가기 위해서 돌아갈 길을 '기억'을 기억해야 하는 '헨델과 그레텔'이라는 동화를 연상케 한다. 결국 이 다큐멘터리를 통해서 창작자들은 우리사회가 망각한 '형제복지원사건'이라는 국가폭력사건을 기억해내고, 치유하는 방식을 찾고자 하며 그리하여 진정한 공동체로서의 '집'을 복원하려 한다.

다큐멘터리는 반드시 정치사회적 행위로서의 예술을 지향하는 것은 아니다. 2025년 10월 서울국제공연예술제(SPAF)에 초청된 〈하리보-김치〉는 자기 정체성에 대한 예술가의 고민을 여러 형식을 통해 표현하는데 이를 위해 다큐멘터리적 기법 또한 사용하고 있다. 〈하리보-김치〉의 작가이며 연출가인 구자하는 네델란드를 중심으로 활동하는 한국인 공연 창작자로, 국제적인 공연페스티벌에 자주 초대받는 작가이다. 작품명 〈하리보-김치〉는 전세계적으로 판매되는 독일계 젤리회사이름 하리보(Haribo)와 한국인의 음식의 상징인 김치의 결합어이다. 그러므로 이 제목은 서구에서 활동하는 한국인인 작가 자신의 혼종된 정체성을 표현하고 있다. 그리고 혼종된 정체성은 단지 서구에서 활동하는 작가 자신의 특수한 문제는 아니다. 왜냐하면 말랑말랑하고 달콤한 젤리 하리보는 한국에 살고 있는 우리들 역시 어린시절의 경험으로 공유하는 것이고 글로벌 대중문화와 한국적 정체성의 혼종은 우리모두가 경험하는 것이기 때문이다. 작가, 연출가인 구자하가 직접 무대에 올라 자전적 이야기를 무대화 한다. 무대는 포장마차이고 작가 이외에도 곰젤리, 장어, 달팽이 등의 캐릭터와 더불어 관객 몇 사람까지도 무대인 포장마차로 초대된다. 작가의 개인서사가 다큐멘터리처럼 사용되면서 동시에 관객을 직접 무대에 참여시키는 이머시브적 요소를 활용한다. 음식을 직접 무대에서 조리함으로써 냄새, 소리 등의 감각을 체험하게 하고, 또 이를 관객 중 일부는 먹음으로써 미각적으로 체험한다. 이와 같은 감각적 체험을 나누면서 정체성에 대한 작가의 사유를 공유하는 것 이것이 〈하리보-김치〉를 관극하는 방식이다.

    2025년의 문화 트렌드로서 제시한 '무대 위로 올라간 현실'이 다큐멘터리 혹은 이머시브인건 혹은 또 다른 형식이건 간에 보고, 듣고, 만지고, 냄새 맡고, 먹는 등 우리 감각적 인식을 향해 열려있다.

도파민 디톡스
(dopamine detox)

어제 나의 스크린 타임은 몇 시간이었을까? 스마트폰에서 알려주는 스크린 타임을 보면서 그럴 리 없다고 부정해보는 날들이 이어지고 있다. 《문화 트렌드 2025》에서는 2024년 유행어처럼 번진 '도파민'이 우리 일상에 미친 영향을 조명하며, 자극적인 콘텐츠를 반복적으로 소비하는 이른바 '도파민 중독' 현상에 대한 사회적 경각심이 커지고 있음을 다뤘다. 더 강한 자극을 찾아 하루 종일 스마트폰을 들여다보는 현실 속에서, 우리는 과연 '도파민 디톡스'에 성공할 수 있을지 의문이 든다.

도파민은 우리에게 꼭 필요한 신경전달물질이다. 적절히 분비될 경우 정신적 안정과 신체적 건강을 유지하는 데 중요한 역할을 하지만, 과도하게 분비되면 불안감이나 집중력 저하와 같은 부작용으로 이어질 수 있다. 특히 우리의 삶을 둘러싼 다양한 쾌락적 자극들이 도파민의 과잉 분비를 유도하면서 그로 인한 피로감과 정신적 소진에 대한 경계가 사회 전반에서 나타나고 있다. 이러한 흐름 속에서 『도파민네이션』, 『도둑맞은 집중력』 등 관련 서적들이 주목을 받으며 '자극의 시대'를 살아가는 현대인의 자화상을 반영하고 있다.

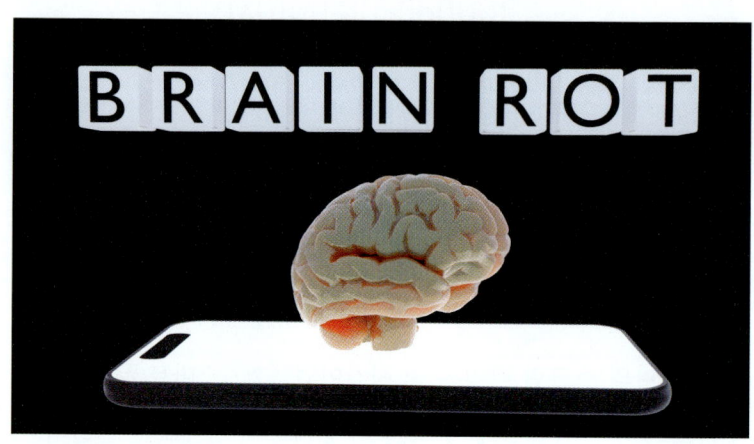

자극 사회의 경고, 'Brain Rot'이 올해의 단어로

　이와 같은 맥락에서, 옥스퍼드대학교 출판부는 2024년 올해의 단어로 '뇌 썩음(Brain Rot)'을 선정했다.[27] 유튜브, 틱톡, 인스타 릴스 등에서 쏟아지는 자극을 따라가다 보면, 어느 순간 '나는 지금 뭘 보고 있었더라?'라는 회의가 들 정도로 집중력이 떨어진다. 실제로 짧고 반복적인 콘텐츠 소비가 확산되면서 집중력 저하, 수면 장애, 성인 ADHD, 이른바 '청년 치매'라 불리는 인지 저하 현상이 증가하고 있다는 분석도 나오고 있다.

　틱톡 등 SNS 플랫폼에서는 이러한 '뇌 썩음' 현상을 대놓고 소비하는 문화까지 등장하고 있다. 혹시 '트랄랄레로 트랄랄라', '퉁퉁퉁퉁퉁퉁 사후르'라는 표현을 들어봤는지? 이와 같은 이해할 수 없는 문장과 AI가 만든 기묘한 캐릭터들이 결합된 밈 콘텐츠가 확산되며, '#italianbrainrot'이라는 태그와 함께 독자적인 장르로 자리 잡고 있다. 의미 없는 자극을 반복 소비하는 이러한 밈은 오히려 '뇌 썩음'을 하나의 놀이로 소비하게 만들고 있으며, 일부 정신건강 전문가들은 이 현상이 실제로 주의력 저하나 감각 피로를 유발할 수 있다는 우려를 제기하고 있다.[28]

'#italianbrainrot' 캐릭터 퉁퉁퉁퉁퉁퉁퉁사후르

한편 《문화 트렌드 2025》는 도파민 과잉으로 지친 몸과 마음을 회복하려는 흐름에 주목하며 자극을 줄이고 자제력을 회복하

려는 '디톡스' 문화의 확산을 소개했다. 무자극·무소음 콘셉트의 카페가 늘어나고 있으며, 마사지 기계, 아로마 제품, 스파, 헬시 리조트와 같은 웰니스 산업의 성장도 이와 같은 흐름과 맞닿아 있다. 이와 함께 '자제력 소비'가 부각되면서 리트릿(retreat) 프로그램과의 결합을 통해 보다 도파민 디톡스가 하나의 산업적 기회가 될 수 있음을 강조했다.

특히 일상 속 짧은 리트릿을 찾는 움직임도 뚜렷해지고 있다. 최근 MZ세대 직장인들 사이에서는 점심시간 단 한 시간이라도 오롯이 혼자만의 시간을 보내려는 '마이크로 힐링' 트렌드가 확산되고 있다. "점심시간만큼은 저를 위해 쓰고 싶어요"라는 말처럼 차 안에서 조용히 도시락을 먹고 영상을 보는 시간이나, 리클라이너 좌석의 조용한 영화관에서 눈을 붙이는 형태의 휴식이 새롭게 관심 받고 있다. 실제로 쏘카는 광화문, 강남 등 오피스 밀집 지역에 차량을 정차 상태로 대여하는 '힐링존'을 마련했고, 메가박스는 점심시간대 영화관을 조용한 휴식 공간으로 개방하고 있다.[29] 이처럼 도시 한복판에서도 디지털 자극을 잠시 끊고 스스로를 재충전하려는 시도가 이어지고 있다.

도파민 디톡스는 방송과 지자체 정책에서도 실험되고 있다. tvN 예능 〈뿅뿅 지구오락실3〉에서는 출연자들이 시계 없이 감각만으로 시간을 맞추는 게임을 진행하며 70시간 이상 디지털 기기를 사용하지 않는 장면이 등장해 화제를 모았다. 일부 출연자의 스크린 타임이 하루 21시간에 달했다는 사실은 오늘날 우리가 얼마나 깊숙이 디지털에 잠식되어 있는지를 보여준다.

서울 강남구에서는 청소년을 대상으로 한 '디지털 디톡스 50일 챌린지'를 실시했으며, 일주일에 하루는 오프라인으로만 만나는 챌린지, 스마트폰 없이 진행되는 독서모임이나 필사 모임 등 아날로그 기반의 커뮤니티 또한 점차 확산되고 있다. 태어나면서부터 디지털 환경에 노출된 이른바 디지털 네이티브 세대는 이제 SNS를 통한 자기 표현과 현실 세계에서의 균형 잡힌 삶 사이에서 스스로 균형을 찾아가는 시도를 이어가고 있는 것으로 보인다.

도파민 디톡스에 대한 높아지는 관심

도파민 디톡스는 앞으로도 힐링, 웰니스, 리트릿 산업은 물론, 교육·콘텐츠·도시공간 설계에까지 영향을 미칠 것이다. 2025년을 지나면서 우리는 느낀다. 집중력과 자제력은 새로운 경쟁력이며, '비움'은 가장 현대적인 선택지일 수 있다는 것을.

2025년, 문화가 국경을 넘는 시대의 단상: 한류의 물결 위를 걷는 사람들

세상의 모든 흐름에는 그 시작점이 존재하고, 분명 전환점도 존재한다. 한류(Hallyu), 혹은 Korean Wave, 더 나아가 신한류(K-Culture)라 불리는 이 흐름도 예외는 아니다. 처음에는 조용한 물결로 시작되었다. 아시아의 극히 일부 국가에서 한국 드라마와 음악이 인기를 끌기 시작했고, 어느 순간 그 파동과 파워는 전 세계로 확산되었다. 그러나 우리가 주목해야 할 지점은 바로 현재에 있다. 2025년의 오늘, 한류는 단순한 유행을 넘어 '삶의 결'로 다가와 있고, 전 세계를 감싸는 하나의 문화적 생태계로 진화하고 있다. 그리고 돌이켜보면, 한국 드라마와 K-POP으로 대변되던 한류는 오랜 시간 '팬덤'이라는 단어와 함께 진화해왔다. 특히, 무대를 향해 플래카드를 흔들던 세계 각 지역의 한류 팬들은, 이제 한국 어느 곳곳의 골목길을 직접 걷고 있고, 음식을 즐기고 있으며, 전통문화가 살아 숨쉬는 곳에서 진기하고도 살아있는 깊은 경험을 쌓고 있다. 바로 이같이, 2025년 현재 우리는 새로운 물결을 목도하고 있는데, 바로 그것은 '보는 혹은 보기만 했던 한류 문화'에서 '사는 혹은 느끼고 경험하는 한류 문화'로 전환되고 있다는 것이다. 그리고 그 변화의 중심에는 두 가지 축이 자리잡고 있다. 첫째는, 지구촌 세계 곳곳에 뿌리내린 '코리안 디아스포라(Korean Diaspora)'들이고, 둘째는 '한류의 인바운드 전략'이다. 이제 한류는 한국을 벗어난 밖에서만 소비되는 콘텐츠나 상품이 아니다. 오히려 한국으로 들어오는 사람들, 그들이 관광객이건 환자이건, 학생이건 혹은 비즈니스를 하러 오는 사람이건, 문화 애호가들이건 상관없이, 그들을 품을 수 있는 포괄절인 흐름, 바로 이것이다. 이를 통해 한류는 다양한 형태로 우리 삶 속에 스며들어 2025년을 기록하고 있다.

디아스포라의 시간, 고국으로 이어진 문화의 다리

2023년, 인천 송도에 '재외동포청'이 출범했다는 소식은 단순한 행정조직 신설만을 의미한 것이 아니었다. 이는 약 708만 명에 이르는 재외동포를 '세계 속의 한국인'으로 새롭게 바라보는 시점의 전환이자, 글로벌 한류를 이끄는 전 세계 곳곳의 한국 대표주자들을 챙긴다는 것을 의미한다. 그들은 더 이상 고국을 떠난 유랑자가 아니고, 그들이 거주하고 있는 세계 곳곳에서 경제적·사회적·문화적 영향력을 가지고 있는 세계 시민이자 문화 중개자다. 특히 최근 들어 디아스포라의 문화적 역할은 눈부시게 확대되고 있다. 그동안 북미나 유럽, 아시아 권역에 살고 있는 디아스포라가 집중을 받았다면, 현재는 남미와 중동 및 아프리카에 이르기까지 다양한 권역의 다이스포라가 관심을 받고 있다. 이들은 K-콘텐츠 관련 팬클럽을 만들고, 한국 음식점을 열며 한국어 강좌를 기획하고 있다. 무엇보다 중요한 건 그들의 자녀들 2세, 3세 한국인들이 자신들의 뿌리를 찾아 한국을 방문하고, 공부하고, 체험하면서 만들어내는 '문화의 회귀현상'이 벌어지고 있다는 것이다. 자신뿐 아니라 자신이 현지에서 이룬 외국인 멤버를 포함한 가족 모두를 이끌고 있다. 이러한 흐름은 국가의 정체성과 문화의 지속가능성 측면에서도 매우 긍정적이다. 해외에서 자란 아이들이 한국 전통문화와 언어, 예술, 음식을 접하며, 정체성의 퍼즐을 맞춰가는 이 값진 과정은 단순한 민족주의의 차원을 넘어서기 때문이다. 그것은 진정한 문화의 순환이고, 새로운 창조라 할 수 있다.

한류를 대표하는 음식: 김밥과 동치미

인바운드 시대의 개막:
관광을 넘는 체험, 의료를 넘는 동행

2025년 한 해는 유난히도 다양한 외국인 관광객이 한국이라는 나라에서 눈에 띄는 해였다. 공항에서부터 서울의 강남 및 명동의 한복판, 경복궁, 담양과 전주의 한옥마을, 부산 영화의 거리까지 한국 곳곳에서 보여진 외국인 관광객들의 언어와 표정은 과거와 사뭇 달랐다. 그들은 단순히 잠깐 "한국을 보러 온" 사람들이 아니었다. 누군가는 전통 장신구 공방에서 오랜 시간 묵묵히 은세공을 배웠고, 누군가는 서울의 고즈넉한 찻집에서 다도 예절을 익히고 있었다. 이들의 관심은 화려한 케이팝 무대 위가 아니라, 그 문화가 자라난 뿌리와 결을 향하고 있었다. 이러한 변화는 '런케이션(Learncation)'이라는 2025년의 새로운 문화 트렌드 속에서 더욱 구체화되었다. 단순한 교육 여행이 아닌, 체험을 중심에 둔 '문화 심화 프로그램'의 수요 급증에서도 이러한 트렌드를 엿볼 수 있다. 즉, 2025년의 한국은 단순한 관광 국가가 아니다. 이제 한국은 '체험의 목적지'로 자리 잡고 있다. 과거 한류 콘텐츠를 소비하던 외국인들은 이제 그 문화의 현장을 직접 보고, 듣고, 느끼기 위해 한국을 찾는다. 로케이션 투어, 음식 체험, 전통의상 입어보기는 물론, 이제는 전통음악 워크숍, 사찰 템플스테이, 그리고 한국사 수업까지 이어지고 있다. 이에 대한 좋은 사례로, 미국 예일대 학생 20여 명은 2025년 봄방학 기간을 활용해 '서울문화탐방단'으로 한국을 찾았다. 이 학생들은 일정 기간 한국에 머물며 경복궁에서 한국사 전문가의 해설을 들었고, 조선왕조실록이 제작되던 춘추관의 유적지를 방문해 한국의 기록문화에 대한 이해를 넓혔다. 몇몇 학생은 이 경험을 바탕으로 역사 논문을 쓰거나, 한국어 수업을 정식으로 등록하기도 했다. 또한, 예일대 학생회의 홈페이지에는 이런 후기들이 여럿 올라와 있다. "우리는 BTS를 좋아했지만, 이제는 한국의 역사와 정신에도 매료되었다". 또 다른 예로, 아랍에미리트(U.A.E.) 두바이에서 미용 클리닉을 운영하던 레이마(Laymah) 씨는 자신이 진단받은 유방암 치료를 위해 한국을 찾았다. 중동의 암환자나 당뇨병 환자 같은 중증 환자들이 의료선진국인 한국으로 치료를 받기 위해 오고 있는데, 이들은 단순히 '의료 관광객'이 아니다. 환자와 함께 방문하는 가족, 그리고 치료 후의 환자는 의료관광의 대표주자 기업인, '하이메디'의 컨시어지 프로그램을 통해 한의학 박물관을 견학하고, 전통 요법과 명상 세션까지 경험한다. '하이메디'와 같은 전문 기업은 중동과 러시아 등지의 환자와 가족에게 단순한 치료가 아닌 '치유의 여정'을 제공한다. 숙소, 통역, 이동수단까지 연결된 이 서비스는 한국이 '치유와 회복의 나라'로 자리매김하게 하는 기반이 되었다. 한국을 방문한 그들은 "이곳에서의 시간은 단지 몸을 고치는 일이 아니었다. 몸과 정신이 함께 회복되는 시간을 보냈다"라고 입을 모으고 있다. 중동의 환자들이 고국으로 돌아간 이후에도, 자신의 인스타그램에 한국에서의 회복 과정을 일기처럼 공유하며, 팔로워들에게 한국 의료 시스템과 문화의 조화를 소개하고 있는데, 바로 이것이 한류의 인바운드 전략과도 연결된다.

이런 흐름을 가능하게 한 건 무엇일까? 정부 차원의 인프라 확대도 한몫했지만, 결국 핵심은 한국 밖에서만 일어나는 '한류 아웃바운드 전략'이 아니라 문화의 일상화를 통해 이뤄낸 '한류 인바운드 전략'에 있다. 한국은 단지 콘텐츠를 만들어내고 소비하는 나라가 아니다. 그 문화적 기반이 일상의 숨결 속에 녹아 있는 나라이다. 바로 이 포인트를 인바운드 전략으로 이끌어내고자 노력한 한국 정부와 기업, 그리고 지자체와 시민 모두가 이 한류 인바운드 전략의 혜택을 보는 사람들이다. 2020 팬데믹 이후, 외국인 관광 수요가 다시 살아나면서 정부는 '외국인 방한 관광 활성화 방안'을 발표했다. 다국어 서비스 확대, 지방 공항-해외 도시 간 직항 노선 개설, 전자 비자 절차 간소화 등은 단기적 전략이었지만, 장기적으로는 '머무르고 싶은 나라, 한국'이라는 이미지와 면모를 강화시키는 것이 목표이다. 그리고 그 중추에는 '코리안 디아스포라'가 있다. 미국의 한 고등학교 한국어 교사로 활동 중인 한 재미교포는 여름방학마다 자신의 제자 10여 명을 이끌고 한국을 찾는다. 그녀는 학생들에게 '한류는 케이팝보다 훨씬 넓은 세계'라는 것을 몸소 체험하게 하고 싶었다. 2025년 여름에도 그녀는 전주한옥마을에서 한복 입기 체험과 함께, 한식 조리 수업을 진행했다. 그 중 한 학생은 이후 한국에 유학을 결심하고, 서울의 요리학교에 입학했다. 그는 "처음엔 한식이 특이하다고만 느꼈는데, 이제는 그 안에 담긴 철학과 시간의 층위를 이해하게 됐다"고 말했다. 이처럼 문화는 이제 소비가 아니라 순환이다. 따라서 2025년의 트렌드는 '체험형 확장성'과 '지속 가능한 인바운드 문화'로 요약할 수 있다. 콘텐츠 소비에서 출발한 관심이 로케이션 방문을 거쳐, 교육·치유·삶의 공유로 이어지는 흐름은 단순한 관광 산업의 문제를 넘어, 문화 자체의 생존 전략이 되었다. 이제 한류는 '바깥으로 나가는 힘'(Outbound)뿐만 아니라, '안으로 끌어들이는 힘'(Inbound)에서도 진정한 경쟁력을 갖추게 된 것이다. 이 과정에서 중요한 건, 단기적 이벤트나 홍보가 아니다. 각자의 자리에 있는 이들이 얼마나 '혼신의 정성'을 다하느냐에 달려 있다. 그리하여 등장한 키워드가 바로 '한류 메라키 (K-Culture Meraki)'다. 이는 단순히 '열심히 하자'는 의미의 단어가 아니다. 각자 자신이 하는 일에 진심을 담고, 문화의 깊이에 무게를 두며, 타인과의 만남에 귀 기울이는 태도를 지니며, 세계 곳곳에서 글로벌 한류를 이끄는 주체를 의미한다. 콘텐츠 제작자든, 한식당 운영자든, 한국을 소개하는 영어 교사든, 모두가 자신만의 방식으로 '메라키'를 실천하고 있는 것이다.

'한류 메라키'와 함께 2025년은 '한류의 기념비적인 해'로 기억될 가능성이 크다. 2025년은 한국의 콘텐츠가 세계로 뻗어나간 만큼, 세계인이 한국으로 들어오는 흐름이 확고해진 해이기도 하기 때문이다. 그리고 이 모든 흐름 속에는 개인의 이야기, 작은 실천, 그리고 타문화에 대한 존중과 열린 태도가 있다. 문화는 정책이 아니라 사람이 만든다. 이제 우리의 과제는 이 한류의 물결이 한국 밖에서뿐만 아니라 한국내에서도 계속 살아 숨 쉬게 만드는 것이다. 그리고 그 시작은 언제나 한 사람, 한 경험, 한 진심에서 비롯될 것이다.

한류 인바운드를 이끌 수 있는 한국의 장소 중 하나, 한국의 국보 1호 숭례문 (남대문)

K-드라마의 세계화

SQUID GAME 3

2025년에 발표된 오징어 게임 시즌3

    2025년 6월 27일에 공개된《오징어 게임 시즌 3》는 하루만에 또다시 전 세계 1위 콘텐츠로 올라섰다. 넷플릭스에서 공개된 영어 및 비영어권 TV쇼 최고 흥행작이었던《오징어 게임 시즌 1》의 영광을 이은 피날레 작품이었다. 이처럼 K-드라마는 한류의 열풍을 타고 2025년에도 약진을 거듭하고 있다.

그러나 지난 호에서 설명했듯이 K-드라마가 그 명성에 어울리는 수익을 창출하기 위해서는 넘어야 할 과제가 하나 있다. 바로 유통 플랫폼의 점유이다. 엄청난 성공을 거두었던 오징어 게임도 넷플릭스의 투자에 의해 제작되었고, 그 결과 대부분의 수익은 넷플릭스가 가져갔다. 아쉽게도 글로벌 자본과 플랫폼이 들어와서 한국 콘텐츠를 이용해 돈을 벌어가는 구조가 된 것이다.

물론 만약 오징어 게임이 넷플릭스라는 플랫폼을 만나지 않았더라면 그러한 성공을 거두지 못했을 것이라는 가정도 생각해 볼 수 있다. 예를 들어 〈유미의 세포들〉은 티빙 오리지널 콘텐츠 중에서 유료가입기여도에서 역대 최고기록을 세울 정도로 성공작이었는데,[30] 티빙이 세계적인 플랫폼이 아니었던 이유로 외국의 시청자에게 잘 알려지지 않았다. 〈유미의 세포들 시즌3〉은 2026년 티빙에서 공개될 예정이다.[31]

사실 2025년에도 K-콘텐츠가 세계를 깜짝 놀라게 했던 것은 쉽게 발견할 수 있다. 특히 애니메이션 부문에서 눈부신 성과를 거두었다. 2025년 6월 20일에 넷플릭스에서 공개되었던 〈케이팝 데몬 헌터스〉는 미국을 포함한 41개국에서 영화 부문 1위를 기록했고 그 OST는 빌보드 200에서 8위로 데뷔했다.[32] 2025년 4월 11일에 부활절을 맞이하여 미국에서 개봉했던 〈더 킹 오브 킹스〉는 하루만에 약 100억 원의 수익을 올리며 박스오피스 2위로 올라섰다.[33]

K-드라마는 보편적인 정서와 수려한 영상으로 세계인이 사랑을 받는 전통을 이어가고 있다. 2025년 3월에 넷플릭스에서 공개되었던 〈폭싹 속았수다〉는 9개국에서 1위를 차지하며 공개 3주

차에 글로벌 비영어부문 1위를 차지했다.[34] 한류 콘텐츠 플랫폼의 존재가 절실한 대목이다.

    2025년 6월 10일, 한국의 대표 플랫폼이 탄생되는 전제조건인 티빙-웨이브 합병이 공정거래위원회의 심의를 통과했다. 이 합병이 진행된다면 현재 이용자 수 기준으로 넷플릭스(33.9%), 티빙(21.1%), 쿠팡플레이(20.1%), 웨이브(12.4%)였던 4강 경쟁구도가 3강 체제로 바뀌게 된다.[35] 그러나 국내 경쟁구도보다 더 중요한 것은 국제적 경쟁력 측면에서 과연 어떠한 영향을 미칠 것인가이다. 한류 콘텐츠를 단일 통로로 공개하여 독점적 플랫폼 파워를 가질 수 있는 날이 오기를 기대한다.

전통문화, 오래된 미래

《문화 트렌드 2025》는 '전통'이 단순히 과거에 머무는 것이 아니라, 지금 이 순간에도 새롭게 구성되고 감각적으로 해석되는 '오래된 미래'임을 다양한 사례를 통해 보여주었다. 특히 K-콘텐츠의 세계적인 인기는 우리에게는 익숙한 전통문화가 해외 시청자에게는 'what's new'로 받아들여질 수 있다는 가능성을 실감하게 했다. 넷플릭스 오리지널 시리즈 〈킹덤〉이 세계적 흥행을 거두면서, 극 중 인물들이 착용한 전통 모자인 '갓'이 검색어에 오르고, 관련 상품이 판매되는 등 의외의 문화적 반향이 일어난 것도 그 일례다.

이러한 흐름은 비단 외국인에게만 해당되는 것이 아니다. 한국의 젊은 세대들 역시 전통문화에 새로운 시선을 보내고 있다. 고려청자에서 영감을 얻은 이어폰 케이스, 반가사유상 미니어처 피규어를 내놓은 국립중앙박물관 뮤지엄 숍은 품절 대란을 일으켰고, 스타벅스는 전통민화 '호작도'와 한복을 응용한 MD 상품 등을 선보이며 MZ세대의 소비 심리를 파고들었다. 고궁 야간 개장 프로그램 '별빛야행'과 임금의 궁중 다과 체험 '생과방 다과'와 같이 전통문화를 체험 콘텐츠로 활용하는 사례도 눈에 띄었다. 이처럼 전통문화가 젊은 층에게 인기를 얻는 현상을 '힙 트래디션(Hip Tradition)'이라고 표현하기도 한다.

넷플릭스 시리즈를 통해 세계적인 관심을 얻게 된 '갓'

사실 한국 사회에서 전통문화는 오랫동안 생활의 일부라기보다는 단절된 유산처럼 여겨져왔다. 산업화와 근대화가 급속히 진행되면서, 전통문화는 생활 속에서 자연스럽게 이어지기보다는 박물관 속 전시물처럼 느껴지는 것이 현실이었다. 하지만 역설적으로 이 거리감은 최근 전통에 대한 새로운 호기심을 자극하고 있다. 외국인들이 타 문화의 전통을 이국적으로 인식하는 것처럼, 지금의 젊은 세대에게도 우리 문화는 낯설지만 흥미로운 새로움으로 다가오고 있다.

이러한 현상은 콘텐츠 산업 전반으로 확산되며 창작자와 디지털 기술자들의 관심을 끌고 있다. 글로벌 게임 엔진 기업인 언리얼 엔진과 유니티의 마켓에서는 한국 전통 관련 검색량이 급증했지만, 개발자를 위한 콘텐츠 리소스는 턱없이 부족했던 상황이었다. 이를 보완하기 위해 문화체육관광부와 한국문화정보원은 문화유산, 디지털 휴먼, 전통 복식 등 전통문화의 디지털 에셋을 개방하여 민간 창작자들이 활용할 수 있도록 지원했다. 이는 단지 접근의 문제를 넘어, 전통문화가 새로운 창작의 원천으로 기능할 수 있는 생태계를 조성한다는 점에서 주목할 만하다.

예술 창작과 광고 마케팅 같은 상업 분야에서도 전통문화는 중요한 영감의 원천으로 작용하고 있다. 2025년 방영된 Mnet 〈스트릿 우먼 파이터3〉에서 '범접' 팀은 갓, 부채춤, 탈춤, 상모돌리기 등 전통 요소를 현대적인 안무와 결합해 '국가유산급 퍼포먼스'라는 찬사를 받았다. 범접의 메가크루 미션 영상은 공개 3일 만에 조회 수 1,000만 회를 돌파하며 국내 댄스 콘텐츠 역사에 기록될 정도의 반향을 일으켰다.[36] 거기에 국가유산청, 국립무형유산원, 대한민국역사박물관 등 국가기관들이 앞다투어 응원 댓글을 남기며 화제성을 더했다. 이는 전통이 더 이상 형식적이고 권위적인 것이 아니라, 감각적이고 역동적인 문화 자산으로 재구성될 수 있음을 보여주는 대표 사례라고 볼 수 있다.

문화체육관광부가 무료 배포하는 수원화성행궁 3D 스캔 디지털 에셋

　이러한 확장성은 애니메이션 영역에서도 드러난다. 2025년 6월 공개되자마자 넷플릭스 글로벌 영화 순위 1위를 차지한 〈케이팝 데몬 헌터스〉는 K-팝 인기 걸그룹이 무대 밖에서는 악마를 사냥하는 비밀스러운 영웅 데몬 헌터스로 활약한다는 내용으로 전 세계적인 화제에 올랐다. 미국 소니 픽처스 애니메이션이 제작하고 대사 역시 대부분 영어로 이뤄진 외국 작품이지만 기와집, 저승사자 등 한국 전통적인 요소들이 곳곳에서 관찰된다.[37] 또한, 남산타워나 북촌, 한식 등 현실의 디테일도 정확히 재현되며, 한국 문화에 대한 입체적인 관심을 끌어냈다.

　이처럼 최근에 인기를 얻고 있는 콘텐츠들을 살펴보면, 전통문화 안에서도 오컬트적인 요소에 대한 창작적 관심이 급증하고 있는 모습이다.[38] 도깨비, 호랑이 귀신, 굿, 당산나무 등 한국 무속 신앙의 요소들이 감각적으로 재해석되며 콘텐츠로 등장하고 있다. 영화 〈파묘〉의 김고은 캐릭터나 드라마 속 무속적 세계관

등은 전통이 가진 상징성과 미스터리를 감각적으로 풀어낸 사례다. 전통이 단지 고정된 과거의 표상에 그치지 않고, 스토리텔링과 감성의 자원으로 활발히 변용되고 있다는 증거다.

한국의 전통 문화가 세계인들과 젊은 세대에게 신선하게 다가왔다는 점과 함께 다양한 문화 콘텐츠로의 확장으로 이어지고 있다는 점은 분명 고무적인 현상이다. 그러나 동시에, 앞으로 우리가 이 전통의 자원을 통해 어떤 새로운 이야기와 감각을 더할 수 있을지에 대한 고민도 깊어지고 있다. 《문화 트렌드 2025》는 이 모든 흐름을 '오래된 미래'라는 개념으로 포착하였다. 전통 문화는 박제된 과거가 아닌, 지금 이곳에서 재구성되고 창조되는 현재의 문화다. 오래된 그릇에 어떤 감각과 서사를 담아낼 것인가, 그 질문이야말로 지금 이 시대 콘텐츠 창작자들이 직면한 가장 흥미로운 과제일 것이다.

도깨비와 같은 오컬트적 요소로 확대되는 관심

미신과 영웅

지난 호에서 미신과 영웅에 의존하는 현대인의 속성을 설명하면서 몰이성과 비합리성에서 나타나는 여러 부작용, 예를 들어 사이비 종교나 독재적 정치 풍토, 주식 리딩방, 비이성적 전쟁 등의 현상이 왜 반복되는가에 대해 살펴보았다. 인류의 문명이 발전하면서 여러 비과학적인 현상이 왜 진행되는가에 대해 그 원인을 발견하여 과학적으로 설명할 수 있게 되었음에도 불구하고 여전히 이러한 몰이성적인 행태가 반복되는 것은 결국 인간이 생존과 진화를 위해 본능적으로 가지고 있는 비이성적인 믿음 체계 때문이라는 것을 진화생물학자인 루이스 울퍼트의 설명을 통해 알 수 있었다. 루이스 울퍼트는 이러한 내용을 소개하는 책의 제목으로 이상한 나라의 앨리스에 등장하는 유명한 문구인 '아침 식사 전에 상상하는 여섯 가지 불가능한 것들'을 선택했다. 이는 미신을 신봉하는 행동을 상징한다고 할 수 있다.

<이상한 나라의 앨리스> 포스터

    1초 후에 일어날 일을 알 수 없는 지적 한계를 가지고 있는 인간으로서 이러한 무지함에 대한 불안에서 벗어나는 방법은 어떤 방식이든 인과관계를 만들어서 모든 현상에 대해 설명하려 하는 것이다. 지난 1년 동안 우리 주변에서 발생했던 많은 일들 역시 이러한 인간의 속성을 보여주었다. 트럼프 대통령은 당선된 이후 우크라이나와 러시아의 전쟁이 왜 발생했는가에 대해 우크라이나의 나토 가입 시도를 이유로 지목하면서 우크라이나가 휴전 협정에 적극적으로 나서기를 촉구했다. 예전에 트럼프가 언급하여 가치가 폭등했던 가상화폐 이름과 동일한 DOGE(정부 효율성 부서, Department of Government Efficiency) 장관으로 임명되었던 일론 머스크는 미국 정부의 재정 적자의 이유를 정부의 방만한 운영에 있다고 지적하면서 미국 공무원의 수를 10% 줄이려 했다.

미국 공무원 수를 삭감했던 일론 머스크

사실 이러한 조치들이 존재하지 않는 인과관계에 근거한 것인지 아니면 실제로 존재하는 인과관계에 근거한 것인지는 분명하지 않다. 하지만 그보다 중요한 것은 인과관계의 존재 여부에 대해 그다지 관심이 없다는 것이다. 트럼프는 종전을 추구하는 것에 반대하는 우크라이나를 억제하기 위해 전쟁 발발의 이유를 본인의 방식으로 해석했다. 머스크 역시 본인이 가지고 있는 정치적 신념, 예를 들어 미국이 외국을 과도하게 지원하고 있다는 믿음이나 또는 DEI(다양성, 형평성, 포용성) 원칙이 지나치게 적용되는 현실을 바꾸어야 한다는 믿음을 관철하기 위해 이와 관련된 정부 부서의 예산과 인원을 삭감하는 방식을 택했다. 즉 혼란

스러운 현실을 타개하기 위해 복잡한 인과관계를 의도적으로 단순화하는 방식으로 접근했던 것이다.

이것은 거창하게는 사이비 종교의 교주가 가지고 있는 절대적인 카리스마로 볼 수도 있지만 그보다 대중적으로는 인기 많은 정치인이나 연예인이 가지고 있는 극단적 팬덤 및 영웅화 현상의 확장으로 볼 수도 있다. 특정인에게 맹목적인 지지를 보내다 보면 그 인물의 행동이 올바르기 때문에 지지하는 것이 아니라 단지 그 인물이 하는 것이기 때문에 모든 행동에 대해 지지하는 현상을 보일 수 있다. 사이비 교주화의 수준에 오르는 것이다.

물론 특정 인물을 사이비 교주처럼 받드는 영웅화 현상에는 개인적 이해관계가 얽힐 수도 있고 또는 그렇지 않을 수도 있다. 예를 들어 어느 연예인에 대해 극단적 지지를 보내는 팬덤 현상에는 개인적 이해관계가 개입될 가능성이 거의 없고 그저 감정적으로 몰입되는 경우가 대부분일 것이다. 그러나 어느 정치인에 대해 극단적 지지를 보내는 어떤 경우에는 그 정치인이 권력을 획득할 때에 개인적으로 이득을 얻을 수 있기 때문에 비록 해당 정치인에게 올바르지 않은 측면이 존재하더라도 이를 묵살하고 절대적인 지지를 보낼 수도 있다. 이런 경우는 오히려 이성적 판단이 작용하는 영웅화라고 할 수 있다.

그러나 우리가 항상 특정 정치인을 영웅화 하는 것은 아니다. 오히려 국가를 위해 총제적으로 가장 큰 이득을 가져올 수 있는 정치인을 뽑는 것을 추구한다. 그러나 특정 정치인이 선택되는 것과 특정 국민의 개인적 이해관계는 직접적으로 연결될 수 있다. 이러한 연결성은 국익을 위한 합리적인 선택을 막을 수 있다. 즉 개인의 이해관계와 관계없이 오직 총체적인 국익을 높이기 위해 투표하는 경우는 이성적이고 합리적인 선택이라고 할 수 있는 반면에 본인의 이해관계가 얽혀 있기 때문에 총체적인 국익보다는 개인의 이득을 극대화하기 위해 특정 정치인에게 투표하는 경우는 이성적이기는 하지만 합리적이지는 않은 선별적 지지라고 볼 수 있다.

이제 앞에서 설명했던 특정인의 몰이성적 영웅화 경우와 그 다음에 설명했던 이성적인 선택의 경우를 결합하면 다음과 같이 요약할 수 있다.

	이해관계와 무관	이해관계 개입
인과관계 불확실	몰이성적 영웅화	이성적 영웅화
인과관계 판단가능	합리적 선택	선별적 지지

네 가지 경우 중 가장 바람직한 경우는 어떤 것일까? 놀랍게도 가장 바람직한 경우는 존재하지 않는다. 왜냐하면 각 상황은 고유의 특성을 가지고 있고 그 특성에 적합한 선택이 존재하기 때문이다. 먼저 환경의 불확실성이 너무나 높아서 어떤 결정이 가장 좋은 것인가에 대해 개인이 판단하기 힘들 때에 할 수 있는 최선의 의사결정 유형은 몰이성적 영웅화이다. 예를 들어 총알이 날아다니는 전쟁터에서 개별 보병이 할 수 있는 최선의 선택으로서 경험이 많은 지휘관의 명령에 절대적으로 복종하는 상황을 들 수 있다.

둘째, 선택되는 인물이 내리는 결정이 개인적인 이해관계에 영향을 미칠 수 상황에서 할 수 있는 최선의 의사결정 유형은 이성적으로 판단하되 그 선택으로 인해 특정인을 영웅으로 만드는 것이다. 예를 들어 급변하는 세계 정세 속에서 카리스마를 발휘할 지도자를 선택해야 하는 상황에서 두 명의 대통령 후보 중에서 누가 선택되는가에 따라 특정 집단의 국민의 개인적인 이익이 크게 좌우된다면 선거의 결과는 자연스럽게 가장 많은 국민이 이해관계에 따라 선택하는 인물이 되는 상황을 들 수 있다. 이 상황에서는 후보가 가진 흠결은 크게 문제되지 않을 수 있다.

셋째, 환경이 비교적 안정적이라서 의사결정의 결과가 예측될 수 있는 경우 나타날 수 있는 최선의 의사결정 유형은 합리적 선택이다. 선거의 예를 들자면 후보들에 대한 다각적이고 객관적인 평가를 통해 국익에 가장 부합되는 능력과 품성을 갖춘 인물을 뽑는 것이다. 통상적으로 우리는 이러한 선거 과정을 이상적으로 여기지만 사실 특정 후보가 과거 행적에 가진 공과에 대해 공정하게 평가하기도 힘들고 게다가 이것을 개인적 이해관계를 떠나서 평가하는 것은 더욱 힘들다.

넷째, 환경이 비교적 안정적이라서 의사결정이 결과가 예측될 수 있지만 그 의사결정에 개인적인 이해관계가 얽혀 있을 때 나타날 수 있는 최선의 의사결정 유형은 선별적 지지이다. 이것은 대부분의 민주주의 체제에서 현실적으로 발견할 수 있는 '최대 다수의 최대 행복' 원칙을 반영하는 공리주의적 선택이다. 즉 모든 사람의 이해관계를 포함하여 가장 많은 사람이 만족할 수 있는 결과를 최선의 결과라고 간주하는 것이다. 물론 이 유형의 선거 과정에서 사람들의 이기적인 마음을 자극하는 선동 정치인이 득세하거나 특정 지지 집단, 소위 '집토끼'를 잘 관리하는 정치 집단이 정권을 잡는 부작용이 나타날 수 있고, 중우(衆愚) 민주주의, 즉 많은 어리석은 사람들에 의해 바람직하지 않은 인물을 선택할 수 있다는 면에서 앞에서 설명했던 합리적 선택보다는 열등한 의사결정이지만 모든 사람들이 본인의 이해관계를 떠나서 순수한 국익을 위해 투표할 것이라는 이상적인 상황을 상상하기 힘들다고 볼 때 그나마 현실적인 대안이라고 할 수 있다.

집토끼는 종종 정치적으로 고정적 지지자로 비유된다

탈권위 반전 매력

 《문화 트렌드 2025》에서는 사회 각 분야에서 권위에 대한 인식이 변화하고 있는 흐름, 이른바 '탈권위' 현상에 주목하였다. 이는 단순히 기존의 권위를 무조건적으로 부정하거나 거부하는 태도를 의미하는 것이 아니라, 권위주의적 방식에서 벗어나 공감, 유연함, 진정성을 기반으로 한 새로운 영향력의 구조가 형성되고 있음을 보여준다.

 과거의 권위는 계급, 연차, 상하관계와 같은 구조적 요소를 바탕으로 유지되었고, 특정 위치에 도달한 이들에게 자연스럽게 부여되는 것이었다. 하지만 오늘날의 사회는 그 권위가 '어떻게 작동하는가'와 '얼마나 수용 가능한 방식으로 제시되는가'에 따라 영향력이 좌우되는 시대로 접어들었다. 특히 디지털 네이티브 세대가 사회의 주요 소비자이자 목소리를 가진 주체로 떠오르면서 이들은 자신과 눈높이를 맞춰 소통하는 인물과 브랜드에 더 큰 신뢰를 보낸다.

최근 영화계는 이러한 변화의 생생한 단면을 보여준다. 팬데믹 이후 회복세에 있는 극장 산업은 여전히 관객을 되찾기 위한 경쟁에 놓여 있었고, 배우들은 관객과의 거리 좁히기에 적극 나섰다. 정상급 배우들이 머리띠, 주접 멘트, 챌린지들을 기꺼이 수용하며 팬서비스에 나서는 풍경은 더 이상 특별한 일이 아니게 되었다. 과거 같았으면 스타의 이미지 손상을 우려했을 장면들이 오히려 지금은 '인간적 매력'이라는 이름으로 더 큰 호응을 얻고 있으며, 이러한 현상은 2025년에도 지속적으로 관찰되었다.

권위와 권위주의의 차이

'권위'라는 개념은 사실상 사회 내의 관계 안에서 형성되고 작동되는 정당한 영향력이다. 그러나 그 권위가 고정되고 폐쇄적인 위계 구조 속에서 강화될 때, 그것은 권위주의로 전락하기 쉽다. 우리가 '꼰대'라고 부르는 존재는 바로 이 권위주의의 산물이다. '라떼는 말이야'로 대표되는 타인의 의견을 수용하지 않는 태도는 지금 세대의 정서와는 어긋난다. 《문화 트렌드 2025》는 이러한 흐름을 단순한 권위 거부가 아니라, '권위주의적 태도'에 대한 거리두기이자 새로운 관계맺기의 방식으로 해석했다.

이러한 변화는 B급 감성, 하위문화의 주류화 같은 문화적 흐름과도 긴밀하게 연결되어 있다. 완벽하고 근엄한 모습보다는, 다소 어설프고 예상 밖의 모습에서 드러나는 진정성이 더 큰 호응을 얻는 시대이다. 특히 '멀티 페르소나'에 대한 긍정적 인식이 확산되면서 사람들은 권위나 카리스마 뒤에 숨겨진 솔직한 면모에 더 깊이 반응하고 있다. 《문화 트렌드 2025》는 이러한 흐름이 단지 이미지 변화에 그치지 않고, 명성보다 팬 또는 고객과의 실시간 교류와 반응이 더 중요해진 시대적 전환이라고 분석했다. 이에 따라 브랜드와 조직은 점점 더 변화에 민감하고 고객의 니즈에 즉각적으로 반응하는 애자일 마케팅(agile marketing) 방식을 확대해 나갈 것이라고 분석했다.

권위를 내려놓고 학생과 눈높이를 맞추는 대학들

학령 인구 감소로 위기에 놓여있는 대학들도 빠르게 변화하고 있다. 교수진은 신입생을 대상으로 공연을 선보이고 총장이 학생들에게 직접 선물을 건네는 등 적극적인 모습을 보인다. 특히 '이대 엑소'로 불리는 이화여대 남성 교수 중창단의 입학식 축하 공연 영상은 유튜브 채널에서 뜨거운 반응을 얻고 있다.[39] "이대생이 아니어도 매년 챙겨본다", "이런 입학식이라면 감동이다"는 댓글은 더 이상 대학이 일방적 권위를 행사하는 기관이 아니라 학생과 감정을 공유하고 관계를 맺는 공간으로 재인식되고 있음을 보여준다. 또한 중앙대학교는 2026학년도 전국 입학설명회를 영화관에서 진행하여 경직된 분위기를 탈피하고 수험생과 보호자들이 보다 편안하게 정보를 접할 수 있도록 설계하기도 했다.[40]

2024년, 천만 관중 시대를 연 한국 프로야구가 2025년 새로운 시즌을 시작하면서 보여준 변화도 주목할 만하다. 각 구단의 개별 마케팅 외에도 KBO가 SPC삼립의 크보빵, 무신사플레이어 협업 유니폼, 포토이즘 프레임, 케이스티파이 스마트폰 케이스 등 팬의 취향을 반영한 콜라보 콘텐츠를 적극적으로 제작해 높은 인기를 끌었다. 또한, 각 구단 유튜브 채널에서는 선수들의 일상 브이로그나 팬과 함께하는 콘텐츠가 주목받았고, 팬들은 이러한 변화에 '감다살(감 다 살았네)'이라는 말로 호응했다.

프로야구 인기를 견인하고 있는 팬 중심 마케팅

'김천 하면 김밥천국'이라는 한 줄 농담이 진짜 축제로 탄생할 줄 누가 알았을까? 2024년 10월에 처음 개최된 김천김밥축제는 지역명에 대한 소비자 인식에서 출발한 기획을 통해, 지역과 대중 사이의 심리적 거리를 허물고 공감과 참여를 이끌어낸 사례였다.[41] 결과적으로 인구 13만의 도시에서 10만 명의 방문객을 끌어 모은 이 사례는, 소비자의 관점에 귀 기울이는 태도가 오히려 더 강한 신뢰와 영향력을 만들어낼 수 있다는 사실을 증명한 것이다.

권위는 더 이상 위에서 내려오는 것이 아니라, 관계 안에서 함께 만들어지고 아래에서부터 쌓여간다. 그리고 이 변화는 브랜드, 교육, 종교, 예술, 스포츠 모든 분야에서 '어떻게 공감받을 것인가'가 '어떻게 대단해 보일 것인가'보다 훨씬 중요한 질문이 된 시대가 되었음을 알리고 있다.

정상, 상식, 그리고 뉴 노멀

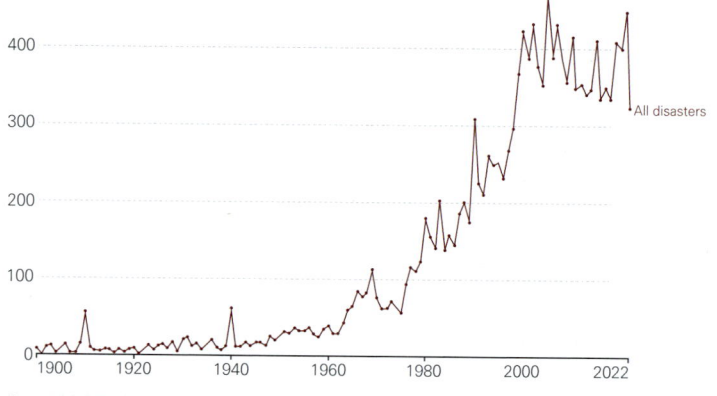

자연 재해는 뉴 노멀이 되었다

뉴 노멀의 트렌드는 지난 1년 동안 기후환경뿐 아니라 정치, 경제, 사회문화, 기술 등 다양한 분야에서 발현되었다. 먼저 기후

환경의 측면을 살펴보면, 전 세계적으로 2024년은 역사상 가장 기온이 높았던 해였고 특히 유럽 전역에서 사상 최악의 폭염과 빙하 감소와 홍수가 발생했다.[42] 기후에서의 뉴 노멀은 이처럼 이상기후가 연속될 때 이상기후가 더 이상 비정상으로 간주되는 것이 아니라 새로운 정상적 범위로 간주되어야 함을 의미한다.

사회현상은 어떠했는가? 작년에 저술했던 내용에서 영국의 상식부 특임장관(공식 직함은 무임소장관)이 2023년에 임명되어 당시 좌파의 정책 의제에 상식으로 대응하는 임무를 맡았고, 그 이후 해당 장관의 일부 견해가 비상식적이라고 공격받는 아이러니를 보였던 것에 대해 소개했다. 한 마디로 말해서 상식의 기준을 의도적으로 설정하는 것 자체가 참으로 어렵다는 것을 보여주는 단적인 예가 되었다.

영국 무임소 장관으로 임명되었던 에스더 맥베이

상식부 특임장관이 비상식적인 견해를 가졌다고 논란이 되었던 것은, 그 당시 영국의 공무원 중 일부가 성소수자를 상징하는 무지개 문양의 신분증 목걸이를 착용했던 것에 대해 반대하면서 디자인을 통일해야 한다고 주장했던 사안이었다. 이것은 소위 '정치적 올바름' 주의의 견해에 대해 발생했던 많은 논란의 일부였고 결국 '디자인의 통일성'이라는 상식은 '의사 표현의 자유'라는 또 다른 상식과 충돌하는 결과를 가져왔다.

　　트럼프 대통령이 취임한 이후 '정치적 올바름' 주의는 강한 역풍에 직면하고 있다. 오랫동안 미국은 다양성을 추구하는 정책을 추구하면서 인종이나 성별에 있어서 취약계층을 지원하는 것이 올바르다고 믿었으나 트럼프 대통령 진영은 이제 이러한 지원은 오히려 특정 인종이나 성별에 대한 차별이라고 주장하고 있다.[43] 대학이나 군대나 정부나 기업에서 오랜 기간동안 중시했던 다양성과 포용의 덕목이 더 이상 상식적이 아니게 된 것이다. 트럼프 대통령 취임 이후 미국에서 진행되고 있는 흐름을 요약하면 다음과 같다.

영역	다양성 정책	지원 대상	반대의 논리
대학	소수인종 배려	흑인/히스패닉	인종차별
군대	다양성 및 DADT	여성과 성소수자	전력 약화
연방정부	DEI 프로그램	여성, 소수민족, 성소수자	차별 및 비효율성
기업	DEI, ESG	취약계층 및 환경보호	경쟁력 저하

DADT: Don't Ask, Don't Tell로서 성정체성을 밝힐 필요가 없다는 정책
DEI: Diversity, Equity, Inclusion(다양성, 형평성, 포용성)
ESG: Environment, Social, Governance(환경, 사회, 지배구조)

경제적으로도 미국의 강력한 통상 정책과 이에 대응하는 세계 각국의 협상 대책은 뉴 노멀이라고 이름 붙이기에 충분한 대세가 되었다. 심각한 재정 위기에서 벗어나기 위한 미국의 정책은 중국에 대해 최고 245%의 관세를 부과할 수도 있는 비정상적인 관세 정책과 그에 따르는 후속 협상이 더 이상 비정상적으로 보이지 않을 정도로 파격적이었다. 스테이블 코인에 대한 정책도 마찬가지였다. 정부가 나서서 법정 화폐에 대한 통제권을 스스로 약화시킬 수 있는 가상화폐의 발행을 장려하는 행동은 전통적인 화폐 정책의 기조에서 볼 때 뉴 노멀이라고 하지 않을 수 없었다. 그러나 많은 전문가들은 이러한 정책을 통해 미국 국채의 원활한 판매를 유도할 수 있다고 분석했는데, 이러한 측면에서 보면 스테이블 코인에 대한 미국 정부의 정책은 어쩌면 상식의 범주에 포함된다고 볼 수도 있다.

사회문화적인 뉴 노멀 현상은 우리의 일상 생활 곳곳에서 발견되고 있다. 2025년 3월에 발표된 방송광고시장에 대한 보도자료를 보면 TV 방송광고의 비중은 2020년의 24.0%에서 2024년의 17.6%로 감소했던 반면에 동 기간동안 디지털 광고의 비중은 52.7%에서 60.7%로 증가했다.[44] 이 현상이 보여주는 것은 무엇인가? 우리가 콘텐츠를 소비하는 방식이 더 이상 전통적인 매체에 의존하지 않게 되었다는 것이다.

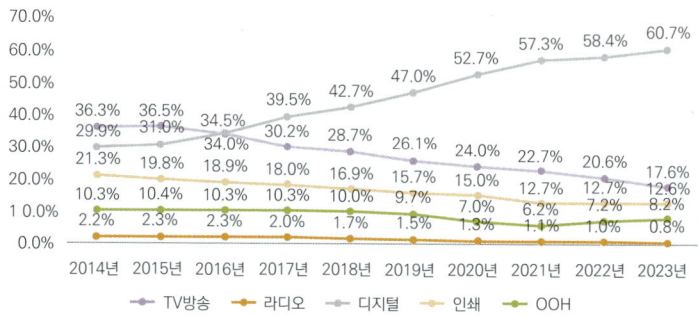

디지털 광고는 새로운 대세로 떠올랐다

ChatGPT의 진화는 또 다른 뉴 노멀을 만들고 있다. 2025년 4월을 전후로 많은 사람들의 프로필 사진을 바꾸었던 지브리 스타일의 이미지 생성 기능은 인공지능을 통한 일상의 변화를 실감하게 했다. 이 과정에서 지브리의 지적 재산권이 침해될 수 있다는 우려가 제기되었으나 이러한 모방을 통해 지브리의 원본성의 가치가 더욱 높아지는 새로운 상황도 전개되었다.

   인공지능 시대를 맞이하여 대학생과 직장인, 그리고 자영업자들도 이제는 보편적으로 인공지능을 활용하여 자료 수집과 문서 작성과 그 밖의 많은 작업을 쉽게 수행할 수 있게 되었다. 이것은 자료를 수집하는 능력이 중요했던 시대의 마감을 의미했고 이제 과연 대학생과 직장인과 자영업자의 '지적 능력'이 무엇을 의미해야 하는가에 대한 질문을 던지고 있다. 인공지능에게 명령을 던지면 바로 수행되는 영역에서의 능력은 더 이상 중요하지 않고, 명령을 던지는 것으로는 해결할 수 없는 영역의 능력이 중요한 시대가 되었다. 어떤 사람들은 이러한 측면에서 지적인 능력보다는 육체적 능력이 인공지능보다 우월한 영역이라고 주장하기도 했으나, 휴머노이드 로봇의 급속한 진화의 추세를 볼 때 인간의 육체적 능력도 곧 로봇이 추월할 것으로 보이기도 한다.

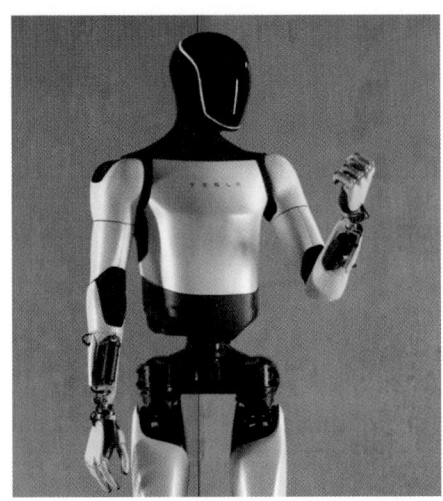

휴머노이드 로봇은 노동의 뉴 노멀을 설정할 것으로 보인다

PART 2

2026년 문화 트렌드 전망

CHAPTER
1

회복탄력성 필요의 시대:
위기를 기회로 바꾸는
도시들의 비밀

1부

기후위기와 도시

1) 메가 트렌드: 기후위기

당신의 도시는 안전한가요?

"요즘은 봄이 너무 짧아"

4월은 이제 더 이상 산뜻한 바람과 살랑이는 꽃잎의 계절이 아니다. 벚꽃은 예정보다 빠르게 피었다가 금세 지고, 몇 주 지나지 않아 한여름 같은 더위가 찾아온다. 아침에 코트를 입고 나갔다가 오후엔 반소매가 어울리는 날씨가 이어진다. 어느 순간 우리는 '사계절'이 아닌 '두 계절' 속에 살고 있는 듯하다. 그러는 사이 도시의 표정도 달라졌다. 전보다 더 뜨거워진 아스팔트, 그늘 없는 인도, 종종 들려오는 '기록적인 폭염', '국지성 호우'라는 뉴스 속보. 도시는 더 이상 '안전한 공간'이 아닌, 기후위기의 최전선이 되고 있다.

1962년, 미국 해양생물학자 레이첼 카슨은 『침묵의 봄(Silent Spring)』에서 새가 사라진 조용한 봄을 경고했다. 그리고 60여 년이 흐른 지금, 우리가 마주한 봄은 과거의 것보다 훨씬 더 조용하다. 하지만 이 침묵은 단지 생태계의 침묵이 아니라, 도시 곳곳에 스며든 기후 불안의 신호이자 일상의 리듬이 깨지고 있다는 징후다.

산업화의 상징이자 인류 문명의 중심이었던 도시는, 오늘날 전 세계 온실가스 배출량의 약 70%를 발생시키고 있다. 도시는 기후위기의 '원인'이자, 그 '피해자'이기도 하다. 우리는 이 도시 안에서 가장 많은 에너지를 소비하고, 가장 촘촘하게 모여 살며, 동시에 가장 먼저 기후 재난을 맞닥뜨리는 존재들이다.

실제로 2024년은 우리나라 기상 관측 역사상 가장 더운 해로 기록되었다. 평균기온은 25.6도로 평년보다 1.9도 상승하였다. 그 영향은 농작물의 피해와 가축 폐사로 이어졌고, 열대야는 9월까지 지속되었다. 하지만 이러한 변화는 결코 한국만의 이야기가 아니다. 지구의 평균기온은 산업화 이전보다 약 1.5도 상승했고, 많은 과학자들이 경고하듯 이 온도는 '임계점(tipping point)'을 향해 빠르게 다가가고 있다. 이 지점을 넘는 순간, 우리는 되돌릴 수 없는 지구 시스템 붕괴를 마주할지도 모른다.

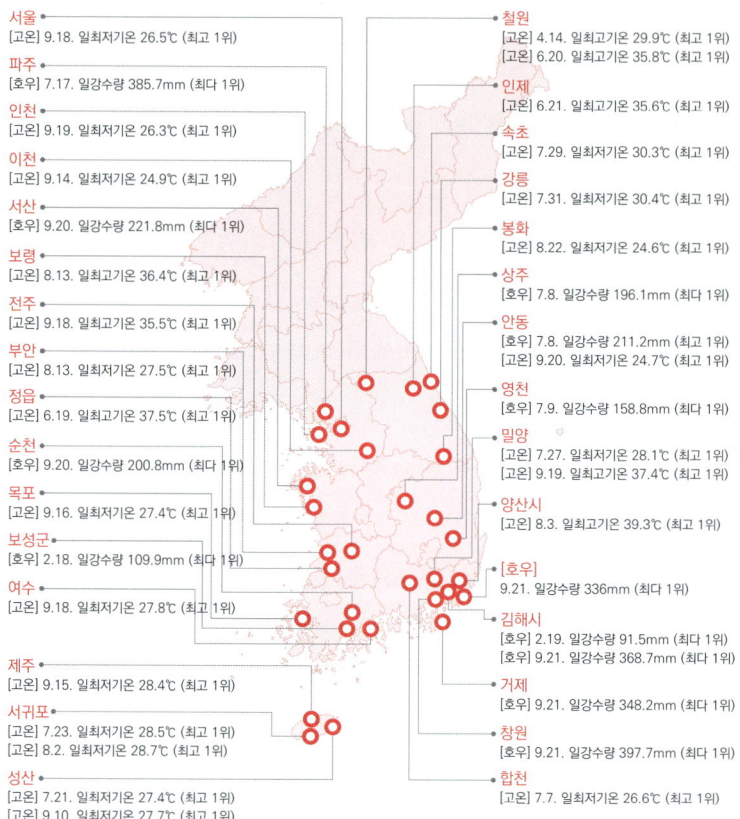

2024년 우리나라 이상기후 발생 분포도

　한때 집과 먹이를 잃어가는 북극곰을 위해서 환경을 보호해야 한다고 생각했던 시기가 있었다. 다큐멘터리에 등장하는 북극곰이 불쌍해서, 아마존에서 사라지는 산림이 안타까워서 기후위기에 관심을 가져야 한다고 생각하기도 했다. 하지만 기후변화의 영향은 '자연'만의 이야기를 넘어서 우리들의 일상 깊숙이 파고들고 있다. 폭염은 노약자의 생명을 위협하고, 에너지 사용 급증으로 전력망의 불안정을 초래하며, 여름철 국지성 집중호우는 배수 시스템이 낙후된 도시를 물바다로 만든다. 도심 열섬 현상은 도시의 기온을 주변보다 2~5도 높이며, 도시의 쾌적성과 안전성을 근본부터 흔들고 있는 것이다.

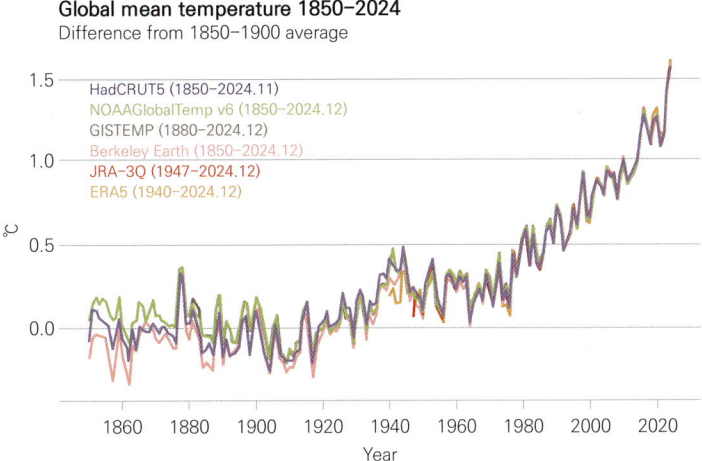

전 지구 연도별 기온 편차 시계열

도시의 회복 탄력성

2022년 강릉과 2025년 영남 지역의 동시다발적 산불은 우리에게 많은 상처를 안겼다. 산림과 인접한 도시와 농촌 지역은 산불의 피해를 고스란히 입었으며, 갈수록 심화되는 가뭄 등으로 인해 각 지역의 물 부족 문제는 현실화되어가고 있다. 매해 반복되는 기후 재난은 이제 단지 환경 이슈가 아니라 도시 생존의 문제로 다가온다.

그렇다면 지금 우리가 살아가는 도시는, 이러한 기후 충격을 이겨낼 준비가 되어 있을까?

아쉽게도 답은 '아니오'에 가깝다. 우리가 익숙하게 이용하는 대부분의 도시 인프라는 비교적 안정적인 기후 조건을 전제로 설계되어 왔다. 그러나 이제 그 전제가 무너지고 있다. 좁은 보도, 뜨겁게 달궈진 아스팔트, 부족한 녹지와 낙후된 배수 시스템은 갑작스러운 폭우나 폭염에 도시가 유연하게 대응할 여지를 주지 않는다.

문제는 이 도시의 구조가 모두에게 공평하게 작동하지 않는다는 점이다. 여름이 되면 에어컨을 켜는 것이 '선택'이 아니라 '생존'이 되는 가구가 있다. 에너지 비용을 감당할 수 없는 저소득층, 노후 주택에 거주하는 고령자, 냉방이 어려운 고시원에 사는 청년들에겐 기후위기는 더 직접적이고 치명적이다. 대중교통이 부족한 교외 지역, 복지 인프라가 적은 노후 도심 지역 역시 폭염과 홍수에 더 큰 타격을 입는다. 같은 도시 안에서도 기후위기의 무게는 다르게 떨어진다. 기후위기는 또 하나의 사회적 불평등인 셈이다.

도시가 갖추어야 할 '회복탄력성(resilience)'은 단지 재난 후 복구의 속도를 말하지 않는다. 그것은 위기에 직면했을 때 도시가 얼마나 구조적으로, 사회적으로 대응할 준비가 되어 있는가를 의미한다. 즉, '다시 일어설 수 있는가'보다 먼저, '넘어지지 않을 수 있는가'를 묻는 개념이다. 도시의 회복탄력성을 점검하기 위해선

물리적 인프라뿐만 아니라 사회적 인프라도 함께 들여다봐야 한다. 위기 상황에서도 사회적 약자를 보호할 수 있는 제도, 공공지원 체계, 지역 커뮤니티의 연대 구조 등은 도시의 생존 가능성을 결정짓는 중요한 요소다.

기후위기의 원인이자 위협을 받고 있는 도시

　기후 변화의 충격 앞에서 무력하게 무너진 도시의 사례는 역사 속에서도 발견할 수 있다. 대표적으로 마야 문명은 고도로 발전된 과학기술과 문화를 누리던 도시 문명이었음에도, 환경 파괴와 인구 증가, 내전 등으로 인해 쇠퇴되었다. 자연과학자들과 일부 고고학자들은 이러한 결과에 결정적인 영향을 미친 것이 반복된 가뭄이라는 기후위기였다고 주장한다.[1] 당시 도시들은 심각한 토양 침식과 생태계 파괴로 이미 한계에 가까워졌지만 마야

인들은 이를 미처 인식하지 못하였고, 도시는 회복할 여지를 갖지 못한 채 몰락의 길로 접어들었다는 것이다.

이러한 사례를 통해 우리는 도시의 미래를 다시 한 번 생각해 보게 된다. 인공적으로 조성된 구조물이 가득한 도시는 자연보다 회복 탄력성이 낮고, 한 번 훼손되게 되면 이를 되돌리는 데 많은 시간과 자원이 필요하다. 더 늦기 전에 우리가 마주한 기후위기 속에서 도시의 취약성을 제대로 인식하고 도시의 회복력을 높이는 것이 절실한 이유이다.

기후위기라는 거대한 흐름 앞에서 도시의 역할은 더욱 커지고 있다. 이 위기를 극복하기 위한 새로운 도시의 미래를 그릴 수 있다면 그것은 위기를 넘어 또 하나의 기회가 될 수 있을 것이다. 기후 변화에 유연하게 적응할 수 있는 인프라, 에너지 자립, 도시 녹화 등 전세계 도시들이 지속 가능한 도시로 가기 위한 방안을 모색 중이다. 그렇다면 앞으로 우리의 일상을 좌우할 도시들의 기후위기 대응 노력이 어떻게 이루어지고 있는지 함께 살펴보자.

2) 기후위기에 대응하는 도시

포르투갈 리스본: 시민과 함께 만드는 녹색도시

리스본은 유럽의 서쪽 끝에 자리 잡은 포르투갈의 수도이다. 대서양 바다를 마주한 아름다운 풍광의 이 도시는 15세기 대항해시대의 출발점이자 유럽의 관문과도 같은 곳이었다. 그런 리스본이 이제 '지속 가능한 도시'로의 항해를 시작했다. 리스본은 2020년 유럽의 녹색 수도(European Green Capital)로 선정되면서 전 세계에 기후행동 도시로서의 존재감을 각인시켰다. 특히 리스본의 전략은 단순한 환경 캠페인을 넘어, 도시 에너지, 교통, 토지이용 구조 전반을 아우르는 체계적인 접근이라는 점에서 더욱 주목받고 있다.[2]

최근에는 르네상스 양식의 건축물과 아줄레주(azulejo)라 불리는 푸른 타일이 가득한 리스본 거리에 '초록색'이 더해지고 있다. 리스본은 2050년까지 100% 탄소중립 도시 달성을 목표로 도시 내 녹지 공간을 확대하는 프로젝트를 진행 중인데, 12년간 10만 그루가 넘는 나무를 심어 도시 전역에 녹지를 18% 이상 늘려가고 있다. 이처럼 '라이프 렁스(Life Lungs)'라 불리는 리스본의 기후변화 적응 전략은 도시 내 녹지 인프라를 강화하고 도시의 회복력을 높이는 데 초점을 맞추고 있다.[3] 도시 열섬 현상을 완화하고, 기온 상승으로 인한 건강 및 환경 문제에 선제적으로 대응하기 위해 리스본은 알칸타라 계곡을 따라 형성된 숲길과 도시의 녹지 공간을 유기적으로 연결했다. 그 결과, 몬산토 공원과 타구스 강변에서 출발해 알칸타라 계곡까지 이어지는 숲길은 시민들이 일상 속에서 자연을 체감할 수 있는 생태 통로이자, 도시의 '숨 쉴 틈'을 제공하는 공간이 되었다.

녹색도시로 변모해가는 리스본

변화는 눈에 보이는 곳곳에서 감지된다. 리베르다데(Liberdade) 거리와 같은 상징적인 도심 공간 위로 나무 그늘이 드리워지고, 옛 시가지에도 자전거 도로가 새롭게 깔려 거리는 점점 더 '사람의 속도'에 맞춰 재설계되고 있는 모습이다. 최근 리스본은 자동차 중심의 도시 구조에서 벗어나 도보와 자전거를 중심으로 한 저탄소 교통 환경을 구축해가고 있다. 200km 이상의 자전거 도로망을 구축하고, 도심 곳곳에는 저배출구역(Low Emission Zones) 제도를 도입하여 차량 진입을 제한한다. 또한, 하루 1유로면 대중교통을 무제한 이용할 수 있는 요금제를 함께 시행하여 시민들의 불편을 줄이고 있다. 시내버스는 전기버스와 천연가스 차량으로 점진적으로 교체되어 교통 자체가 도시의 탄소 배출을 줄

이는 수단이 되고 있다.⁴

무엇보다 주목할 점은 이러한 정책 수립 과정에서 시민들의 참여를 적극적으로 유도하고 있다는 점이다. 리스본은 2008년 유럽 최초로 참여예산제(Participatory Budget)를 도입한 이후, 2019년부터는 이를 '녹색 참여예산제(Green Participatory Budget)'로 확대해 기후위기 대응과 지속 가능성에 초점을 맞췄다. 매년 약 500만 유로의 예산이 배정되며, 시민들은 온라인 플랫폼이나 오프라인 워크숍을 통해 직접 아이디어를 제안하고 투표로 우선순위를 결정한다. 국제 기후금융 기관인 사우스 폴(South Pole)과 EIT Climate-KIC의 지원도 더해져, 시민 참여가 단순한 이벤트가 아닌 정책의 구조 일부로 작동하고 있다.

이러한 유연한 구조 속에서, 도심 곳곳에는 시민들의 제안으로 만들어진 빗물 수집 시스템, 도시 텃밭, 마을 단위 생태교육 프로그램이 조성되고 있다. 이는 리스본이 기후위기를 시민의 삶과 실질적으로 연결해 풀어내고 있다는 점에서 더욱 의미 있는 사례라고 볼 수 있다.⁵ 도시의 변화는 '설계도'가 아닌 '삶의 장면들' 속에서 실현될 때 비로소 지속 가능해진다. 리스본은 바로 이 점에서 도시 회복탄력성의 새로운 모델을 제시한다.

기후위기라는 전 지구적 도전에 맞서, 도시가 변화할 수 있다는 것을 보여준 리스본의 실험은 현재진행형이다. 이 도시는 기술적 접근뿐 아니라, 시민의 감각과 생활 속 실천을 기반으로 위기에 대응하는 도시 전환의 의미를 보여주고 있다. 결국, 도시의 미래는 시민과 함께 설계될 때 더 튼튼하고 더 유연해질 수 있을 것이다.

오스트리아 빈: 데이터 기반 스마트 기후도시

음악과 예술의 도시로 잘 알려진 오스트리아의 빈(Vienna)은 최근 데이터 기반의 스마트 기후도시(Smart Climate City)를 표방하며 다양한 정책을 실현하고 있다. 스마트 기후도시의 핵심은 도시의 일상을 관찰하고 측정하여 실시간 활용 가능한 공공데이터를 만들고, 이를 기후변화 대응 정책에 적극 반영하는 데 있다.

빈 도심의 A1텔레콤 통신탑(144m)에는 고주파 측정이 가능한 Eddy Covariance System이 설치되어 있다. 이 장비는 실시간 이산화탄소 농도와 도시 활동의 연관성을 측정한다. 차량 이동, 난방 사용, 산업 활동에 따른 탄소 배출을 수치로 가시화하는 것이다. 2020년, 코로나19로 도시가 일시적으로 '멈췄을' 때, 이 장비는 빈의 탄소 배출량이 무려 50% 가까이 줄어들었다는 사실을 실증적으로 보여주기도 했다.

이 데이터들은 단순한 기록에 그치지 않는다. CarboVienna 프로젝트는 이러한 데이터를 활용해 도시의 탄소 배출 패턴을 과학적으로 해석하며 기후 정책의 정밀도를 높이고자 기획된 프로젝트이다. 본 프로젝트는 오스트리아 환경청, BOKU 대학교, A1 텔레콤 등 다양한 기관이 함께 협력하여 도시 데이터의 정확도와 신뢰도를 높이기 위해 노력했다는 점에서 더 많은 의미를 가진다. 현재는 Vienna Urban Carbon Laboratory라는 확장 프로젝트를 통해 센서망을 넓히고, 뮌헨 공과대학과 협력하여 배출 저감 전략을 보다 세밀하게 조정하고 있다.[6]

빈이 스마트 기후도시로 나아가게 된 데에는 뚜렷한 계기가 있었다. 2003년, 빈은 무려 44일간 이어진 폭염으로 인해 180명이 넘는 시민이 사망하는 참사를 겪었다. 이후 2050년까지 해마다 평균 19일 이상의 폭염이 반복될 것이라는 기후 시나리오가 발표되며, 도시 전반의 기후 취약성을 구조적으로 진단하고 대응해야 한다는 사회적 공감대가 형성되었다.

이러한 위기 인식 속에서, 빈은 위성 기반의 열 지도를 활용해 도시 내 열섬현상을 분석하여 여름철 기후 취약지역을 선제적으로 식히는 '쿨 스트리트(Coole Straßen)' 정책을 도입했다. 실제로, 마르가레텐(Margareten)이나 파보리텐(Favoriten)과 같은 지역에는 빛 반사율이 높은 노면 재료를 사용하고, 안개 분사 장치 설치, 수목 식재 등의 조치를 시행하기도 했다. 이는 도시 공간 자체를 '온도 조절 장치'로 재설계하려는 시도로 볼 수 있다.

빈 도심의 열을 낮추기 위한 쿨 스트리트 정책 도입

빈은 이제 단순히 데이터를 수집하는 데 그치지 않고, 이를 실제 정책 결정과 서비스 혁신으로 연결하는 데이터 기반 도시 인프라를 구축하는 데 힘쓰고 있다. 특히 주목할 부분은, 이 데이터들이 단지 행정 내부적으로 사용되는 것이 아니라 오픈 거버먼트 데이터(Open Government Data) 형태로 시민과 기업에도 폭넓게 개방되고 있다는 점이다. 빈은 도시 열 취약지도(Urban Heat Vulnerability Map)를 시민과 공유하며 공공 토론을 활성화하고, 현장 대응 간의 연결 고리를 강화해 나가고 있다. 현재까지 300개 이상의 민간 애플리케이션(앱, 웹사이트, 디자인 등)이 해당 데이터를 활용하여 도시 문제 해결에 기여하고 있으며, 이는 공공데이터가 도시 혁신의 촉매제가 될 수 있음을 보여준다.[7]

이러한 정보 제공은 시민들이 정책을 더 잘 이해하고 자발적으로 참여하도록 유도하는 중요한 기폭제가 된다. 시민들은 데이터를 통해 도시를 관찰하고 자신의 의견을 정책 과정에 반영하는 적극적인 주체로 참여하고 있다. 다양한 채널을 통해 지역 단위의 정책 기획 과정에 참여할 수 있으며, 디지털 리빙랩(Digital Living Labs)과 같은 정책은 일상에서 혁신적인 해법을 빠르게 실험하고 적용할 수 있는 환경을 제공한다. 이러한 시도는 도시 문제 해결을 위한 실질적 협업 모델이자, 기후위기 시대 도시 거버넌스의 새로운 방향을 제시한다고 볼 수 있다.

제주: 생태관광으로의 꿈꾸는 무탄소 도시

푸른 바다와 검은 현무암, 그리고 수많은 오름이 어우러진 제주는 전국에서 관광 산업의존도가 가장 높은 지역이다.[8] 이러한 제주가 2035년까지 탄소중립(Net-Zero) 사회를 실현한다는 파격적인 계획을 내세우며 아시아 최초의 '무탄소 도시'를 꿈꾸고 있다. 이 계획은 2050년까지 탄소중립을 달성하겠다는 정부의 계획보다 15년 앞당긴 것이며, 이러한 비전에는 제주가 보유한 풍부한 자연자원과 재생에너지를 기반으로 하는 생태관광 전략이 함께하고 있다.

제주는 유네스코 세계자연유산, 세계지질공원, 생물권보전지역으로 지정된 지역으로 독특한 화산지형과 생태계를 보유하고 있으며, 곶자왈 숲, 오름(화산구), 습지 등 다양한 생태자원을 가지고 있다는 점에서 생태관광에 최적화되어 있다고 볼 수 있다. 제주의 자연 중심 생태관광은 주로 자연을 체험하고 이해하며 보전하는 과정으로 설계된다. 거문오름, 성산일출봉, 비자림과 같은 생태 명소는 사전 예약제와 해설사 동행 체제를 통해 탐방객 수를 조절함과 동시에 생태 교육을 함께 진행하는 방식으로 운영되고 있는데, 이러한 생태관광 프로그램은 고령층은 물론 아이들과 체험하고 자연을 느끼려는 가족단위 관광객들 사이에서 특히 인기가 높다.

제주올레길 10코스 용머리해안

　전국에 ○○길 도보여행 열풍을 만들어낸 '제주 올레길'은 이미 운영된 지 20여 년이 되어가고 있는 대한민국의 대표 관광상품이다. 2007년 9월 8일 제1코스(시흥초등학교에서 광치기 해변, 총 15㎞) 개장을 시작으로 해안지역을 따라 걸을 수 있는 올레길은 부속 코스까지 모두 27개 코스로 확장되었으며 총길이는 437㎞에 달한다. 올레길 이용객들은 거친 바위 해안과 아름다운 바다, 그리고 마을 곳곳을 걸으며 섬의 문화를 오롯이 느끼고 자연과 교감한다. 최근 제주연구원은 이러한 제주올레길의 경제적 가치가 3,000억 원 이상에 달한다는 연구 결과를 발표해 관광 자원으로서 올레길의 가치를 다시 한 번 확인했다.[9]

　또한 제주는 지역 주민과 연계한 관광 프로그램을 통해 지속 가능한 관광 자원을 개발하고 있다. 대표적으로, 제주관광공사가 2021년 말 선보인 마을여행 통합브랜드 '카름스테이'는 제주의 마을에서 머물며 여유롭게 일상을 회복할 수 있는 여행 방식으로 주목받고 있다. 동네를 뜻하는 '가름(카름)'이라는 제주어에서 착안한 이 브랜드는 휴식과 재충전이 필요한 현대인에게 지역성과 느린 여행의 가치를 제안하며, 2023년 한 해 약 38만 명이 참여해 36억 원 이상의 주민 소득을 창출하는 효과를 낳았다. 여기에 더해 농어촌 마을 관광 활성화를 위해 운영 중인 반나절 농촌 체험 프로그램 '팜팜 버스' 역시 가족 단위 관광객에게 많은 사랑을 받고 있다. 지역 특색을 살린 마을 탐방, 전통 음식 만들기, 자연 교감 활동 등을 통해 마을 단위의 관광 분산과 지속 가능한 경제 구조 마련에 기여하고 있다는 점에서 좋은 사례로 평가된다.[10]

무탄소 도시 전환은 관광정책에만 국한되지 않는다. 제주는 외곽에 대규모 풍력과 태양광 발전단지를 운영하며, 신재생에너지 비율을 끌어올리고 있다. 2025년 4월에는 4시간 동안 제주 전역의 전력 수요를 100% 재생에너지로 충당하는 '일시적 RE100'을 달성해 주목을 받았다. 이는 제주가 신재생에너지 자립형 섬으로서 실제 전환을 실현해가고 있다는 점에서 상징적인 성과라고 볼 수 있다.

교통 분야에서도 눈에 띄는 변화가 이어지고 있다. 전국 평균 전기차 보급률이 2.78%에 불과한 상황에서, 제주는 이미 보급률 10% 돌파를 눈앞에 두고 있다. 이와 함께 전기차 충전 인프라 확충, 친환경 대중교통 체계 전환, 자전거 및 도보 중심 이동 권역 조성 등 생활 기반에서의 탈탄소 시스템이 점진적으로 확장되고 있다. 이러한 흐름은 제주의 탄소중립 목표를 단지 선언적 비전이 아닌 일상 속 변화와 실천으로 구체화시키고 있다는 점에서 큰 의미를 가진다.

제주는 유엔세계관광기구(UIN Tourism)에서 지속 가능한 관광 우수지역으로 선정되고, 2개 마을이 국제인증을 받을 정도로 로컬문화의 경쟁력을 인정받고 있다. 유엔세계관광기구가 강조하는 지속 가능한 관광을 위한 조건은 자연환경 보호와 생물 다양성 유지, 그리고 현지인들의 삶과의 어울림이다.[11] 자연을 보존하면서도 주민들의 삶을 지켜가고, 경제를 살리기 위한 제주의 생태관광 접근 방식은 앞으로 많은 도시들이 미래 세대를 위한 전환 방식을 마련하는데 참고점이 될 수 있을 것이다.

3) 기후위기 대응 도시 추진 전략

도시는 참 아이러니한 공간이다. 인구의 대부분이 밀집해 살고 경제·문화·기술이 집중된 곳이지만, 동시에 기후위기의 피해가 가장 먼저, 가장 직접적으로 나타나는 장소이기도 하다.

폭염이 닥치면 도시의 아스팔트는 열을 머금고 지면온도를 50도까지 끌어올리고, 집중호우가 내리면 불과 몇 시간 만에 도시의 지하철역과 상가가 물에 잠긴다. 계절은 흐려지고, 도시의 일상은 갈수록 예측 불가능해진다. 이러한 위기 속에서 도시가 변화의 주체가 되지 않는다면, 회복과 대응의 주체 역시 사라지게 될 것이다.

도시가 기후위기에 대응한다는 것은 단지 나무 몇 그루를 더 심는 차원의 문제가 아니다. 이는 도시계획의 근본적 패러다임 전환을 의미한다. 기존 도시 인프라는 대체로 안정된 기후를 가정하고 만들어졌기 때문에, 갑작스러운 폭우, 폭염, 산불 같은 기후 충격에 취약할 수밖에 없다. 따라서 회복탄력성을 높이기 위한 물리적 구조 전환이 필요하다.

예를 들어 리스본은 도시의 녹지 인프라를 유기적으로 연결하며, 기후 적응을 위한 '도시의 허파'를 설계했다. 빈은 도시의 온도 데이터를 실시간으로 수집하고, 열섬 취약지역을 선제적으로 식히는 쿨 스트리트 정책을 통해 도시 공간을 '온도 조절장치'로 바꾸었다. 제주는 생태자원을 보호하고, 관광·에너지·교통까지 도시 전반의 구조를 '무탄소'에 맞춰 다시 설계하고 있다. 결국 도시는 위기를 견디는 탄력성뿐만 아니라, 스스로 학습하고 진화하는 유연성을 함께 갖춰야 한다.

사람들과 자연이 공존하는 생태적 전환이 필요한 시기

그리고 이러한 도시의 구조 변화에는 시민 참여의 구조화된 시스템이 필요하다. 기후위기는 누군가가 대신 해결해 줄 수 없는 문제이기 때문이다. 결국 도시는 시민과 함께 구조를 바꾸고, 거버넌스를 재편하고, 새로운 생활 방식을 실험하는 협력적 전환 공간이어야 한다. 리스본은 '녹색 참여예산제'를 통해 도시 내 기후 전환 프로젝트를 시민이 제안하고 결정하게 한다. 빈은 도시 데이터를 시민과 공유하여, 지역 단위의 정책 설계와 평가 과정에 시민이 적극적으로 참여할 수 있도록 한다. 제주는 생태관광과 지역여행, 친환경 교통 시스템에 주민이 주체로 참여하도록 하고, 그 성과가 지역 경제에 순환되도록 구조를 설계한다. 이러한 사례에서 시민 참여는 일회성 캠페인이 아니라 정책의 지속 가능성과 공동체의 회복력을 동시에 강화하는 핵심 전략으로 기능하고 있다.

기후위기는 도시 내 사회적 불평등과 구조적 취약성을 증폭시키는 문제이기도 하다. 에너지 빈곤층, 대중교통 사각지대, 노후 주거지 밀집 지역, 기후취약계층의 밀집구역 등은 기후위기 앞에서 더욱 불평등한 영향을 받는다. 같은 도시 안에서도 누구는 집 안에서 에어컨을 켤 수 있지만, 누구는 무더위에 창문조차 제대로 열지 못한다. 따라서 도시의 회복탄력성은 물리적 대응뿐만 아니라 주거, 에너지, 이동, 식량, 돌봄 등 도시의 일상적 기반에 대한 사회적 접근성과 공공성 보장이 병행되어야 한다. 주민이 정책 설계자로서 참여하고, 전환 과정에서 불이익을 받는 집단이 생기지 않도록 지원 체계를 설계해야 한다. 이른바 공정한 전환(Just Transition)이 도시 기후정책의 주요 원칙으로 자리잡아야 할 때이다.

최근 전세계적으로 보호무역주의가 확산되면서 각 도시의 탄소중립 정책이 오히려 후퇴하고 있다는 우려가 이어지고 있다. 개발도상국의 탄소중립 이행을 위한 경제적 지원을 약속했던 파리 협정 내용도 흔들릴 가능성이 높아졌으며, 전 세계적인 2050 탄소중립 목표 달성 가능성도 흐릿해졌다. 하지만 기후위기는 지금 당장의 정치나 시장 논리로 판단할 문제가 아니다.

도시는 결국 시민과 함께 구조를 재설계하고, 거버넌스를 바꾸고, 더 나은 일상을 실험할 수 있는 실천의 현장이라는 점에서 의미를 가진다. 지자체는 지역의 특성과 자원을 바탕으로 한 전환 전략을 능동적으로 설계하고 실험하는 '정책 실험장'이자, 촉진자가 되어야 한다. 위기를 기회로 바꾸는 힘은 거창한 담론이 아니라 조금 느리고 불완전해 보이더라도 함께 바꾸려는 도시의 의지에서 시작될 것이다.

Key point!

폭염, 국지성 호우, 미세먼지, 물 부족 등을 직면한 도시는 기후위기의 최전선이 되고 있으며, 이에 도시의 '회복 탄력성'을 높이기 위한 노력이 전 세계 곳곳에서 관찰되고 있다. 포르투갈 리스본은 시민과 함께 도시의 녹지망을 재구성하고, 교통체계 전체를 저탄소 구조로 전환하며, 기후 대응의 책임을 시민과 공유하고 있다. 오스트리아 빈은 데이터를 기반으로 도시의 기후 위험을 실시간 진단하고, 열섬현상에 선제적으로 대응하는 시스템을 구축하고 있으며, 제주도는 자연 생태와 지역경제를 연결한 생태관광 기반의 무탄소 도시 전환을 실천하고 있다. 이제는 도시는 외곽에 나무 몇 그루를 심는 수준이 아니라 도시의 구조와 시민의 생활 방식 전반을 기후위기를 전제로 재설계하는 접근을 해야 한다. 특히 기후위기는 사회적 약자를 더 먼저, 더 깊게 위협하기 때문에, 공정한 전환(Just Transition) 관점에서의 정책 설계와 시민 참여 구조가 함께 뒷받침되어야 한다. 그리고 무엇보다 중요한 점은, 이 변화가 단지 환경운동가나 행정가만의 일이 아니라는 것이다. 기후위기에 대응하는 도시 설계는 바로 '나의 일상'을 바꾸는 설계이며, 나와 내 가족, 다음 세대를 위한 도시의 미래를 준비하는 일이라는 인식이 모두에게 공유되어야 한다. 도시의 회복 탄력성, 시민의 감수성, 정책의 구조 전환은 결국 하나의 질문에 닿는다. "우리는 어떤 도시에서, 어떻게 살아가고 싶은가?"

2부

피로시대와 도시

1) 메가트렌드: 피로시대 - 만성화된 피로와 심리적 소진

'피로시대(The Great Exhaustion)'는 글로벌 트렌드 예측 기관인 WGSN(World's Global Style Network)이 2026년 소비자 동향을 분석하며 제시한 개념으로, 현대인들이 겪는 집단적인 피로, 스트레스, 번아웃 현상을 지칭한다.[12] 현대인들은 끊임없는 요구와 기대 속에서 지쳐가고 있으며, 개인의 삶과 직업 모두에서 심리적 부담이 크게 증가하고 있다. WGSN의 조사에 따르면, 응답자의 65%가 개인 및 직장생활에서 증가하는 요구로 인해 번아웃을 경험하고 있으며, 이는 생활비 상승, 재정적 불확실성, 지정학적 긴장, 환경문제 등 복합적인 위기 상황에 의해 더욱 악화되고 있다. 2010년 독일의 철학자 한병철이 '피로사회(Burnout Society)'라는 개념을 발표하면서 우리사회의 성과주의와 자기착취로 인해 발생하는 정신적·신체적 피로가 사회적 문제임을 인식하게 하였다. 그런데 피로사회 개념이 발표된지 15년이 지난 현재에 이르러서는 만성피로와 번아웃(Burnout), 즉 단순한 피로를 넘어 삶 전반에 걸친 무기력으로 확산된다는 점에서 피로시대에 접어들고 있다고 평가된다. 만성화된 피로와 심리적 소진 상태인 피로시대에 대해 살펴보도록 하겠다.

학습된 무기력(Learned Helplessness)과 아무것도 안하기

경쟁과 지나친 성과주의에 의한 피로뿐만 아니라 아무것도 하지 않는 무기력 상태로의 전환 경향이 중요한 사회적 이슈로 관찰된다. 일찍이 마틴 셀리그먼의 1967년 개 실험에서는 통제 불가능한 상황의 반복적 경험이 무기력한 태도를 고착화시키는 현상을 학습된 무기력(Learned Helplessness)으로 개념화하였다. 학습된 무기력은 반복적인 실패나 통제 불가능한 상황을 경험한 개인이 아무리 노력해도 결과가 바뀌지 않는다는 인식이 무력감으로 고착화되어, 결국 무기력한 상태에 빠지는 심리적 현상을 의미한다. 학습된 무기력은 개인적, 사회적 차원에서 점점 더 두드러지는 현상으로 자리잡고 있으며, 이는 다양한 세대와 환경에서 복합적인 원인으로 진단되고 있다. 학습된 무기력은 실패경험에 의해 동기 저하된 외부 환경의 문제뿐만 아니라, 개인의 심리적 메커니즘, 시대적 분위기로 인해 특별한 이유 없이도 발생되며 집단적 특성을 나타낸다.

베트로팅(Bed-rotting), 소셜 배터리(Social battery) 충전처럼 일상생활이나 집안일을 하지 않고 하루 종일 침대에 누워 있는 극단적인 휴식 방식이 트렌드로 떠오르고 있으며, 극단적인 상태로는 직업을 갖지 않거나 자기관리를 포기한 쓰레기집 현상[13]도 사회문제로 관찰되고 있다. 2024년 6월 기준 20~30대 '쉬었음' 인구는 총 68만 명으로, 관련 통계 집계 시작(2003년) 이후 6월 기준 역대 최대치를 기록하였고[14], 쓰레기집은 건강기능 저하로 인해 노년층에게 주로 나타났으나 최근 청년층으로 확산되는 현상[15]을 보이면서 무기력한 시대의 표상을 드러내고 있다.

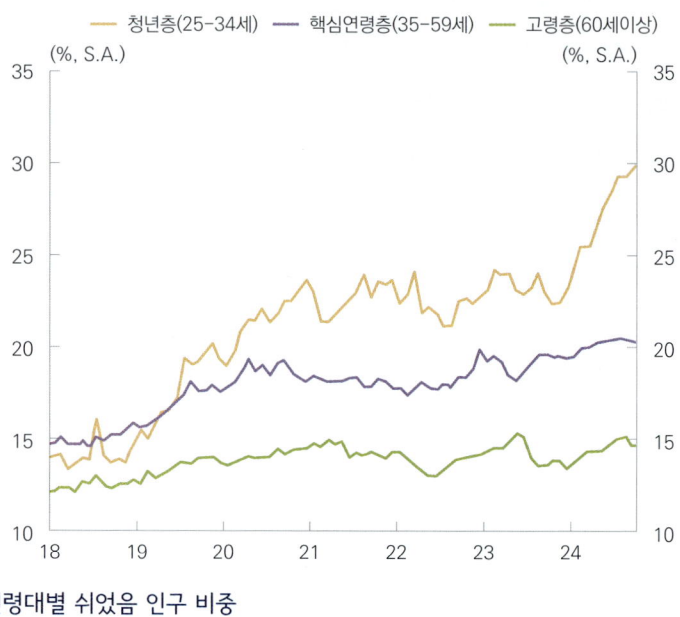

연령대별 쉬었음 인구 비중

디지털 과부하와 디지털 고립

디지털 기술의 발전과 태블릿PC, 스마트폰 등 디지털 기기의 일상화는 정보와 소통의 유용함을 가져다 주지만, 디지털 세계에서의 정보과잉, 디지털 기기를 통한 연결성은 개인의 정신적 피로를 가중시키는 주요 원인이다. 스마트폰, 이메일, 메신저 등의 너무 많은 알림과 메시지 노출, SNS, 뉴스, 유튜브 등의 과도한 정보 소비는 지속적인 연결에 대한 압박과 정보처리량 과잉의 과도

한 자극을 유발하기 때문이다. 한편 온라인 커뮤니티나 소셜미디어에서의 관계맺기는 현실관계의 소통부담이 경감되면서 사회적 관계맺기 욕구를 충족시킬 수 있기 때문에 피로사회에서 쉽게 선택하는 방식이다. 그런데 사회적 피로를 피해 선택한 온라인 상호작용은 디지털에 의존하게 만들고 이것이 더 큰 정서적 공허를 가져오는 디지털 고립 상태에 빠지기 쉽다. 디지털 기술은 물리적 거리를 초월한 연결을 가능하게 하여 피로사회의 사회적 욕구 충족 방식으로 작동되고 있으나, 동시에 심층적 관계형성이 어렵고 디지털 의존에 의해 새로운 피로와 고립을 생성하기 때문이다.

스마트폰을 사용할 수 없을 때 느끼는 불안이나 두려움을 뜻하는 노모포비아(Nomophobia), 스마트폰을 좀비처럼 의존하는 스몸비(Smombie) 등의 현상이 만연하면서도 방어적으로 디지털 디톡스, 도파민 단식과 같이 의도적으로 과잉연결과 중독을 끊어내려는 트렌드가 포착되고 있다.

2) 피로시대에 대응한 도시의 노력

피로시대는 심리적, 신체적 피로를 겪는 현대 사회의 집단적 현상으로, 최근 도시에서는 휴식과 여유의 가치를 재정립하는 시도가 이루어지고 있다. 도시 생활 속에서 물리적 환경 개선과 개인의 정신적 회복에 대한 관심이 급격히 증가하고 있으며, 도시 설계와 생활 방식에도 큰 변화가 일어나고 있다. 건강 도시 트렌드는 단순히 건강을 넘어 도시 생활 전반에 걸쳐 신체적, 정신적, 사회적 건강을 고려하는 방향으로 발전하고 있으며, 시민들이 더욱 균형 잡힌 삶을 영위할 수 있도록 지원하는 종합전략이라 할 수 있다.

싱가포르, 웰니스 관광도시

코로나19 이후 건강과 치유에 대한 관심이 높아지면서 도시의 역할이 단순한 휴식공간을 제공하는 것을 넘어 신체적·정신적 건강 회복과 삶의 질 향상을 위한 공간과 커뮤니티로 변화되고 있다. 최근에는 지역 경제 활성화와 지속 가능한 관광 개발을 위한 웰니스 관광도시 전략이 주목받고 있는데, 웰니스 관광 시장 규모는 2020년 약 4,360억 달러로, 2025년까지 연평균 20.9% 성장 예측되고 있다(Global Wellness Institute, 2021).[16]

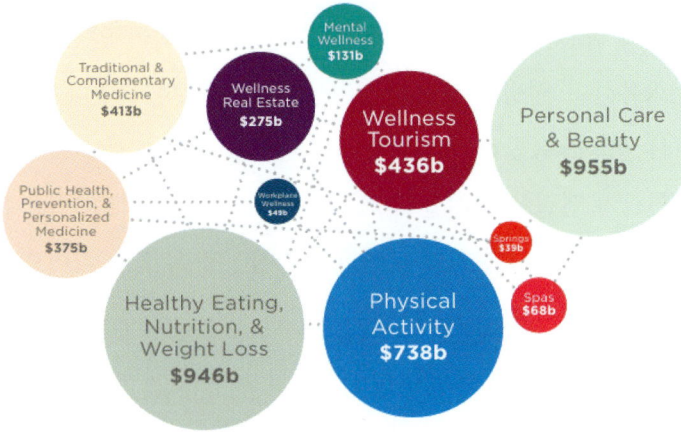

　싱가포르 정부는 다양한 프로그램과 프로젝트를 통해 도시의 독특한 자연자원을 유지하면서 도시형 웰니스를 국가 정책 최우선 과제로 삼고 있다. 지역 주민과 방문객 모두가 휴식하고, 회복하며, 재충전할 수 있는 도시형 웰니스 허브를 조성하고 관광시장까지 고려한 계획을 추진 중에 있다. 도시형 웰니스의 비전은 '총체적 웰빙(Holistic Wellness)'으로 신체적, 정서적, 정신적 건강을 적극적으로 추구하는 삶을 의미한다. 싱가포르는 도시 웰니스 인프라 계획을 선도하며 새로운 프로그램을 개발하고 웰니스 중심의 물리적 자원을 구축하기 위해 노력하고 있다. 지역 주민과 방문객 모두가 힐링, 회복, 재충전을 경험할 수 있는 웰니스 핵심 콘텐츠를 개발하고, 동시에 일반 관광객이나 비즈니스 여행객이 체류 중 웰니스 활동을 부분적으로 즐기도록 웰

니스 관광도시 사업을 추진하고 있다.

싱가포르만의 웰니스적 특징은 도시 속 자연이라는 점이다. 울창한 녹지 공간이 도시 전역에 자연스럽게 통합되어 있고, 다양한 문화유산이 웰빙을 포용하는 방식으로 공존하고 있다. 녹지와 도시 공간을 통합하는 독특한 접근 방식을 통해 도시에 살면서도 자연과의 연결을 유지할 수 있다. 웰니스 관광도시로 거둔 주요 성공요소도 도시 전역에 자연과의 연결성을 유지한 '바이오필릭(Biophilic)' 도시 통합 설계인데, 이러한 웰니스 경험은 방문객이 싱가포르에 도착하는 순간부터 시작된다. 주얼 창이 공항(Jewel Changi Airport)에는 세계에서 가장 높은 실내 폭포가 있으며, 이 주변에는 900그루 이상의 나무와 야자수, 60,000여 개의 관목이 심겨 있어 자연과 조화에서 웰빙을 경험하게 한다. 공항 내 Minmed 웰니스 컬렉티브에서는 폭포 앞에서 스핀 사이클 수업, 사운드 배스, 바레(barre) 세션 등 다양한 웰니스 프로그램도 체험할 수 있다.

도심 속 정원을 조성한 싱가포르 쥬얼창이 공항

또 다른 대표적인 바이오필릭 명소로는 가든스 바이 더 베이 (Gardens by the Bay)가 있다. 싱가포르 도심 비즈니스 지구에 위치한 이 정원은 상징적인 슈퍼트리(Supertrees)와 온실로 유명하며, 매년 수백만 명의 방문객이 다녀간다. 이 정원은 300km에 달하는 공원 연결 네트워크(PCN, Park Connector Network)와 연결되어 있는데, 이는 싱가포르 전역의 주요 공원과 자연보호 구역을 선형 녹지축으로 연결한 시스템으로, 시민과 관광객이 걷기, 자전거 타기 등 여가 활동을 즐길 수 있게 한다. 한편 보건 정책의 일환으로, 자폐증, 치매, 불안장애 ADHD(주의력결핍과잉행동장애)를 겪는 방문객들을 위한 치유정원(Therapeutic Gardens)을 조성하고 있다. 현재 16개의 치유정원이 운영 중이며, 2030년까지 총 30개의 무료 정원을 개방할 계획이다. 이 정원들은 인간의 후각, 촉각, 미각, 청각, 시각을 부드럽게 자극하도록 과학자들과 공동 설계되었다.

친환경적인 측면 외에도 싱가포르 정부는 국가정신건강 및 웰빙 전략 프로그램을 운영하고 있다 단순한 도시 설계를 넘어 전국 규모의 웰빙 진흥 프로젝트를 지속하고 있다. 2022년 처음 시작된 웰니스 페스티벌 싱가포르(Wellness Festival Singapore)는 싱가포르 관광청 주도로, Enterprise Singapore, 보건진흥청(HPB), 국립예술위원회(NAC), 센토사 개발공사, 스포츠 싱가포르 등이 협력한 범 부처 연계 프로젝트이다. 이 페스티벌은 국민들의 웰니스 관심을 끌어올렸을 뿐 아니라, 산업 관계자들이 새로운 웰니스 콘텐츠를 실험할 수 있는 플랫폼 제공에도 의의가 있었다. 예를 들어, Tienji Academy와 만다린 오리엔탈 호텔 그룹(Mandarin Oriental Hotel Group)이 협업해 복원된 전통 상점 건물(Shop House)에서 태극권과 다도 체험 프로그램을 운영한 사례가 있었다. 이러한 성공을 바탕으로, 2024년 웰니스 페스티벌은 6월 21일부터 7월 21일까지 4주간 확대 개최되었으며, 섬 전역에서 120개 이상의 피트니스, 감정/정신 건강, 라이프스타일 콘텐츠가 운영되었다.

2024년 웰니스 페스티벌 모습

    이러한 조치들의 결과로 2024년 글로벌 웰니스 연구소(Global Wellness Institute) 보고서에 따르면 싱가포르의 1인당 웰니스 지출이 2,898달러로 세계 20위를 차지했으며, 이는 전세계 평균(706달러)과 아시아 태평양 지역 평균(399달러)을 크게 앞지르는 수치이다. 2023년에는 삶의 질의 지표라 여겨지는 건강하게 장수하는 사람들이 거주하는 지역을 의미하는 블루존(Blue Zone) 중 6번째로 싱가포르가 추가되면서 웰니스 목적지로 자리매김하는 데 중요한 성과가 되었다.

서울시, 외로움 없는 도시

    급격한 도시화와 1인가구의 증가로 인한 외로움과 고립문제는 개인의 문제가 아닌 사회적 문제로 접근되고 있으며, 특히 발전속도가 빠른 도시에서는 정서적 위기 대응을 주요 미션으로 다루고 있다. 서울시도 1인 가구가 전체 가구의 약 40%를 차지하며, 이들 중 60%가 외로움을 호소하는 상황에서, 사회적 문제로 떠오른 외로움을 개인의 문제가 아닌 사회가 함께 해결해야 할 과제로 인식하게 되었다. 2021년 서울시는 1인가구의 외로움과 사회적 고립 등에 대처하고자 '1인가구 특별대책 추진단'을 설치하였고, 2024년에는 국내 최초로 외로움 예방부터 재고립·재은둔 방지까지 체계적인 지원을 목표로 하는 '외로움 없는 서울' 도시 정책을 발표했다. '외로움 없는 서울'은 ▲ 함께 잇다 ▲ 연결 잇다 ▲ 소통 잇다의 3대 전략과 7대 핵심과제(① 똑똑 24, ② 몸·마음 챙김, ③ 365 서울챌린지, ④ 고립은둔가구 발굴·진단, ⑤ 서울연결처방, ⑥ 하트웨어 조성, ⑦ 공감×연대 서울)로 구성되었다. 이러한 계획은 정서적 지원을 넘어 주민 간의 연결, 돌봄의 일상화, 도시 전체의 정서적 회복력 강화를 위한 감정복지 도시계획 모델이라 할 수 있다.

외로움·고립은둔 종합대책 '외로움 없는 서울'

외로움을 느끼는 시민에게 24시간 상담과 서비스 연계를 지원하는 외로움 전담조직으로 서울시복지재단 내 사회적고립가구 지원센터 기능과 역할을 전격 확대·재편하여 '고립예방센터'를 조성 및 운영하고 있다. 고립예방센터는 '외로움안녕120'과 '외로움챗봇' 운영을 담당하고 고립가구가 사회적으로 연결될 수 있게끔 돕는 '서울연결처방'을 개발·제공한다. 똑똑24플랫폼은 외로운 시민 누구나 도움을 요청하고 상담하는 온·오프라인 플랫폼이다. 특히 '외로움 안녕 120'은 24시간 365일 운영되는 외로움 전담 콜센터로 120다산콜센터를 통해 외로움 전담 상담원이 연결된다. 사회복지사 또는 상담 관련 자격을 갖춘 전문 상담원이 24시간 교대로 근무하며 대화를 원하는 시민의 전화를 받아 가벼운 상담을 통한 정서적 지지를 제공하는 것을 기본으로 한다. 전담 상담원은 1차 기초 상담을 한 뒤 필요시 협업 기관으로 연결해 추가 지원을 받을 수 있게 한다. 외로움 당사자는 물론 가족, 이웃 등 주변인도 '외로움 안녕 120'을 이용할 수 있다. 전화가 어렵거나 전화를 선호하지 않는 경우에는 카카오톡 인공지능(AI) 상담을 이용할 수 있다. 또 지역별 고립가구 전담기구에 대한 지원 등 '외로움 없는 서울'에 담긴 과제를 구체적으로 실행하고 있다. 다양한 경로로 발굴된 고립은둔 가구에 대해선 초기 상담을 실시하고 특성 진단 후 맞춤형 '서울연결처방'을 연계한다. 고립된 시민들에게 꼭 필요한 처방을 제공해 하루빨리 고립은둔에서 벗어나도록 돕고, 재고립·재은둔까지 방지해 장기적으로 사회와 연결된 삶을 지속하도록 돕는다는 계획이다. 먼저 '정원처방'은 마음치유 처방 중 하나로 고립청년이나 난임부부 등에게 정원과 산림을 활용한 마음산책, 원예 활동 등의 프로그램을 제공한다. 도움의 손을 뻗기 가장 힘든 은둔·지원거부 시민들에겐 '15분 외출처방'을 통해 집 밖으로 나와 일상을 회복할 수 있도록 돕는다. '자립처방'은 고립과 은둔에서 벗어난 시민이 재고립·재은둔 하지 않도록 지역사회와 함께 돌봄공동체를 구축하고 자립을 지원하는 내용이다.[17]

도시 공간적 측면에서는 시민들이 더 자연스럽게 연결되고 소통할 수 있도록 서울의 다양한 장소를 열린 공간으로 조성하고, 시민 간의 열린 소통을 통해 외로움, 고립은둔 문제를 공감하고 함께 해결해 나가는 기반을 마련하는 것이 목적이다. 이를 위해 사람과 사람, 사람과 자연, 사람과 이벤트를 잇는 일명 '하트웨어(heartware)' 개념을 만들었다. 그리고 공간매력지수를 활용해 지역의 '공간연결성'을 평가함으로써 도시개발·정비 시 연결 기능을 한층 더 강화하고 있다. 구체적인 방안으로 도시개발·정비 시 녹지 등 오픈스페이스를 충분히 확충해 시민들이 도심 속에서 자연을 체험하고 이를 접점으로 교류할 수 있는 환경을 조성한

다. 공공기여, 폐교, 빈집 등을 활용해 우리동네배움터 등 다양한 세대가 소통할 수 있는 복합문화공간도 확보하고 있다.

3) 피로시대에 대응하는 도시전략

삶의 불확실성, 성과주의, 자기 착취, 디지털 과부하 등 사회적 흐름이 도시민의 만성 피로와 번아웃을 심화시키고 있다. 이는 단순한 개인 문제가 아닌 도시 구조와 환경이 만들어내는 집단적 현상으로 볼 수 있다. 최근 몇 년 사이, 도시계획이 건강 중심으로 재구상되어 왔고, 특히 팬데믹은 만성화된 피로와 심리적 소진의 피로시대에 진입하게 하고 우리 도시가 얼마나 건강하지 못한지를 일깨워 주었다. 전 세계로 확산된 웰니스나 건강도시 계획은 신체활동 부족, 불건강한 식생활, 비만, 흡연, 음주, 대기오염, 소음, 교통사고 등과 같은 건강문제들에 대하여 도시 차원에서의 사회생태학적 다차원적 건강증진을 도모하는 것이다(Rydin et al., 2012). 이것은 단순 스파시설이나 보건서비스를 넘어서 도시 설계, 교통, 녹지, 주거, 커뮤니티 활동 등 다양한 도시 시스템과 통합되어야 한다.

세계보건기구(WHO)가 1986년에 처음 개념을 제시한 Healthy City(건강도시) 전략은 초기 건강도시 네트워크를 구축하여 건강 공공정책과 도시 건강계획 수립에 집중하였으나, 점차 도시정책 전반에서 건강을 우선순위로 두도록 하는 통합적 전략으로 발전되었다. 이는 도시개발 모든 과정이 시민의 건강과 웰빙에 미치는 영향을 고려하는 것을 의미한다. 현재는 지속 가능발전목표(SDGs)와 연계하여 건강도시 전략을 보다 상위계획의 목표로서 확장하고 있다. 한편 피로시대의 근본적인 원인 중 하나는 연대의 상실로, 도시화와 고립문제가 심한 도시의 정책은 공동체성 회복과 사회적 연결망 강화에 우선순위를 두고 있다. 앞서 사례들은 공통적으로 도심 속 휴식과 사색의 공간을 설계하면서 도시 내 연결성을 위한 계획에 건강을 통합적으로 반영하고 있다. 그리고 고립·피로, 웰빙 등 도시민의 정서 상태를 실시간으로 모니터링하고, 데이터 기반 맞춤형 지원을 제공하는 과학적 접근이 주목할 만한 점이다. 싱가포르 치유정원의 건강개선 효과, 서울시의 공간연결성 평가는 건강도시가 지향하는 바가 도시정책 전반에 실효성 있게 반영되도록 하는데 중요한 기반이 되고 있다. 만성 피로와 심리적 소진이 만연한 현대 사회에서 시민의 건강개선과 웰빙을 위한 도시정책의 통합적 접근과 전략은 계속 강조될 것으로 전망된다.

Key point!

도시는 다양한 인구집단이 밀집해 생활하는 공간으로, 도시의 물리적·사회적 환경이 시민 건강에 직접적 영향을 미친다. 따라서 도시는 단순한 주거·업무 공간을 넘어, 시민의 심리적 회복과 웰빙을 지원하는 공간으로 재구성되어야 한다. 피로시대의 도시계획은 시민의 만성 피로와 심리적 소진을 완화하기 위해, 회복과 휴식, 사회적 연결, 자연과의 접촉, 정서적 웰빙, 분산형 도시구조 등 통합적이고 과학적인 접근이 필수적이다. 이는 도시의 지속 가능성과 시민 삶의 질을 높이는 핵심 전략이 된다.

CHAPTER 2

기술 혁신과 산업 전환: 스마트한 미래, 똑똑한 도시들

1부

4차산업기술과 도시

1) 메가 트렌드: 기술 진보와 생활의 편의 추구

한 때 유비쿼터스라는 용어가 유행했던 때가 있다. 우리 나라에서 2008년에 세계 최초로 스마트시티 관련 법령을 제정하면서 '유비쿼터스 도시의 건설 등에 관한 법률'을 마련했는데 여기에는 쓰레기 자동집하시설 등 물리적인 기반시설 설치와 함께 주차 등 도시 관련 정보시스템을 통합 운영하는 방안이 포함되었다.[18] 그런데 이 당시 '유비쿼터스'라는 단어가 생소해서 사람들의 마음을 끌어당기지 못했다. 사실 유비쿼터스라는 말은 1988년에 미국 제록스사에서 차세대 컴퓨팅의 개념으로 제시한 단어로서 어디에나 존재하는 관계성이라는 의미였다. 이 생소한 단어보다 사람들에게 익숙한 '스마트'라는 단어를 사용한 것은 2017년이다. '스마트도시법'으로 개정하고 사업 대상도 신도시만이 아니라 기존 도시로 확대되었다.

사실 생활의 편의성을 제고하기 위해 특정 지역 또는 도시에 적용할 수 있는 첨단 기술은 4차 산업혁명 기술이라고 불리는 대부분의 기술이 해당될 수 있을 것이다. 여기에서는 그 중 빅데이터와 인공지능, 사물 인터넷, 자율주행 기술이 도시 발달에 미칠 수 있는 영향에 대해 설명해 보기로 하자.

빅데이터와 인공지능

빅데이터와 인공지능은 대규모 정보 처리를 위한 대표적인 기술이다. 우리에게 가장 익숙한 기술로서는 운전을 돕는 내비게이션을 들 수 있는데 여기에는 지정된 목적지까지의 경로를 보여주는 지도 정보만이 아니라 주어진 지도 내에서 현재의 교통량을 고려할 때 가장 빨리 갈 수 있는 실시간 경로 탐색 정보까지 포함된다. 즉 현실 세계와 동일한 가상 세계를 만들어서 그 안에서 시뮬레이션을 수행하여 최적의 상태를 제시할 수 있는 디지털 트윈이 생성되면 빅데이터와 인공지능을 활용한 다양한 서비스가 가능하게 된다.

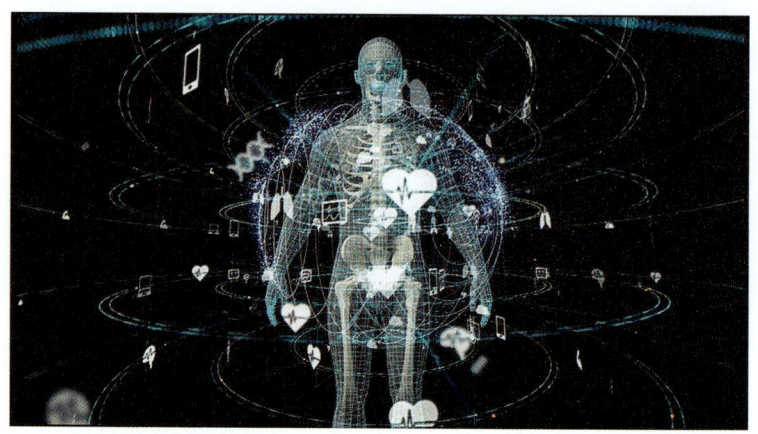
디지털 트윈은 현실과 가상 세계를 잇는다

즉 디지털 트윈에서의 서비스는 단지 지역 또는 도시의 정보를 제공하는 것을 넘어서 실제 거주할 때에 의사결정에 영향을 실시간 정보를 제공한다는 측면에서 차원이 다른 성격의 서비스를 제공한다고 할 수 있다. 예를 들어 우리는 현재 기상정보나 대기오염도에 대한 정보나 버스의 예상 도착시각 정보를 스마트폰에서 실시간으로 확인할 수 있는데 이것은 디지털 트윈 기술이 적용된 덕분이다. 여기에 추가적으로 유익한 정보, 예를 들어 주변 편의점에서의 특정 상품에 대한 실시간 할인 정보나 맛집으로 유명한 푸드 트럭의 운영 정보 등이 포함된다면 더욱 매력적인 지역 또는 도시가 될 수 있다. 물론 소비자는 본인이 원하는 정보를 선별하여 선택할 수 있어야 한다.

조금 더 거시적인 차원에서 SNS에서 넘쳐나는 정보는 특정 지역 또는 도시를 평가할 수 있는 수단으로 활용되기도 한다. 예를 들어 2024년에 발표된 한 논문에서는 전 세계 도시에서 수집된 영상 자료에서 일상 소음의 자료를 채집하고 이 데이터와 사람들이 느끼는 아늑함이나 활기참 등의 평가 요소를 연결하는 작업을 소개했는데 이 작업을 통해 특정 도시에서의 삶의 질에 대한 평가가 가능하다.[19] 즉 별도의 정보 수집 작업을 거치지 않더라도 일상적으로 SNS 등에 노출되는 영상 데이터가 지역 또는 도시의 삶의 질을 평가하는 자료가 될 수 있는 것이다. 이처럼 빅데이터와 인공지능 기술은 미시적으로는 디지털 트윈을 통한 실시간 의사결정에 도움을 주는 정보 제공과 거시적으로는 거주지 결정에 영향을 미치는 도시 매력도 정보 제공이 가능하게 한다.

사물 인터넷

빅데이터와 인공지능 기술이 수집된 대규모 정보의 활용에 대한 기술 기반이라면 사물 인터넷은 그러한 정보를 수집하고 상호 소통하는 기술 기반이라고 볼 수 있다. 각종 사물 또는 기기에 정보를 수집할 수 있는 센서를 장착해서 해당 사물의 상태나 동작에 대한 정보를 실시간으로 다른 곳으로 전송하게 되면 빅데이터를 손쉽게 수집하고 더 나아가서 해당 기기를 제어할 수 있다. 예를 들어 예전에는 여러 공장에서 작동되는 설비의 오작동 여부에 대해 각 공장에서 사람이 근무하면서 일일이 체크해야 했는데 사물 인터넷이 도입되면 정보가 집결되는 중앙 통제소에서만 체크하면 된다. 또한 거대한 빌딩에서 미세한 균열이나 엘리베이터 오작동 등의 문제가 발생할 가능성을 미리 탐지하여 사전에 예방할 수 있는 정보도 사물 인터넷을 통해 수집할 수 있다. 이는 신속한 대응과 보수를 가능하게 한다.

　사실 사물 인터넷은 거대한 공장이나 빌딩에서만 사용되는 것은 아니다. 일반 가정에서 사용되는 냉장고나 에어컨이나 가습기 등 가전제품이 스마트폰으로 적절히 정보를 보낸다면 우리는 부패하기 직전의 음식물이나 실내 온도나 습도와 같은 정보를 파악하여 필요한 조치를 역시 스마트폰으로 취할 수 있다. 사실 이러한 편의 때문에 이제는 여러 전자제품의 제조사를 일치시키는 것을 선호하게 되었다. 즉 사물 인터넷은 특정한 기술적 플랫폼에 몸담는 이득을 극대화하는 효과를 갖게 한다.

　이것은 사물 인터넷 기술을 통해 특정 지역 또는 도시에 몸담는 이득을 극대화하는 것으로도 연결된다. 지역이나 도시가 스마트화 된다는 것은 기존에는 수작업으로 수집해야 했던 도시와 관련된 정보를 자동으로 수집하고 적절한 조치를 취할 수 있도록 한다는 의미를 갖는다. 이는 지역 또는 도시의 행정의 효율성을 높이고 예산을 절감하게 한다. 예를 들어 쓰레기 배출량 정보를 파악하면 쓰레기 수집 시점을 결정하는 것에 유용한 정보가 되고, 미세먼지 수준의 정보를 파악하면 공해물질 저감 장치의 작동 여부를 결정하는 것에 도움이 된다. 이와 같은 정보 수집과 적절한 대응은 결국 쓰레기 수집이나 저감 장치 작동 등과 관련된 비용을 절감한 예산을 다른 곳에 활용할 수 있도록 하여 주민의 복지를 높이는 것에 도움을 줄 수 있다.

사물 인터넷은 거주자의 편의성을 직접적으로 높일 수 있다. 어느 지역의 실시간 주차 공간에 대한 정보는 개인이 대중교통을 이용할지 자기 차량을 사용할지 결정하는 것에 도움을 준다. 방범이나 치안에 대한 정보도 마찬가지이다. 날씨나 사람의 움직임에 따라 점등되는 스마트 가로등은 안전한 거리를 만들어서 지역의 활력을 높이는 효과를 가져오면서도 비용을 절감할 수 있다. 온도와 바람의 세기에 반응하여 자동적으로 펴지거나 접혀지는 횡단보도 그늘막은 불필요한 인력 투입과 고장 등을 회피하면서 보행자의 편의를 크게 높인다.

사물 인터넷은 대량의 정보를 제공한다

자율주행 기술

앞에서 설명한 정보 수집 및 처리 기술은 그 정보를 활용할 수 있는 다양한 수단과 연결될 수 있다. 예를 들어 공장에서 작동되는 로봇은 생산 설비에 장착된 사물 인터넷과 생산 라인을 제어하는 인공지능 기술에 기반하여 오류를 최소화하고 생산량을 최적화하는 방식으로 실제 생산 활동을 수행하게 된다. 전쟁터에서 운용되는 전투용 드론은 디지털 트윈에 기록된 현지 정보와 피아를 식별하는 인공지능 기술에 기반하여 상대방 시설 또는 인원을 공격하는 활동을 수행하게 된다. 그 밖에도 3D 프린팅, 보고서 작성, 동영상 제작, 통번역 작업 등 수없이 많은 곳에 정보를 활용하여 동작을 수행하는 기술이 적용될 수 있다.

이러한 기술 중 스마트 도시에 가장 잘 어울리는 것은 아마도 자율주행 기술이 아닐까 한다. 이미 현대자동차나 테슬라 등 여러 민간 기업들은 각 기업 고유의 자율주행 기술을 개발하여 시험 운영을 하고 있는데 이를 적극적으로 수용하여 받아들이는 도시들이 화제가 되고 있다. 이것은 사물 인터넷에서 제공되는 교통량 정보를 사용하여 디지털 트윈에서 시뮬레이션을 하여 실제 대중교통수단의 운행을 제어하는 방식으로 진행된다. 이러한 서비스가 제공되는 도시에서는 개인이 각자 자동차를 소유할 필요가 감소하고, 소유한다 해도 운행할 니즈가 감소하게 된다. 이는 전체적인 교통량 감소를 통해 더 편리한 도시로 탈바꿈하는 것에 도움이 된다. 공해물질 배출 감소 및 교통사고 감소는 덤이다.

자율주행 기술은 도시의 편의성을 높인다

특히 중국의 베이징, 상하이, 심천 등은 운전자가 없는 자율주행 택시 및 버스를 운영하는 도시로 유명하고 우리나라에서도 세종시 정부청사 지역이나 서울의 상암동 등에서 자율주행 셔틀버스가 운행되고 있다. 이러한 교통수단의 운임은 무료이거나 매우 저렴하게 책정되어 이용자를 확대하고 자료의 수집을 가속화하는 방향으로 전개되고 있다. 이는 거주인의 편의를 높일 뿐만 아니라 관광객을 유입하고 지역 상권을 활성화하는 것에 기여할 수 있다.

드론 기술을 기반으로 하는 에어택시 기술도 급속히 발달하고 있다. 현재로서는 교통 체증이 심한 도시에서 서비스가 개발되고 있지만 추후 산간지역이나 도서지역 등 도로가 확충되지 않은 지역으로 서비스가 확대되는 경우 직접적으로 지역의 경제적 성장에 도움이 될 수 있다. 특정 지역에 방문하기 위해 겪어야 하는 시간과 비용이 에어택시로 인해 해결될 때에 그 혜택은 다양한 지역에 있어서 매우 클 것으로 생각된다.

2) 기술 진보와 도시

4차혁명 기술과 관련되어 현재 개발되고 있는 외국의 대표적인 도시로서 네옴 시티를 들 수 있다. 사우디 아라비아에서 진행되고 있는 이 프로젝트는 당초 2030년을 완공을 목표로 했는데 자금 조달이 불투명하여 전체 일정은 조정중이다.[20] EU에서는 2030년까지 100개의 스마트 도시를 건설한다는 계획을 수립했고 우리 나라의, 오세훈 서울시장도 2024년 10월에 거행된 스마트라이프위크 행사에서 서울을 스마트 도시의 플랫폼으로 만들겠다고 선언하는 등 스마트 도시에 대한 관심이 전 세계적으로 떠오르고 있다.[21]

그러나 기술 진보가 미치는 영향이 반드시 새로운 도시를 건설하거나 대도시의 경우에만 해당되는 것은 아니다. 국내외의 여러 소도시 또는 마을도 기술을 활용한 도시 재생 또는 지역 개발을 추진한 바 있다. 이제 네옴 시티를 비롯한 이러한 도시 또는 지역에서 진행되어온 기술 기반 도시개발 트렌드에 대해 살펴보기로 하자.

네옴 시티 〰️

네옴 시티는 잘 알려진 것과 같이 홍해 연안에 170 킬로미터에 달하는 직선형 도시인 '더 라인'을 중심으로 건설되는 도시이다. 여기에는 산악 도시인 트로제나와 바다 위에 떠 있는 옥사곤, 그리고 섬에 위치하는 신달라 등도 포함된다.

THE LINE

네옴 시티의 더 라인 프로젝트 공식 로고

네옴 시티가 관심을 끈 이유는 1조 달러에 달하는 추정 건설비에만 있지 않다. 사막 지역에서 이러한 대규모 도시가 유지될 수 있도록 하는 기술적 요소가 주목을 받고 있다. 먼저 높이 500 미터, 길이 170 킬로미터에 달하는 건물을 200 미터 간격으로 두 개 건설하고 그 사이에 거주시설을 마련한다는 발상은 기술과 도시의 결합을 전제로 하지 않고는 불가능하다. 비교적 협소한 공간에 높은 인구밀도를 가진 도시를 건설하여 외부의 사막 지역과는 전혀 다른 생활환경을 창조하겠다는 것이다. 이 도시를 유지하는 에너지 역시 탈 석유를 지향하여 사막 지역에 풍부한 태양광을 수집하는 설비를 외벽 겉면에 설치할 계획이다. 여기에서 생산되는 전력으로 직선 구조의 도시 지하에서 운영되는 튜브형 고속철도,

건물 내부의 엘리베이터와 기타 전력시설을 가동하게 된다.

즉 네옴 시티는 사막 지역이라는 특수 상황을 이용한 청정 에너지 수집, 직선형 구조하는 특수 형태를 이용한 접근성, 그리고 인근 지역에 거주에 쾌적한 도시가 존재하지 않는다는 지역적인 상대적 우월성을 기반으로 하여 매력적인 도시의 조건을 갖추고 있다. 물론 이러한 모든 경쟁력을 충족할 수 있는 대전제는 천문학적인 건설비를 충당할 수 있는 사우디아라비아 정부의 재력과 의지라 할 수 있다.

시흥시 정왕동

우리 나라의 대표적인 스마트 도시 추진 사례는 시흥시에서 볼 수 있다.[22] 우리 나라의 국가 스마트시티 주요 사업은 신규 도시를 대상으로 하는 국가 시범 도시, 기존 도시의 스마트화를 내용으로 하는 혁신성장동력 연구개발, 그리고 민간기업이 중심이 되는 스마트시티 챌린지 사업으로 구분되는데 그 중 시흥시는 2018년에 두 번째 유형인 '스마트시티 혁신성장동력 프로젝트 연구개발 실증도시'로 선정되었다.

시흥시 정왕동은 시화지구의 일부인데 1970년대 이후 간척사업이 계획되어 1994년 방조제 공사가 완공되면서 입주가 이루어진 지역이다. 산업단지의 동력이 약화되면서 도시재생의 방법으로 스마트 도시가 추진되고 있다.

시흥시는 스마트 도시로 전진하고 있다

    정왕동 일대의 스마트 도시화는 대규모 예산 투입을 바탕으로 한다. 2019년에 발표된 계획은 2022년까지 총 423억 원을 투입하여 대기오염 데이터를 제공하고, 지능형 에너지 관리 시스템을 건물에 장착하며, 1인 고령 가구의 건강을 관리하는 시스템을 개발하고, 이동 편의성을 높이기 위한 위치기반 지도를 제작하며, 민간이 스마트 관련 사업모델을 개발할 수 있도록 돕는 사업을 진행하는 것이다. 이러한 사업이 효과를 발휘했는지 시흥시는 2022년에 국토교통부로부터 스마트 도시 인증대상으로 선정되었다.[23]

3) 기술 기반 지역 개발 전략

　스마트 도시라는 명칭은 왠지 어마어마해 보이기도 하고 천문학적인 예산이 투입되어야 할 것 같기도 하다. 물론 지역 또는 도시에서 4차 산업혁명 기술이 구현되기 위해서는 대규모의 데이터를 수집하기 위한 장치와 그것을 처리하기 위한 프로그램과 실제로 주민들에게 제공하기 위한 설비를 갖추기 위해 비용이 소요될 것이다. 그러나 비용보다 더 큰 장벽은 스마트 기술을 적용하겠다는 도전의식을 갖기 힘들다는 것이다.

　송도의 예를 들어보면 스마트 도시 서비스를 위해 도로 균열이나 포트홀 등 위험 요인들을 실시간으로 파악하거나 실종자를 추적하기 위한 인공지능 얼굴인식 프로그램 도입 등을 추진하고 있다. 이것은 사실 큰 비용이 소요되지 않고도 시민이 체감할 수 있는 변화를 가져올 수 있다. 서울의 고덕 강일지구에서는 소셜 스마트 주거 서비스 애플리케이션이 운영되는데 여기에서는 청소 서비스, 물품보관 서비스, 펫케어 서비스 등 지역 주민들에게 편의를 제공하는 정보 및 서비스가 제공된다.[24] 이러한 주민 밀착형 서비스는 거리에 설치된 CCTV나 개인 소유의 스마트폰 등 이미 구비된 기술적 기반 위에 새로운 애플리케이션을 추가함으로써 비교적 쉽게 운영될 수 있다. 중요한 것은 주민의 니즈에 부합되는 서비스를 파악하여 제공하는 것이다.

　스마트 기술은 기존의 도시에만 해당되는 것이 아니다. 그리고 다양한 기술을 한꺼번에 도입해야 하는 것도 아니다. 예를 들어 앞에 설명했던 에어택시 하나만 도입하더라도 기존에 교통이 불편하여 발전하지 못했던 산간 지역이나 도서 지역이 새로운 발전의 중심지로 개발될 수 있다. 이를 위해 지역 발전의 잠재성을 발견하는 감각과 이를 방해하는 요인을 해결할 수 있는 기술적 해법을 찾아서 실행하는 행정력이 필요하다.

Key point!

빅데이터와 인공지능, 사물 인터넷, 자율주행 등 4차 산업혁명 기술은 우리의 일상생활을 예전과 비교할 수 없을 정도로 편리하게 만들고 있다. 특정 지역이나 도시에서의 삶의 질 역시 기술적 트렌드를 떠나서 설명하기 힘들다. 지역 또는 도시의 행정 담당자는 현재 성장을 가로막고 있는 중요한 문제를 파악하여 이를 기술적으로 해결할 수 있는 방안을 찾아야 한다. 예를 들어 안전, 치안, 교통, 위생 등의 문제는 현재 개발되어 있는 스마트 도시 기술을 활용하는 것만으로도 비교적 쉽게 해결할 수 있다. 문제는 새로운 기술 도입에 대한 결심과 실행이다.

2부

산업변동과 도시

1) 메가 트렌드: 산업의 진화와 삶의 변화

    산업의 부침은 도시의 흥망과 직접적인 관련을 갖는다. 역사적으로 볼 때 특정 산업과 관련하여 도시가 급속히 성장하는 사례를 흔하게 찾을 수 있다. 예를 들어 1967년에 조선공업진흥법이 제정되고 조선업이 우리나라의 수출의 핵심적 산업으로 지정되면서 거제도에는 거대한 조선소가 두 개 설립되었다.[25] 삼성중공업과 대우조선해양이 운영하는 두 개의 조선소는 거제시의 성장에 직접적인 영향을 미쳤다. 반도체 산업 역시 마찬가지이다. 우리나라 정부와 기업은 1982년에 반도체공업육성위원회를 발족하고 반도체 산업 육성에 국가의 역량을 집중하기로 했는데 이에 삼성전자는 고급 인력의 조달이 용이하도록 서울에서 1시간 이내 거리에 대규모 공장을 건설하기로 결정하여 1984년에 기흥캠퍼스를 완공하게 된다.[26] 2025년 현재 이 플랜트는 추후 동탄, 기흥,

수원, 용인을 중심으로 반도체 메가클러스터로 발전할 전망이다.

앞에서 든 예는 주로 제조업의 고용 증대가 가져온 도시의 성장에 대한 것이었지만 항만과 같은 교통의 요지에 있는 도시가 성장했던 사례도 역사적으로 쉽게 찾아볼 수 있다. 전시나 축제, 영화제와 같은 서비스업도 마찬가지이다. 이렇듯 산업을 기반으로 하는 도시의 성장은 산업변동이라는 메가 트렌드를 읽는 혜안과 그 트렌드를 지역 내에서 수용하여 받아들일 수 있는 끈기와 집념의 결합체라고 할 수 있다. 지혜와 끈기 중 하나라도 결핍된다면 산업변동에 다른 도시 성장의 기회는 다른 도시에서 가져가 버릴 것이다. 그럼 이제 도시 성장과 관련된 산업의 트렌드에 대해 살펴보기로 하자.

제조업

제조업에서 찾을 수 있는 트렌드의 변화의 예로서 4차 산업혁명과 관련된 데이터센터의 수요급증과 환경친화적 에너지 생산의 필요성 증대를 들 수 있다. 특히 인공지능 명령이 급증하면서 연산처리에 소모되는 에너지가 급증하게 되었는데 환경파괴를 하지 않고 이 수요를 감당할 신재생에너지 생산이 화두가 되었다.

이는 도시 트렌드와 두 가지 측면에서 관련된다. 먼저 전통적인 에너지 자원과 관련된 지역 경제가 축소하고 도시가 소멸하는 현상이다. 화석연료의 수요가 감소하거나 탄광의 광물자원이 소진되면 기존의 도시가 축소되거나 소멸되는 현상이 나타난다.

사실 역사적으로 폐광 지역에서 일자리 감소가 발생해서 많은 사회 문제를 일으켰던 사례는 세계적으로 많이 발견할 수 있다. 다행히 이에 적극적으로 대처하여 새로운 일자리를 창출하여 도시를 유지하기 위한 다양한 시도가 이루어져 왔음을 볼 수 있다.

그 다음으로 신재생에너지를 적극적으로 수용하고 개발하여 지역의 성장을 유도하는 현상을 발견할 수 있다.[27] 신재생에너지는 수소, 태양광, 풍력, 수력, 조력, 지역, 바이오 에너지 등이 포함되는데 예전에는 화석연료에 비해 전력생산비용이 높았으나 기술의 발전으로 인해 생산성이 개선되었다. 또한 환경보호에 대한 관심은 정부의 지원을 이끌어내어 대규모의 예산을 배정받을 수도 있다. 화석연료 채굴시설 등 기존 인프라가 존재하지 않기 때문에 산업구조 변경 등 진통을 겪지 않아도 되는 장점이 있다.

신재생에너지 설비의 수용은 지역 발전에 기여한다

재래식 에너지 관련 시설을 변경하든 아니면 처음부터 신재생에너지 분야의 인프라를 설치하든, 산업변동을 적극적으로 반영한 제조설비 유치는 대규모의 고용증대와 지역발전을 실현하는 지름길이 될 수 있다. 신재생에너지와 관련된 일자리는 발전소 관련 고용에만 그치지 않는다. 인공지능의 학습에 필요한 대용량 데이터를 관리하는 데이터센터와 인공지능 기술 개발에 필요한 연구센터 역시 중요한 기반 시설이고 여기에는 많은 인력이 투입된다. 미국의 보스턴이나 샌프란시스코 등 많은 연구개발 인력이 모이는 지역에서 볼 수 있는 지식기반 인프라는 이들이 연구를 수행할 수 있도록 하는 연구실 및 실험실, 실험 자재, 주거 및 생활시설을 포함한다.

지식기반 인프라와 관련하여 또 하나의 중요한 고용 창출 경로는 창업 공간이다. 창업이 인공지능이나 신재생에너지 등 첨단기술과 관련되는 경우 지식기반 인프라와 근접한 지역에서의 창업 성공률이 높게 마련이다. 앞에서 언급했던 샌프란시스코는 미국의 많은 유니콘 기업들의 탄생지이기도 한데 그 이유는 실리콘밸리에 위치한 스탠포드 등 상위권 공과대학들이 공학 인재들을 배출했고 그 인재들이 현지 인접지역의 기업에 자리잡고 지식을 활용하면서 창업의 기회를 찾았기 때문이다. 여기에 창업자금을 제공하는 창업투자사까지 집결하게 되면서 교육과 사업과 자본이 집결하는 지역이 되었다.

관광업

관광업은 서비스업의 일부로서 많은 지역 개발 담당자들이 고려하는 수단이다. 여기에는 넓은 의미에서 축제와 이벤트도 포함하기로 한다.

사실 관광이나 축제를 통한 지역의 활성화는 관점에 따라서는 산업변동과 특별한 관련이 없는 것처럼 볼 수도 있다. 예전부터 유명한 관광지는 존재했고 산업변동과 무관하게 사람들의 관심을 끌어왔던 경우도 많다. 유명한 영화제나 축제의 인기 역시 산업의 여건과는 무관하게 보일 수 있다.

그런데 스마트관광의 개념이 부상하면서 관광업이 첨단기술, 디자인, 서비스 등과 융합되는 현상이 나타나게 되었다.[28] 예를 들어 기존에는 알려지지 않았던 관광지가 가상현실 등 기술의 힘을 입어서 인기를 얻게 될 수 있다. 그 결과 기존에 관광업과 무관했던 지역이 다른 산업의 발달을 통해 관광지로서 발전하는 경우도 있다. 또는 낙후된 서비스로 인해 사람들의 관심을 잃게 된 관광지가 서비스 개선을 통해 다시 관심을 받게 될 수도 있다. 이 역시 낙후된 관광자원으로 인해 관광산업의 쇠락을 겪을 운명에 처했던 관광지가 첨단 서비스 기술로 인해 성공적인 구조조정을 이루는 산업변동의 기회를 보여주는 사례가 될 수 있다.

스마트관광은 기술과 산업이 융합한 결과이다

이러한 스마트관광의 도입은 결과적으로 고용에 긍정적인 영향을 미친다.[29] 방문자의 수가 증가하면 관광 수요를 충족하기 위한 현지의 여행, 숙박, 음식 등 일자리가 증가하는 것은 물론, 스마트관광 프로그램 제작, 콘텐츠 생산, 앱 제작 등 새로운 서비스 일자리도 창출된다. 그런데 이러한 신규 일자리의 창출은 관광업이 단순한 방문 및 숙식과 관련된 산업에 머무는 것이 아니라 관광 콘텐츠의 디지털화를 통해 문화 콘텐츠 산업으로 변동하는 것을 보여준다. 즉 관광업에서 발견할 수 있는 기회는 산업변동의 결과라는 것이다.

물류센터와 지역 고용

물류산업은 배송과 택배의 일상화로 인해 새롭게 부상하는 산업이다. 온라인 상거래가 일반화되면서 새벽배송 등 단기간에 주문한 물품을 받기 원하는 수요가 증가했고, 이에 따라 효과적인 배송을 위해 설립되는 물류센터가 중요한 역할을 담당하게 되었다. 즉 물류센터는 단순한 보관의 장소가 아니라 신속한 배송을 위한 첨단 시설이 된 것이다. 이에 따라 물류센터가 위치한 지역에서 대규모의 고용을 창출하면서 지역 개발의 역할을 수행하게 되었다.

예를 들어 양주시에서 2026년에 완공되는 물류센터는 3천여 명의 고용창출을 할 것으로 기대되는데 여기에는 포장, 검수, 지게차 운전, 배송 등 작업에 필요한 인원이 포함된다.[30] 이러한 작업은 단순 업무로부터 복잡한 전문 업무로 폭넓게 분포되어 업무 종사자에 대한 소득 효과도 크다. 물류센터 하나가 지역 경제에 기여하는 부분이 적지 않다는 것이다. 쿠팡은 2025년 현재 5만 5천여 명을 지방에서 고용하고 있는데 2026년까지 물류 인프라를 구축하는 과정에서 최대 1만 명을 추가로 고용할 계획이라고 발표했다.[31] 여기에는 부산 3000명, 광주 2000명, 이천 1500명, 대전 1300명, 천안과 제천과 김천 각 500명, 그리고 울산과 칠곡 각 400명을 포함한다.

물류센터는 대규모 고용을 창출한다

2) 산업변동에 따른 도시의 부침

미국의 러스트벨트 지역

산업변동에 따라서 도시 또는 지역이 부침을 겪는 사례는 많다. 여기에서는 미국의 제조업이 침체를 겪으면서 극심한 축소를 경험했던 러스트벨트 지역이 새로운 산업을 유치하면서 부활했던 사례를 소개하기로 한다.[32]

러스트벨트 지역은 19세기에 미국의 산업화를 이끌었던 오대호 연안 지역으로서 펜실베니아, 뉴욕, 오하이오 주 등을 포함한다. 이 지역의 주된 도시와 주력 산업을 보면 펜실베니아주의 피츠버그에서는 철강산업, 뉴욕주의 버팔로에서는 철강과 자동차 부품, 오하이오주의 클리블랜드와 신시내티에서는 각각 기계금속과 에너지산업이었다. 1960년대까지 미국의 산업을 주도했던 철강, 자동차, 기계금속 등 산업들은 이후 일본이나 독일 등 신흥 제조국이 부상하면서 점차 글로벌 경쟁력을 잃고 생산이 축소되었다. 그에 따라 인구도 감소하게 되었다.

산업의 변화에 따라 도시의 경쟁력을 잃게 되는 경우 대응책은 두 가지로 전개할 수 있다. 기존의 경쟁력을 강화하는 대책과 새로운 유형의 경쟁력을 창출하는 대책이다. 이에 대해 연구한 코웰은 기존의 유형보다는 새로운 유형의 경쟁력을 찾기 위해 노력한 경우에 더 나은 결과를 가져왔다고 설명한다.[33] 러스트벨트의 경우 2000년까지 지속적으로 인구가 감소하다가 새로운 성장동력을 발견하고 그에 집중한 결과 2000년대 이후에는 소폭 성장을 이루고 있다.

보다 구체적으로 피츠버그에서는 카네기멜론 대학교와 피츠버그 대학교 등 인재를 공급할 수 있는 교육기관들이 포함된 민관협력조직을 설립하여 인공지능기반 교육서비스업과 로봇 및 자율주행 자동차 산업에 투자했고,[34] 버팔로에서는 뉴욕주립대가 중심이 되어 태양에너지연구 및 생명의료산업에 투자하고 있다. 클리블랜드에서는 첨단소재를 개발하기 위해 오하이오 지역의 40개 민간단체가 비영리재단을 설립하여 지원했고, 신시내티에서는 신시내티 대학을 중심으로 의료 및 생명공학분야 창업을 육성하는 한편 도심의 역사적 유산을 중심으로 비영리 개발전문 기업을 중심으로 관광업을 육성했다.

경기도 5개 도시 사례

경기도의 용인, 수원, 안산, 부천 안양은 아시아경제위기를 겪은 1997년 이후 고용 위기를 최소 1회 경험했던 도시들이다.[35] 고용 위기는 부동산 가격 상승 또는 국가균형발전정책 등 정책에 의한 기업의 타 지역으로의 이전 등 다양한 원인으로 발생할 수 있으나 산업, 특히 제조업의 환경 변화는 중요한 이유로 꼽힌다. 예를 들어 안산과 수원의 고용 위기는 제조업 기반이 약화되면서 유발된 고용 감소가 주된 원인이었다.

이에 대응하는 지방정부의 대책은 산업구조 개편을 중심으로 펼쳐졌다. 용인시는 SK하이닉스와 삼성전자를 중심으로 반도체 관련 업종을 유치하고 반도체 특화 클러스터로 조성하였고, 수원시는 경기도와 함께 광교테크노밸리, 자체적으로 델타플렉스 산업단지를 조성하여 경기바이오센터 등 여러 공공연구기관을 유치하여 연구개발단지를 형성했다. 안산시는 반월과 시화 산업단지에 카카오나 KT 등 대기업과 공동으로 데이터 기반시설 구축을 추진했고, 안양시는 평촌스마트스퀘어와 안양벤처밸리 등을 조성하고 정밀기기 생산과 소프트웨어 개발 등 지식기반 산업을 특화 산업으로 선정했다. 부천시는 다른 지역과는 달리 신산업보다는 기존의 금형, 로봇, 세라믹, 조명, 패키징 산업을 부천시 5대 산업으로 선정하고 경쟁력 강화를 시도했다.

권진우 외(2022)의 연구에서 발견한 중요한 시사점 하나는 지방정부의 이러한 정책이 상위정부, 즉 국가의 부동산 정책이나 법적 규제 등 외부 요인에 의해 효과가 제한된다는 것이었다. 그런데 이러한 현상은 아마 미국의 러스트벨트 회복 과정에서도 존재했을 것으로 생각된다. 미국의 집권 정당이 공화당인지 또는 민주당인지에 따라 주정부 정책에 대한 연방정부의 지원도 다를 수 있을 것이다.

3) 산업변동 기반 지역 개발 전략

산업변동에 따른 도시의 쇠락에 대처하는 것에는 만병통치약이 존재하지 않는다. 산업변동의 거대한 트렌드는 상존하는 위협을 가져온다. 그러나 여러 사례와 정책대안을 살펴보면 적어도 이에 대처할 수 있는 모형을 설정하고 지역의 상황에 따라 가장 최선의 대안을 선택하는 대응은 가능하다고 판단된다. 물론 이러한 노력의 효과성은 지역의 정치적 상황이나 인접 지역의 관련 산업 존재 여부, 그리고 교육기관이나 인적자본의 상황 등 여러 요건에 의해 제한될 수 있다.[36]

김기완과 김형태(2017)는 KDI 연구보고서에서 외국의 성공적인 지역산업 개편 사례를 살펴볼 때 실행 주체는 상이할 수 있다는 것을 발견했다. 예를 들어 미국이나 독일의 경우 대기업이 주도한 경우가 많았지만 일본이나 스웨덴의 경우 지방정부가 주도한 경우가 많았다는 것이다. 그러나 두 경우 모두 지역산업 개편의 성공 공식으로서 지역의 상황을 반영하여 중장기적 계획을 수립하고 이를 체계적으로 수행했다고 주장했다. 사실 기업의 경우에도 임원진은 교체되기 마련이고 지방정부 역시 선거에 의해 지자체장은 교체된다. 그럼에도 불구하고 지역산업 개편을 일관적으로 추진할 수 있는 별도의 조직이 필요하다는 것은 중요한 시사점을 던진다.

또한 저자들은 지역 특유의 자원을 파악하여 활용하는 접근법이 중요하다고 주장했다. 예를 들어 스웨덴 기업인 노키아가 몰락한 이후 노키아의 근거지인 에스포 지역에 존재하는 고급인력을 활용하기 위해 창업 자금을 공급하고 창업을 용이하게 하는 제도적 지원이 이루어진 결과 지역 재건이 가능했다는 것이다.

마지막으로 이들은 산업 구조조정이 지역에 충격을 가하지 않도록 이해관계자들의 협력이 중요하다고 주장했다. 이러한 예로서 일본의 무로란 지역에 발생했던 철강업의 구조조정 과정에서 지역경제의 완충 시스템을 마련하기 위해 노사 및 지방정부와 중앙정부의 협력이 이루어진 것을 강조했다.

환경의 변화는 기회와 위협을 동시에 제공한다. 산업 환경의 변화 역시 지역 또는 도시에 쇠락의 위협을 주는 것과 동시에 변화를 활용한 도약의 기회를 제공한다. 문제는 기존의 산업 구조에 안주하여 변화를 거부하려는 타성에 있다. 진화론에서는 새로운 자연 환경에 적응하지 못하는 생물이 멸종의 위기에 처하고, 조직진화론에서는 새로운 산업 환경에 적응하지 못하는 기업이 존속하지 못한다고 설명한다. 지역 또는 도시 역시 그러할 수 있다. 변화하는 산업 환경에 적응하기 위해 끊임없이 구조 조정을 시도하는 지역 또는 도시가 진화의 기회를 얻을 수 있다.

Key point!

미국의 러스트벨트 지역이나 우리나라의 경기도 5개 도시는 제조업의 축소로 말미암아 위기를 겪었던 대표적인 지역이다. 이러한 지역 또는 도시에서는 변화된 산업 환경을 기회로 활용하기 위해 정부와 기업과 학교가 공동으로 노력을 기울인 결과 새로운 성장 동력을 발굴하고 있다.

한때 번성했던 산업이나 관광지가 시간이 지남에 따라 쇠락하는 것은 당연한 현상으로 받아들여야 한다. 지속적인 인구 유입과 경제적 활성화를 추구하기 위해서는 제조, 관광, 물류 등에서의 새로운 추세를 파악하고 이를 반영하는 구조조정을 추진하기 위해 지방정부나 기업에서 담당자의 교체에 무관하게 독립적으로 추구할 수 있는 조직을 마련해야 한다.

3부

콘텐츠가 만들어내는 도시의 매력

1) 메가트렌드: 콘텐츠가 만들어낸 도시의 새로운 얼굴

도시는 이야기를 담는 공간이다. 과거에는 도시의 이미지를 형성하는 주체가 정부와 언론이었지만, 오늘날에는 유튜브, 인스타그램, 틱톡 등 디지털 플랫폼을 통해 누구나 도시를 설명하고 재현할 수 있다. 즉, 21세기 디지털 미디어의 확산은 도시를 바라보는 시선에 획기적인 변화를 불러왔다. 과거 도시의 이미지는 주로 관광 브로셔나 정부 주도의 홍보, 광고를 통해 전달되었지만, 이제는 유튜버, 인플루언서, 연예인 등 개인 콘텐츠 제작자의 눈과 목소리를 통해 소개된다. 이들은 자신만의 시선으로 도시의 풍경, 문화, 음식, 장소, 사람들을 담아내며 수많은 구독자들에게 도시의 색다른 모습을 전달하고 있다. 이처럼 디지털 콘텐츠는 도시의 이미지를 형성하고, 나아가 관광 유치, 지역 경제 활성화, 문화 정체성 확립 등 다양한 차원에서 영향을 미치고 있다. 콘텐츠의 시대, 도시의 매력은 더 이상 전통적인 홍보 방식만으로는 전달되지 않는다. 누구나 창작자가 되고, 소비자가 곧 발신자가 되는 시대에서, 도시는 일종의 '콘텐츠 플랫폼'으로 기능하기 시작했다. 이번 챕터에서는 다양한 콘텐츠 제작자들이 소개한 도시 사례를 통해 도시의 매력이 어떻게 콘텐츠로 전달되었는지 살펴보고, 이를 바탕으로 2026년의 도시 트렌드로 계속해서 급부상할 콘텐츠 도시 전략을 탐색해보고자 한다. 특히, 충주맨과 빠니보틀의 콘텐츠를 비롯한 국내외 사례들을 중심으로, 콘텐츠가 어떻게 도시의 의미를 확장시키고 새로운 브랜딩의 가능성을 제시하는지 살펴보겠다.

충주맨이 만들어낸 콘텐츠, <충주시 유튜브>는 이제 88만 구독자를 가진 영향력있는 채널로 변모!

도시를 바라보는 시선은 시대에 따라 달라져왔다. 이전에는 도시의 매력을 전하는 주체가 전문가나 지자체였고, 이들의 주도적인 활동으로 이루어 졌다. 그러나 지금은 디지털 네이티브 세대의 참여로 도시의 이미지는 끊임없이 새롭게 쓰여지고 있다. 유튜브, 틱톡, 브이로그, 인스타그램, 팟캐스트 등 다양한 형식의 콘텐츠가 도시의 골목, 거리, 시장, 사람들을 비추면서, 그 자체가 브랜딩의 수단이 된다. 특히 충주시청 소속 공무원인 김선태 주무관, 일명 '충주맨'이 만든 유튜브 채널 '충주시'는 파격적인 콘텐츠 기획과 유머 감각을 통해 관공서 채널임에도 불구하고 젊은 층의 관심을 끌며 88만 명 이상(2025년 8월 기준)에 육박하는 구독자를 확보했다. 그는 '충주맨'이라는 캐릭터로 충주의 숨겨진 명소, 일상, 문화, 특산물, 정책까지도 콘텐츠화하며 도시를 '사람의 언어로' 소통하고 보여주는 데 성공했다. 충주시의 매력을 그만의 독특하고 창의적인 방식으로 소개하며 큰 주목을 받았고, 더 나아가 최근에는 다른 지자체와 여러 대학의 특강자로 초청되어 인기를 더하고 있다. 그가 만들어낸 콘텐츠를 통해 '충주'라는 도시가 어떻게 매력적으로 변모할 수 있었는지에 대한 입담도 유명하다. 이 사례는 공공영역조차 콘텐츠라는 매개를 통해 시민과 새로운 방식으로 만날 수 있다는 것을 잘 보여준다. 그의 콘텐츠는 기존의 관공서 홍보와는 차별화된 접근으로 도시의 다양한 면모를 효과적으로 전달하고 있는 것이 특징인데, 매우 유쾌하고도 친근한 그만의 방식은 정책이나 공무원의 역할 등에 대한 딱딱하고도 전형적인 이미지를 바꾸는 데 충분했다. 예를 들어, 충주의 관용차인 수소차 넥쏘를 리뷰하는 영상에서는 차량의 특징을 소개함과 동시에 충주시의 친환경 정책과 미래지향적인 면모를 강조하였다. 또한, 지역 축제나 행사에 직접 참여하여 현장의 생생한 분위기를 전달함으로써, 시청자들에게 충주의 다양한 매력을 효과적으로 알리기도 했다.

전혀 겸손해보이지 않는 모습으로 웃음을 자아내는 '겸손맨의 낮은 자세 토크'

이렇게 충주맨의 콘텐츠는 형식과 내용 면에서 창의적인 접근을 보여주고 있는데, 공무원의 일상을 브이로그 형태로 담아내어 시민들에게 친근하게 다가갔다. '겸손맨의 낮은 자세 토크'와 같은 코너를 통해 다양한 주제에 대해 솔직하고 유머러스한 대화를 나누기도 한다. 이러한 방식은 관공서의 딱딱한 이미지를 탈

피하고, 시민들과의 소통을 강화하는 데 큰 기여를 했다. 특히 주목할 점은 연간 61만 원의 예산으로 시작한 유튜브 채널이 88만 명 이상의 구독자를 확보하며 큰 성과를 거두었다는 것이다. 이는 제한된 자원 속에서도 창의적이고 진정성 있는 콘텐츠로 도시 홍보에 성공한 좋은 사례로 평가받고 있다. 충주맨의 성공은 다른 지자체에도 영향을 미쳐, 경남 양산시를 포함한 다른 지자체에서도 유사한 방식의 유튜브 홍보를 시도하게 만들었다. 이는 충주맨의 콘텐츠가 지자체 홍보의 새로운 패러다임을 제시했다는 것을 잘 보여준다. 또한, 충주맨의 유튜브 활동은 도시의 매력을 효과적으로 알리는 동시에, 기존에 우리가 알고 있던 공무원의 역할에 새로운 모델을 제시하고 있기도 하다. 그의 창의적이고 진정성 있는 접근은 도시 홍보의 새로운 가능성을 열어주었으며, 다른 지자체에도 긍정적인 영향을 미쳤다. 이러한 사례는 유튜브 같은 콘텐츠가 도시를 매력적으로 만드는 시대가 왔음을 알려주는 좋은 시그널이 되고 있다.

2) 콘텐츠가 만들어낸, 매력적인 도시들의 새로운 시선들

다양한 크리에이터들이 세계 곳곳의 도시를 배경으로 콘텐츠를 제작하기 시작하면서 도시의 이미지가 재편되고 있다. 그리고 이것은 단순히 성공한 유튜버의 이야기가 아니다. 각각의 플랫폼과 채널, 그리고 이를 소개하는 크리에이터 혹은 제작자에 초점을 맞추어 볼 수도 있겠지만, 이들이 소개하는 도시를 보는 관점에 집중할 경우, 우리는 매우 새로운 시선으로 깊이 있게 각각의 도시를 만날 수 있게 된다. 빠니보틀이나 곽튜브 같은 유튜버가 콘텐츠로 보여주는 도시는 이들의 시선에 따라 각각의 도시가 어떻게 재해석 되는지, 왜 그곳을 재방문 해야 되는지를 설명해준다.

다른 여행 크리에이터, 곽튜브(본명: 곽준빈)와 함께 하는 빠니보틀의 방콕 풀코스

먼저, '빠니보틀(Pani Bottle)'은 국내 유튜브(구독자 250만 명, 2025년 8월 기준) 채널 중에서 가장 영향력 있는 여행 콘텐츠를 만드는 제작자이다. 그의 여행 영상은 관광지 위주의 설명을 지양하고, 현지인의 일상, 그들의 문화, 정서, 언어, 음식, 골목 등을 촘촘하게 담아낸다. 방콕을 배경으로 한 콘텐츠에서는 전통시장, 좁은 골목, 노점상, 이발소 같은 장소들이 주 무대가 된다. 이 영상들은 방콕이라는 도시에 대한 고정관념을 해체하며, 그곳에 사는 사람들의 삶을 지극히 현실적이고도 공감 가능한 시선으로 보여준다. 특히 빠니보틀의 촬영 방식은 고가의 드론이나 값비싼 카

메라가 아닌, 작고 간편한 장비로 직접 걷고, 먹고, 대화하며 그 도시를 체험하는 1인칭 시점의 전달 방식이다. 이러한 방식은 시청자에게 '그 도시를 친구와 함께 여행한 듯한' 몰입감을 선사해 준다. 그러한 경험은 곧 도시 이미지에 대한 새로운 인식으로도 연결된다.[37] 빠니보틀의 콘텐츠는 도시를 홍보하거나 특정 장소를 광고하기 위한 목적 없이 제작되었지만, 그의 영상에 담긴 도시의 풍경은 실제로 구독자 혹은 시청자들의 여행 경로를 바꾸고, 현지 관광 자원의 가치 재평가로 이어져왔다. 그리고 최근에는 곽튜브나 원지와 같은 다른 여행 크리에이터들과 함께 하는 여행도 자주 선보이고 있다. 예를 들면, EBS1TV 채널〈곽준빈의 세계기사식당3〉의 주인공 곽준빈과 서로의 채널에 함께 나오면서 알려지지 않았던 작은 도시들의 매력들을 잘 보여주고 있다. 구독자 211만 명(2025년 8월 기준)을 보유한 여행 크리에이터 곽튜브(본명: 곽준빈) 뿐만 아니라 빠니보틀은 이제 방송가로도 넘어와 '예능 치트키'로 입담을 뽐내며 열심히 활약 중이다. 또한 충주시를 소개한 영상들로 대박을 낸 또 다른 크리에이터이자 충주시 공무원〈충주맨〉과의 싱가포르 여행 소개도 같은 맥락이며, 또한, 조용한 도시의 숨겨진 매력을 발굴한 원지의 여행도 마찬가지이다. 〈원지의 여행〉은 잔잔한 분위기와 섬세한 영상미로 일본, 한국, 유럽 등의 도시를 소개하는 유튜브 채널이다. 원지의 영상은 특히 일본의 시골 마을, 지방 도시, 소도시 풍경을 담으며 고요한 분위기 속의 진정성과 평온함을 전한다. 관광지가 아닌 일상적인 공간들, 예를 들면, 주택가 골목, 작은 기차역, 동네 슈퍼마켓, 가정식 식당 등을 천천히 비추며, 도시를 거닐고 체험하는 감각을 영상으로 전한다. 이를 통해, 그녀의 콘텐츠는 자연스럽게 생각지 못했던 곳으로 '새로운 여행지'를 창출하게 만든다. 유명 관광지의 소란스러움에서 벗어나고 싶은 젊은 세대에게 이러한 콘텐츠는 깊은 감정적 울림을 주며, 해당 도시를 실제 방문하게 만드는 계기가 된다. 일본의 후쿠이현이나 토야마현 같은 낯선 이름의 도시가 원지의 콘텐츠를 통해 국내외 시청자에게 인지되며, '조용하지만 가보고 싶은 도시'로 떠올랐다. 이들은 각자의 콘텐츠를 통해 도시에 대한 새로운 매력을 선사해주었고, 요즘처럼 지방 소멸 이슈나 원도심 소멸 이슈가 세계 곳곳에서 흘러나오고 있는 이때, '도시 브랜딩'을 할 수 있도록 도시를 다시 살릴 수 있는 시선과 아이디어를 부여해주면서 각각의 도시를 위한 훌륭한 기여를 해주었다.[38]

한편, 글로벌 팬덤이 만든 도시 문화 브랜드는 글로벌 팝 슈퍼스타가 된 BTS를 통해 이루어졌다. BTS는 단순한 K-POP 아티스트를 넘어 하나의 문화현상으로 평가받는다. 이들의 콘텐츠는 무대 위에서 끝나지 않는다. 서울 및 지방 곳곳에서 촬영된 뮤직비디오, 예능 콘텐츠, 사진집, 다큐멘터리, 팬미팅 영상은 전 세계 팬들에게 '서울'과 한국의 여러 도시들을 상징적으로 각인시켰다. 이 과정에서 BTS가 지나간 장소들은 팬들 사이에서 일종의 성지화가 이루어졌고, 서울시 등 여러 도시들은 이를 적극적으로 활용했다. 예를 들어, 뮤직비디오, 광고, 예능을 통해 드러나는 서울의 배경은 전 세계 팬들에게 서울을 '방문하고 싶은 도시'로 인식하게 만들었다. 서울시는 BTS와 연계된 콘텐츠가 촬영된 장소를 중심으로 팬투어 프로그램을 구성하고, 관광지도를 제작하며, 팬 굿즈 및 전시 기획으로 확장시켰다. 대표적인 예로 서울의 한강변, 북촌 한옥마을, 남산, 하이브 본사 근처 등이 있다. 그 밖에도, "봄날" 뮤직비디오의 경춘선 숲길, "ON"의 잠실 종합운동장, "Dynamite" 속의 이태원 풍경은 서울의 다채로운 공간을 보여주는 좋은 사례다. 이는 단순한 장소의 제시가 아니라, 그 장소에 담긴 정서적 경험을 기반으로 팬이 직접 도시를 걸으며 체험하게 만드는 구조로 이어지게 만든다. 이러한 전략은 도시 브랜딩의 교과서적인 성공 사례로 꼽히며, 'K-POP 콘텐츠를 활용한 도시 콘텐츠화'의 대표 모델로 자리매김하였다.[39]

또한, 이같은 사례는 넷플릭스와 같은 글로벌 OTT 플랫폼을 통해서도 드러난다. 넷플릭스 드라마의 배경지들은 단순한 시청지에서 방문지로 넘어섰는데, 드라마 〈우리들의 블루스〉와 제주, 그리고 〈폭싹 속았수다〉와 제주가 좋은 예이다. 넷플릭스와 같은 글로벌 OTT 플랫폼은 도시의 이미지를 전 세계 시청자에게 전달하는 가장 강력한 매개체 중 하나가 되었다. 노희경 작가의 옴니버스 드라마 〈우리들의 블루스〉는 제주도를 배경으로 한 다큐멘터리적 감성과 섬세한 서사로 주목을 받았다. 각기 다른 아픔, 절망, 원망, 슬픔을 지닌 인물들의 인생사를 9개의 에피소드에 담아내며 시청자들을 울렸던 tvN 주말드라마 〈우리들의 블루스〉는 2022년 4월 9일부터 2022년 6월 12일까지 방송되며 14.6% 시청률로 종영했다. 이후, 넷플릭스와 독점 계약으로 북미와 유럽, 일본 등 동아시아 국가를 비롯한 전 세계 80여개 국에서 동시 방영된 바 있다. 이 드라마는 제주의 대중적인 관광지가 아닌 서귀포, 대정읍, 한림 등 상대적으로 덜 알려진 지역의 해녀 마을, 작은 포구, 시골 장터 등을 주요 배경지로 삼았고, 그 결과 방송 이후 해당 지역들은 드라마 촬영지 투어 코스로 인기를 끌었다. 또한, 제주도를 배경으로 한, 또 다른 드라마 〈폭싹 속았수다〉는 2025년 3월 7일부터 2025년 3월 28일까지 공개된 넷플릭스 오리지널 한국 드라마이다. 이 드라마는 '국민 드라마'도 넷플릭스로 볼 수 있다는 새로운 공식까지 만들면서 전세계 넷플릭스 비영어권 드라마 1위를 달성하기도 했다.[40] 사실 〈폭싹 속았수다〉의 경우 실제 촬영지는 제주도가 아닌, 경북지역의 세트장이다. 주인공들이 나고 자란 1950년대 제주도 '도동리' 마을은 경북도청 신도시 유휴부지에 세트장을 만들어 촬영했고, 경북도청 신도시 2단계 부지가 활용되었으며, 드라마 첫 장면은 여수 화양면 해변에서 촬영, 잔디밭에서 요양원 노인들과 애순을 그리는 장면은 청심국제해양청소년수련원에서 촬영됐다. 이렇듯 실제 촬영장소는 다양했지만, 이 드라마 주인공들이 나고 자란 드라마의 설정 도시는 '제주'였다. 이에 제주도는 이들 드라마의 인기를 적극 활용하여 촬영지를 중심으로 한, 혹은 '제주'라는 장소 그 자체를 '드라마 감성 투어' 패키지를 개발하는데 활용했고, 스토리텔링을 기반으로 한 지역 소상공인 연계 프로그램을 운영하였다. 이는 방송 콘텐츠가 지역경제와 관광 자원으로 직접 연결될 수 있음을 보여주는 대표적인 사례인데, 넷플릭스라는 글로벌 콘텐츠 플랫폼을 통한 도시 콘텐츠화의 가능성을 입증해주었다.

연예인을 통한 도시 이미지 강화 사례도 존재한다. 〈와썹맨 GO!〉는 192만 구독자(2025년 8월 기준)들로부터 폭발적인 인기를 얻고 있는 디지털 콘텐츠 '와썹맨'의 특별판이다. 특히 글로벌 OTT 엔터테인먼트 스트리밍 서비스 1위인 넷플릭스(Netflix)를 통해 공개되는 이 콘텐츠는 유튜브가 인정한 '라이징 스타', 가수 GOD의 멤버, 박준형의 할리우드 오디션 도전기를 담고 있다.[41] 박준형은 캘리포니아 현지에서 한 달 동안 머무르며 오디션 배역을 얻기 위해 고군분투하는데, 이러한 박준형의 모습은 '와썹맨'의 트레이드마크이자 시그니처인 B급 정서 및 반백살 쭌이형을 돋보이게 하는 유머스럽고 트렌디한 연출력으로 인기를 끌었다. 무엇보다도 캘리포니아에서 나고 자란 박준형을 통해, 그의 시선으로 소개되는 현지 핫플레이스는 이 도시에 대한 새로운 관점을 만들어냈다. 그동안 잘 알려지지 않았던 할리우드의 로컬 트렌드까지 소개되고 있는 이 콘텐츠는 박준형 특유의 거침없는 친화력과 소통으로 도시가 갖는 매력에 플러스 알파를 더했다. 이 밖에도, 박준형은 특유의 친근함, 유머스러움과 자유로운 성격으로 뉴욕이라는 도시를 매우 인간적으로 소개하였다. 예능 프로그램과 유튜브 콘텐츠를 통해 소개된 뉴욕의 스트리트푸드, 한인타운, 로컬 공연장 등은 일반적인 화려한 도시 이미지와는 다른, 생활 밀착형 도시 이미지로 잘 전달되었다. 박준형의 눈으로 본 뉴욕은 '살아보는 도시'의 대표적인 예로서, 도시가 일상으로 스며드는 경험을 제공한 좋은 사례다.

또 다른 시각에서 콘텐츠가 도시를 보여준 사례는 '에세이'라는 글을 통해서이다. 에세이스트 김혼비는 『아무튼, 술』, 『우아하고 호쾌한 여자 축구』 등의 저서에서 서울 망원동을 반복적으로 언급하며, 그곳이 자신에게 어떤 공간적 감정의 지형으로 작용하는지를 담담하게 풀어낸다.[42] 감정의 공간으로서의 도시, 김혼비와 망원동! 작가의 시선으로 바라본 도시는 더욱 감성적이고 내밀한 층위를 형성한다. 그녀의 글을 통해 망원동은 단순한 '핫플레이스'가 아니라, 술집과 서점, 조용한 골목, 일상의 순간들이 교차하는 복합적인 정서의 장소가 된다. 많은 독자들은 에세이를 통해 그 지역에 대한 호기심과 애정을 갖고, 실제로 책에 소개된 공간을 찾아 나서게 된다. 화려한 관광지가 아닌, 골목의 작은 술집, 오래된 서점, 카페 등의 풍경을 통해 도시의 정체성이 드러난다. 이는 도시를 '여행하는 곳'이 아니라 '사는 곳', '느끼는 곳', '경험하는 곳'으로 전환시키는 데 기여했다. 이는 문학 콘텐츠, 특히 자전적 에세이가 도시의 장소성을 재해석하고, 그 공간에 새로운 의미를 부여하여 문화적 재방문을 유도한다는 점에서 중요한 도시 콘텐츠 전략의 자산으로 볼 수 있다. 비슷한 예로, 여행작가와 도시 스토리텔링도 무궁무진하다. 여행 작가 배정철은 글과 사진을 통해 유럽의 소도시를 서사적으로 풀어내었다. 그의 책 《작은 도시에서 길을 묻다》에서는 이탈리아의 오르비에토, 프랑스의 루르마랭 같은 도시에 대한 감성적 서사가 중심이 된다. 이러한 콘텐츠는 도시에 대한 낭만적 이미지를 강화하고, 감성적 여행의 욕구를 자극한다.

3) 도시를 만드는 콘텐츠 전략: 서사 기반 플랫폼 전략

 이제 도시에 대한 콘텐츠는 기존의 일방향적 홍보를 넘어, 다수의 개인이 동시다발적으로 해석하고 표현하는 집단 서사 네트워크로 진화하고 있다. 유튜브, 숏폼 영상, 브이로그, 인터뷰, 인스타, 웹툰 등 다양한 포맷에서 도시의 골목, 정서, 사람, 구조는 '경험되는 미디어'로 변환된다. 그리고, 도시 스토리에 대한 창작자는 이제 단순한 콘텐츠 생산자가 아니라 도시와 사람을 연결하는 '서사 설계자' 혹은 '서사 중계자'로 변신한다. 한 지역의 카페를 소개한 유튜버, 동네 이야기를 글로 풀어낸 작가, 지역 문화재를 사진으로 기록한 시민 모두가 도시의 정체성 형성과 브랜드 형성의 핵심적 주체로 떠오르고 있다. 특히, 플랫폼이란 기술 그 자체가 아니라 시민 주도의 구조적 공간을 의미한다. 누구나 콘텐츠를 만들 수 있고, 그것이 다른 콘텐츠와 연결되며, 그 안에서 도시의 가치와 상징이 갱신되는 지속 가능한 구조가 필요하다. 이를 위해서는 공공기관의 인식 전환과 함께, 민간의 창의력을 존중하는 정책적 뒷받침이 병행되어야 한다. 도시 콘텐츠 전략은 더 이상 홍보의 수단이 아니다. 그것은 도시와 삶의 방식, 도시민의 정체성을 설계하는 문화적 기반이다. '이야기가 있는 도시', '누구나 발신자인 도시', '공감과 연결이 흐르는 도시'만이 앞으로의 변화 속에서도 사람들의 선택을 받을 수 있다.[43]

 이에 따라, 2026년, 도시 콘텐츠 전략은 결정적인 전환점에 와 있다. 과거의 도시 마케팅이 일방적인 이미지 전달이나 정책 홍보에 머물렀다면, 이제 도시는 스스로 이야기하고, 시민은 그 이야기를 함께 쓰는 참여형 플랫폼으로서 작동해야 한다. 이러한 변화는 단순한 매체의 확장이나 기술의 진보를 넘어서, 도시 그 자체를 '서사 기반 플랫폼'으로 바라보는 새로운 전략적 사고를 요구한다.

'서사 기반 플랫폼 전략'이란 도시에 존재하는 다양한 사람, 공간, 기억, 사건들을 단편적인 정보가 아닌 하나의 연결된 이야기로 조직하고, 그 이야기 위에 시민과 창작자가 함께 참여하는 구조를 만드는 것을 의미한다. 도시는 수많은 콘텐츠의 단순한 집합이 아니다. 따라서, 다양한 콘텐츠들이 서로 상호작용하며 하나의 정체성과 분위기를 형성해 나가는 유기적인 서사 환경이 만들어지도록 생각의 전환이 먼저 이루어져야 한다. 이를 통해, 도시는 살아 있는 이야기의 무대가 되며, 그 무대 위에서 누구나 자신만의 콘텐츠를 생산하고 공유할 수 있는 공간으로 진화할 수 있다. 이 과정에서 가장 중요한 역할을 하는 사람은 바로 시민과 창작자다. 기존의 도시 브랜딩이 전문가나 외부 컨설팅 혹은 광고 에이전시에 의해 기획되던 시대는 지나갔다. 이제는 지역 주민, 로컬 크리에이터, 소상공인, 청년 창작자들이 스스로 도시의 정체성을 정의하고, 그것을 자신의 언어로 표현하며, 그것이 다시 도시의 이야기로 확장되도록 힘써야 한다. 도시 콘텐츠의 주인공은 행정이 아니라, 그 도시에 '사는 사람들'이기 때문이다. 이 전략은 도시의 특정 서사나 스토리텔링을 중심으로 사용자 참여와 콘텐츠 생산을 유도하여 플랫폼의 활성화를 이끌어내는 것이 핵심이다. 따라서 2026년도 대한민국의 각 도시는 이 '서사 기반 플랫폼 전략'을 통해서 다시 부활해 나갈 것이다. 이 도시 전략의 좋은 예로는 인천시의 마인크래프트 게임을 소개할 수 있다. 마인크래프트는 가상 환경과 아바타를 활용하여 다양한 서사 배경을 표현하고, 크리에이터의 페르소나를 변주하여 이야기의 단조로움을 피하고 예측 불가능한 전개를 만들어낸다. 이렇게 게임 세계에서 구현해 낸 서사 기반의 플랫폼 전략은 이제 도시의 재생과 콘텐츠를 통해 도시의 매력을 어필해야 하는 전략에 적용해 볼 수 있다. 마인크래프트는 플레이어들이 자유롭게 건축하고 이를 공유하며, 이를 기반으로 커뮤니티를 형성, 콘텐츠를 창출하는 특징을 잘 보여준다.

인천크래프트: 메타버스 마인크래프트를 활용, 도시 브랜드 마케팅에 적용한 인천시의 플랫폼

2020년 코로나로 오프라인 홍보 정책들이 전면 중단되었을 때, 인천시는 메타버스 마인크래프트를 활용, 도시 브랜드 마케팅에 적용한 플랫폼 '인천크래프트'를 만들어 현재까지 큰 성과를 거두고 있다. 즉, '인천크래프트'는 도시의 서사를 구축하는 플랫폼 전략의 좋은 예로 소개될 수 있다. 메타버스에 인천시를 구축했고, 이를 통해 온라인으로 인천시의 미래를 경험할 수 있

게 하였다. 특히 이는 인천시의 콘텐츠 제작 사업 시행을 목표로 시작되었다는 점에서 큰 의의를 갖는다. 이 플랫폼을 통해 인천의 문화와 역사, 인물 등 도시의 가치를 잘 활용 및 전달했고, MZ 세대들의 관심과 소통을 유도해서 2020년 대한민국 공공 PR대상 이벤트 부문에서 최우수상을 수상하기도 했다. 또한 2021년에는 대한민국 광고대상 (이노베이션 부분)에서 은상을 받았고, 인천시의 메타버스 사업 추진 노하우를 중앙과 지자체 등 총 16개 기관에 전수하기도 했다. 이 같은 전략은 성공적인 정부 정책 시행을 넘어서서, 도시의 미래 모습을 가상공간에서 구현, 게임 콘텐츠 제작은 물론, 도시 홍보와 함께 이 공간의 '지속 가능한 이야기'를 만들어내는 플랫폼으로 자리잡는 데 큰 역할을 했다.

한편, 서사 기반 플랫폼 전략은 기술적 인프라와 제도적 설계를 통해 실현 가능해야 한다는 미션을 동시에 갖고 있다. 예를 들어, 지자체는 지역의 로컬 크리에이터와 협업할 수 있는 개방형 미디어 플랫폼을 구축하고, 로케이션 정보 제공, 저작권 지원, 촬영 인센티브, 미디어 제작 공간 등을 시스템적으로 지원할 수 있어야 한다. 이러한 플랫폼은 단순한 콘텐츠 유통 경로가 아닌, 참여자들이 자신의 이야기를 안전하게 공유하고 성장시킬 수 있는 '디지털 공동체'로 기능해야 한다. 도시가 콘텐츠가 되고, 콘텐츠가 도시를 말하는 시대다. 우리가 경험하는 공간은 디지털 환경 속에서 재현되고, 그 재현은 도시의 인상, 정체성, 나아가 글로벌 브랜딩까지 확장된다. 따라서 2026년의 도시 전략은 단순한 정책적 접근이 아니라, 시민과 창작자가 함께 만들어가는 '서사 기반 플랫폼 전략'이 되어야 한다. 도시는 더 이상 행정 단위가 아니라 콘텐츠 생태계로 자리매김 해야하며, 이 생태계는 기술, 문화, 커뮤니티가 어우러진 지속 가능한 환경 속에서 비로소 성장한다. 콘텐츠가 강한 도시는 곧 정체성이 강한 도시이며, 콘텐츠로 말하는 도시는 글로벌 세계와도 연결될 수 있다. 즉, 지금은 도시도 하나의 '미디어'가 되어야 할 시점이다. 따라서, 2026년의 도시는 더 이상 물리적 경관이나 산업 구조로만 정의되지 않는다. 도시는 이제 '이야기'를 중심으로 작동하는 플랫폼이며, 시민과 창작자가 함께 만들어가는 복합 창작물이므로 도시 콘텐츠 전략은 바로 이 '서사 기반 플랫폼 전략'으로 재편되어야 한다. 또한, 2026년 이후 도시 마케팅 전략은 '콘텐츠화된 도시'를 어떻게 설계하고 운영할 것인가에 대한 고민이 중심이 될 것이다. 이는 크리에이터 중심의 퍼스널 미디어 생태계와 도시 브랜드 전략의 결합이라는 새로운 패러다임을 요구한다. 예를 들어, 순천시는 지역 청년과 콘텐츠 제작자에게 촬영 인센티브를 제공하고, 도시 주요 공간에 대한 로케이션 지도를 제공하는 '순천을 그리는 청년' 프로젝트를 운영 중이다. 이는 도시가 크리에이터와 협업하여 도시의 이야기를 발굴하고, 자연스럽게 도시 브랜드를 형성하는 좋은 사례다. 향후에는 도시마다 로컬 IP 개발, 크리에이터 네트워크 구축, 미디어랩 설치 등 디지털 콘텐츠 중심의 기반 시설로 도시 경쟁력의 핵심을 만들 것이다. 따라서 콘텐츠 제작이 용이한 환경을 조성하기 위해 로케이션 매핑, 촬영 지원, 장비 대여, 로컬 가이드 시스템 등 인프라적 지원이 필요하다. 이는 외부 제작자뿐 아니라 지역 창작자들에게도 도시 콘텐츠를 만드는 중요한 기반이 된다.

궁극적으로 도시 브랜딩은 이제 시각적 디자인이나 슬로건이 아니라 '지속 가능한 이야기 구조'를 설계하는 일로 전환되고 있다. 사람과 사람, 이야기와 이야기, 공간과 공간이 연결되며, 도시 전체가 하나의 미디어로 작동하는 환경, 그것이 바로 서사 기반 플랫폼 도시다. 그 안에서 탄생하는 콘텐츠는 단순한 도시 정보가 아니라 경험이며, 공감이며, 궁극적으로는 도시를 기억하게 만드는 정체성의 언어다. 2026년 이후, 콘텐츠는 도시를 설명하는 방식이 아니라, 도시를 살아있게 만드는 방법이 될 것이다. 도시가 콘텐츠가 되는 시대, 그 중심에는 언제나 이야기와 그 이야기를 함께 쓰는 사람들이 있다. 콘텐츠가 강한 도시는 곧 정체성이 강한 도시이며, 콘텐츠로 말하는 도시는 세계와 연결될 수 있다. 따라서 2026년은 도시도 하나의 '미디어'가 되어야 할 시점이다.[44]

도시는 단순히 공간이 아니라, 이야기의 집합체다. 그리고 그 이야기를 전하는 가장 강력한 도구가 바로 콘텐츠다. 유튜버, 연예인, 작가들이 만들어내는 콘텐츠는 도시를 단순한 목적지가 아니라 경험의 공간으로 재탄생시킨다. 따라서 도시의 콘텐츠 전략은 이러한 변화에 발맞춰 도시가 스스로를 이야기하는 법을 배우는 과정이라 할 수 있다. 이를 통해 우리는 도시를 더 깊이 느끼고, 더 널리 알릴 수 있다. 2026년은 콘텐츠를 통해 도시를 더욱 드러내는 한 해가 될 것이다. 콘텐츠가 강한 도시는 곧 정체성이 강한 도시이며, 콘텐츠로 말하는 도시는 세계와 연결될 수 있다는 것을 명심하자! 지금은 도시도 하나의 '미디어'가 되어야 할 시점이다. 도시가 콘텐츠가 되고, 콘텐츠가 도시를 말하는 시대! 우리가 경험하는 도시의 공간은 디지털 환경 속에서 재현되고, 그 재현은 도시의 인상, 정체성, 나아가 글로벌 브랜딩까지 확장될 것이다.

Key point!

콘텐츠는 도시를 이야기하게 만드는 새로운 언어다. 콘텐츠는 도시의 경제와 이미지, 정체성을 변화시키는 자산도 될 수 있다. 충주맨, 빠니보틀, 곽튜브와 원지, BTS, 박준형 같은 다양한 사람들이 도시 브랜딩의 주요 주체가 될 수 있음을 확인한 바, 이제 크리에이터, 연예인, 작가, 지역 주민 외 다양한 이야기꾼들과 협업한 도시 전략은 경쟁력의 핵심이 될 것이다. 도시는 이제 미디어처럼 설계되어야 하는 브랜드 플랫폼이므로, 2026년에는 정책 중심이 아닌, '서사 중심의 도시 전략'으로 패러다임의 전환이 필요하다. 콘텐츠가 강한 도시는 곧 정체성이 강한 도시이며, 콘텐츠로 말하는 도시는 이제 글로벌 세계와도 연결된다. 이를 통해 도시의 확장성과 지속 가능성을 높일 수 있다.

4부

지역 화폐의 스테이블 코인 도입과 지역 경제 활성화

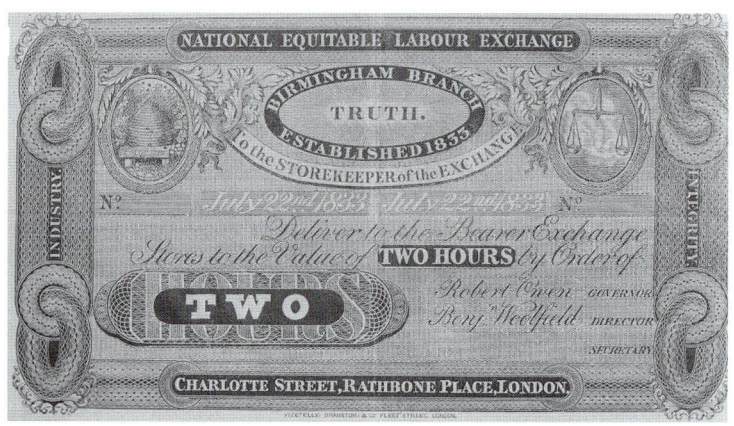

로버트 오웬이 발행한 19세기의 노동증서는 최초의 지역화폐로 알려진다

1) 메가 트렌드: 가상화폐, 지역화폐, 그리고 둘의 결합

역사적으로 법정 화폐의 기능은 경제성장에 있어서 중요한 역할을 담당했다. 특정 상품에 대해 동일한 가치를 부여하는 것은 거래에 있어서 매우 중요한 의미를 갖는다. 법정 화폐가 없으면 또

다른 물건, 예를 들어 돌조각이나 조개나 또는 금덩어리로 교환가치를 선정해야 하는데 그 물건의 가치 역시 바뀔 수 있으므로 안정된 거래가 어렵게 된다. 한 국가 내에서 동일한 법정 화폐를 사용하게 되면 여러 상품사이의 상대적 가치가 법적으로 안정화된다.

그러나 여러 국가에서 다양한 법정 화폐를 사용하게 된다면 그에 따라 거래되는 상품의 가치가 모두 상이할 수 있다는 문제는 여전히 남게 된다. 일물일가의 법칙은 만약 인접한 두 나라에서 판매되는 상품의 가격이 두 나라에서 다르다면 사람들이 이익을 추구하기 위해 저렴한 국가에서 상품을 구입하여 비싼 국가에서 판매하는 재정거래를 할 것이고, 결국 두 나라에서의 가격이 동일하게 조정된다고 설명한다. 물론 이러한 과정 중에는 많은 비용이 발생한다. 환율 변동과 운송비 등이 고려되어야 하고 재정거래 자체에 소요되는 비용도 고려해야 한다.

인접 국가에서의 재정거래의 비용은 기업이나 개인의 경제활동을 비효율적으로 만들기 때문에 투자나 소비를 위축시킬 수 있다. 이러한 문제를 해결하기 위해 아예 국가간 상이한 법정 화폐를 통일하는 활동이 유럽에서 진행되었다 1992년 네덜란드에서 체결된 마스트리히트 조약은 유럽 연합에서 단일 통화로 유로화를 설정했다는 역사적인 의미를 가진다. 이는 유럽 지역이라는 블록 내에서 경제를 활성화하기 위한 중요한 정치적 결정이었고 결과적으로 유럽 국가 사이의 경제적 장벽을 허물어서 경제 성장을 가속화했다. 단일 통화의 선정으로 인한 경제 활성화 추진의 대표적인 예이다. 물론 미국도 순차적으로 형성되고 독립적인 권한을 가진 50개의 주가 존재하지만 정치적으로 통합되고 경제적으로도 단일 통화인 달러화를 사용한다는 점에서 이와 유사하다.

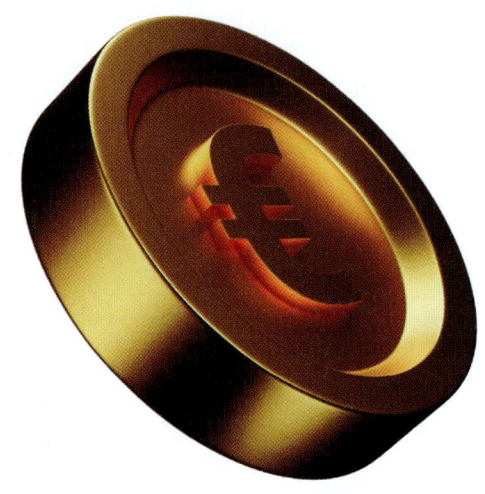

유로화는 유럽의 경제 통합과 번영을 위해 단일 통화로 채택되었다

그러나 19세기 이후 다양한 지역에서 등장한 지역화폐는 이러한 단일 통화 선정의 취지와는 반대의 성격을 가지고 있다. 지역경제를 활성화하기 위해 인접 지역과 단일 통화를 설정하는 것과 반대로 오히려 해당 지역에서만 사용할 수 있는 배타적인 통화를 설정함으로써 해당 지역에서의 소비를 유도하는 취지인 것이다. 이에 대해 다양한 지역에서 시행된 지역화폐의 효과에 대해 성공 사례와 실패 사례들이 보고되고 있는데, 지역화폐의 긍정적인 측면에도 불구하고 경우에 따라 사람들의 무관심을 보이는 이유는 앞에서 설명한 거래의 편의성을 방해한다는 측면이 중요하게 작용하는 듯하다. 지역화폐를 취득할 때에는 지역 정부의 지원을 받아서 할인된 가격이 적용되는 이득이 있지만 이를 사용할 수 있는 곳이 제한되거나 다시 법정 화폐로 바꾸는 것이 불편한 것은 사람들에게 상당한 제약과 비용으로 인식되는 것이다. 즉 지역화폐 사용의 이익보다 사람들이 겪어야 하는 잠재적 불편이 크다고 평가되는 경우 지역화폐의 사용은 제한될 수밖에 없다.

지역화폐의 명과 암은 이처럼 단일화폐 설정의 장단점과 연결되어 있다. 그렇다면 지역화폐의 운영이 지금과는 다른 방향으로 이루어질 수는 없을까? 본 글에서는 최근 수년 사이에 활발히 활용되고 있는 블록체인 기술, 특히 스테이블 코인 기술을 적용한 가상 지역화폐의 성공 가능성에 대해 설명하려 한다. 이는 이미 발행된 지역화폐를 단순히 디지털 화폐로 사용하는 기존의 방식과는 달리, 지역화폐 발행 자체에서 스테이블 코인을 활용하는 것을 의미한다. 이와 관련하여 가상화폐의 사용과 관련된 트렌드에 대해 먼저 설명하기로 한다.

가상화폐와 스테이블 코인

블록체인 기술을 바탕으로 등장한 가상화폐는 화폐의 발행부터 이 화폐를 통한 거래에 이르기까지 일반 사람들이 가상공간에서 주도하기 때문에 통화량의 조절 등 법정 화폐에 대한 중앙정부의 의도적인 통제가 불가능하다. 즉 중앙정부의 통화 정책을 무력화하고 경제적 주권을 민간에게 부여하는 자율성을 중요한 특징으로 갖는다.

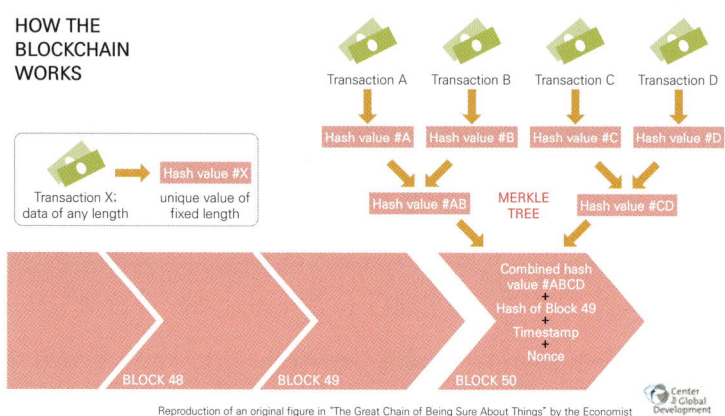

블록체인 기술은 다수에 의한 자율적 거래 승인을 가능하게 한다

그러나 가상화폐 탄생의 이러한 취지와는 반대로 가상화폐 가치의 지나친 변동성이 일반 대중의 손실을 끼치는 일이 빈번하게 일어나자 오히려 정부가 통제하는 제도권으로 끌어와서 가치를 안정화해야 한다는 여론이 형성되고 있다. 실제로 가상화폐에 대한 정부의 규제가 정비되고 가상화폐 거래소가 미국 나스닥에 상장되었을 때에 비트코인의 가격이 급등했다는 사실은 가상화폐가 법정 통화의 성격을 인정받는 것을 사람들이 선호한다는 신호로 받아들여지고 있다.[45]

특히 트럼프 행정부는 가상화폐의 안정성을 강화한 스테이블코인의 사용을 제도권으로 끌어오는 법안인 '지니어스 액트'를

마련하여 본격적으로 가상화폐를 법정통화화 하려 하고 있다. 스테이블 코인은 기존의 비트코인 등 가상화폐가 가진 큰 변동성을 회피하기 위해 코인의 가치를 달러의 가치와 연동시키는 코인이다. 마치 은행이 예금을 받으면 이를 기반으로 다시 대출을 할 수 있듯이 달러화를 사용하여 코인을 발행할 수 있는 기관이 미국 국채를 매입하면 그 가치만큼 스테이블 코인을 발행할 수 있는 권한을 부여하는 것이다.

대표적인 스테이블 코인인 테더의 로고

물론 스테이블 코인 역시 가상화폐이므로 정부의 통화주권이 민간에게 부여되는 자율성을 의미하고 중앙정부의 통제력이 무력화될 수 있다는 위험을 내포한다. 그러나 미국 정부의 입장에서는 달러의 추가 발행에 의존하지 않고도 막대한 재정적자의 부담을 미국 국채의 판매로 해소할 수 있고 코인 발행 기관은 미국 국채 매입을 위해 달러를 사용해야 하기 때문에 달러화의 기축통화 지위가 유지될 수 있다는 장점이 있다.[46] 이러한 이유로 인해 트럼프 행정부는 스테이블 코인을 적극적으로 제도권 안으로 끌어들이려 한다고 볼 수 있다.

지역화폐

지역화폐는 법정 화폐와는 달리 특정 지역에서만 유통되는 화폐로서 해당 지역의 소비를 촉진하여 경제를 활성화하기 위해 발행된다. 이러한 제약을 감수하는 대신 지역화폐를 구매할 때에 일반적으로 할인이 적용되어 금전적 이득을 제공하고 그 비용은 지방자치단체가 부담하게 된다. 지역 경제 활성화를 위한 지출인 것이다.

이 제도는 19세기에 영국에서 처음 시작되었고 독일, 미국, 오스트리아 등에서도 1930년대에 사용되었다가 곧 폐지되었다.[47] 통화정책의 효력을 약화하고 통화질서를 교란한다는 이유였다. 그 이후 1983년 캐나다를 시작으로 다시 도입되는 사례가 발견되고 있다.

지역화폐를 활용하는 방식은 매우 다양하다. 지방세를 납부할 수 있는 크레딧을 발행하면 자연스럽게 해당 지역에서만 사용하도록 유도할 수 있다. 지역 자원봉사 실적에 대한 포인트를 발행하면 지역 소비를 높임과 동시에 지역 활동 참여를 높일 수 있다.

저소득층에게 지급되는 지역화폐는 복지 기능까지 담당하게 된다. 즉 지역화폐는 단순히 경제적인 목표만을 갖는 것이 아니라 지역에서의 사회적 참여를 유도하거나 복지 정책의 일환으로 활용될 수 있다.

지역화폐는 모바일 앱을 통해 유통될 수 있다. 사실 지역의 특정 전통시장에서 사용할 수 있는 종이로 된 지역화폐를 발행하는 경우에는 미사용 금액에 대한 거스름돈의 처리 문제가 발생하기 쉽다. 일상적으로 신용카드를 사용하는 관행을 가진 사람들이 굳이 종이로 된 지역화폐를 사용해야 하는 번거로움을 없애는 좋은 방법은 모바일 앱에 지역화폐를 적립하는 것이다. 즉 지역화폐를 전자화폐로 전환하는 것은 많은 편리함을 갖는다.

그러나 지역화폐는 여러 이유로 인해 사람들의 외면을 받아서 사용이 중단되는 경우도 속출하고 있다.[48] 앞에서 설명했듯이 주된 결제수단이 신용카드인 사람들은 특정 점포에서만 사용할 수 있는 지역화폐를 관리하기 위해 주의를 기울이는 것에 부담을 느낄 수 있다. 거주지의 이전이나 주된 소비 점포의 변화로 인해 기존의 지역화폐 사용이 제한되는 경우 번거로움을 갖게 되고, 법정통화로 환전하는 경우에 수수료가 부과되거나 사용기한이 존재하는 것도 단점으로 부각된다.

이처럼 지역화폐가 사람들의 관심을 잃게 되면 정책을 수행하는 지방자체단체에서는 고민에 빠지게 된다. 지역화폐제도의 유지에는 예산이 투입되는데 여기에는 지역주민이 구입할 때에 지원하는 10% 할인액, 대행 수수료 등 운영비, 그 밖에 화폐 발행이나 플랫폼 운영이나 홍보 등에 소요되는 금액 등이 포함된다. 경기도에서는 2025년에 4조 7천억 원 이상의 지역화폐를 발행했는데 이 경우 소요예산은 수천 억원이 된다.[49] 만약 지역화폐에 대해 주민이 외면하는 경우 이러한 예산 집행의 정당성은 약화되고 만다.

지역 스테이블 코인

지역 스테이블 코인은 앞에서 설명했던 법정 화폐의 가치와 연동되는 스테이블 코인 방식으로 발행하는 지역화폐이다. 스테이블 코인의 발행은 민간이 주도하거나 또는 민관 합동 방식으로 이루어질 수 있는데 지역 스테이블 코인은 민관 합동 모델에 해당된다.[50] 물론 한국의 지역 또는 도시에서 발행되므로 원화 가치에 연동되는 지역 스테이블 코인이 된다.

지역 스테이블 코인은 전통적인 지역화폐가 가진 몇 가지 단점을 보완할 것으로 보인다.[51] [52] 먼저 여러 지방자치단체가 제각기 발행하고 있는 지역화폐를 스테이블 코인으로 발행하여 기존에는 가맹점에만 통용되는 지역화폐의 유통의 한계를 극복하는 것을 추구하고 있다. 기존에는 이미 발행된 지역화폐를 전자화폐화 하여 가맹점 내에서 사용자의 편의를 높이는 것이 시도되었지만 발행 시점부터 스테이블 코인으로 발행하면 사용처의 확산에 도움이 될 것으로 기대된다.

또한 지역 스테이블 코인은 지역화폐 예치금 이자수익에 대한 여러 비판을 적어도 일부 완화할 수도 있다. 예를 들어 기존의 지역화폐는 지역 주민이 일정 금액의 예치금을 충전하면 지방자치단체의 지원금이 합산된 계정이 생성되지만 예치금은 민간 운영사의 계좌로 입금되어 운영사가 이자 수입을 취득하게 된다. 만약 4조 7천억의 지역화폐가 발행된다면 그 이자 수익은 민간 운영사가 가져가게 되는 것이다. 이에 반해 지역 스테이블 코인이 발행되면 지방정부가 직접 관리할 수 있다.

또한 소상공인은 전통적인 지역화폐의 경우 결제 후 바로 현금화할 수 없고 일정 기간이 지나야 정산할 수 있는데 이러한 정산 지연 기간의 이자 문제도 비판의 대상이 된다. 만약 스테이블 코인이 도입된다면 바로 정산이 될 수 있기 때문에 이러한 비판도 완화될 수 있다.

또한 유효기간이 지난 예치금의 처리에 대한 문제 역시 사라지게 된다. 원칙적으로 유효기간이 지난, 즉 소멸된 충전금은 지역자치단체에 귀속되어야 하는데 그 정산 과정이 투명하지 않는 경우가 있다는 비판이 존재한다.[53] 지역화폐를 유효기간이 존재하지 않는 스테이블 코인으로 발행하면 이 문제가 근본적으로 해결된다.

2) 지역화폐 사례

킴가우어 지역화폐

지역화폐의 활용이 지역 또는 도시의 경제활성화에 도움이 되었는가에 대해서 여러 엇갈린 평가가 존재한다. 먼저 가장 성공적으로 운영되고 있다고 평가되는 지역화폐를 소개하자면 독일

바이에른 지역의 킴가우어의 지역화폐를 들 수 있다.[54] 2003년에 발행되었던 이 지역화폐는 발행금액의 3%를 본인이 기부하고 싶은 곳에 기부하게 된다. 가맹점이 지역화폐를 법정통화인 유로화로 전환할 때에는 금액의 5%를 잃게 되고 그 중 3%는 기부단체에, 2%는 킴가우어의 운영비로 사용된다. 또한 킴가우어 지역화폐는 발행일로부터 5개월마다 3%씩 화폐 가치가 하락하기 때문에 기한 내에 소비하는 것을 유도한다. 환경보호운동과도 연계되는데 10kg의 이산화탄소를 줄이는 활동은 1 유로화에 상당하는 1 킴가우어 지역화폐로 보상이 된다. 주로 태양광패널, 단열재, 친환경용품 구입 활동이 이에 해당된다.

 이 지역화폐의 특징으로서 소비를 촉진하는 마이너스 이자 시스템과 지역 주민의 유대감을 강조하는 기부제도를 들 수 있을 것이다. 그러나 사실 이러한 제도적 장치가 다른 지역에도 통용되는 것인가에 대해서는 검증이 필요하다. 예를 들어 한국에도 유사한 지역화폐가 다수 지역에서 운영되고 있지만 그 사용을 유도하기 위해 지역자치단체에서 10% 정도 할인해 주는 금액을 예산으로 보전하는 것은 낭비이고 사용처를 늘리기 위해 학원까지 업종을 확대하는 것은 지역화폐로 사교육을 지원하는 양상으로 보일 수도 있다는 비판도 존재한다.[55] 즉 사용자 기반을 확대하는 과제와 소상공인을 지원하는 과제를 동시에 추구하는 것이 얼마나 어려운 것인가를 보여주는 것이다. 킴가우어 지역화폐는 지방자치단체의 지원이 거의 작용하지 않고 자원봉사를 기반으로 운영된다.

킴가우어 지역화폐는 가장 모범적이라고 평가된다

인천e음

　인천e음은 인천시가 개발하여 성공적으로 운영되는 것으로 평가되는 국내 지역화폐이다.[56] 2018년에 '인처너카드'로 시작되었다가 2019년에 이 이름을 사용하여 첫 해에 누적결제액 1조 5천억 원, 가입자 92만여 명을 기록했고 여러 국내 지역화폐 중에서 가장 성공적인 지역화폐로 꼽혔다. 주요 성공 요인으로는 소상공인에게 적용되는 낮은 카드 수수료, 사용자에게 10%까지 적용되는 캐시백, 체크카드나 NFC 결제 등 편리한 결제 방식, 그리고 폭넓은 가맹점을 들 수 있다.

그러나 이 지역화폐 역시 기본적으로는 캐시백의 원천을 세금에 의존하고 있기 때문에 사용자가 증가할수록 예산부담이 가중된다는 단점이 지적되었다.[57] 그리고 사용 한도가 높은 상태에서 금을 매입하여 투기성 소비를 하는 것이 가능하다는 우려가 제기되면서 정부 예산으로 투기성 소비를 할 수 있다는 지적과 이에 대한 반론 역시 이어졌다.[58] 지역화폐의 지속 가능성이 불확실하다고 비판하는 주장에 대해 중앙정부의 예산지원이 충분하기 때문에 문제가 없다고 반론을 펴기도 하지만 이 역시 지방자치단체의 예산을 국세로 치환하는 것에 불과하다는 지적을 피하기 힘들다.

3) 지역 스테이블 화폐와 경제 활성화의 미래

이 글에서는 활발히 논의가 진행되고 있는 지역화폐의 장단점을 살펴보면서 가상화폐, 특히 스테이블 코인을 지역화폐 발행 시스템으로 도입했을 때에 얻을 수 있는 이득에 대해 예측해 보았다. 사실 전통적인 지역화폐가 가져오는 불편과 문제점은 제도 자체에 있다고 하기 보다는 정치적 또는 금전적 이득을 둘러싼 운영상의 문제라고 볼 수 있다. 아무리 좋은 취지로 시작한다 하더라도 특정 집단에게 이득이 집중되는 경우 많은 사람들의 공감과 동의를 받기 힘든 것은 당연하다. 모범적으로 운영되고 있다고 평가되는 독일의 킴가우어 지역화폐의 경우에도 최소 규모의 운영 인력이 이득을 바라지 않고 거의 자원봉사로 일한다는 사실이 바로 이 제도의 성공을 암시한다고 할 수 있다.

그러한 측면에서 부당한 이득의 집중을 막기 위한 시스템은 매우 중요하고 스테이블 코인 시스템이 그 가능성을 내포하고 있다는 것은 고무적이라고 할 수 있다. 앞에서 설명한대로 지방자치단체가 보유한 예치금으로 코인이 발행된다면 예산 문제가 완화될 수 있고, 정산 지연에 따르는 가맹점의 불편이 해소될 수 있으며, 가맹점 제한으로 인해 사용자가 제한되는 경우 다른 지방자체단체의 스테이블 코인과 손쉽게 연계하는 것도 기술적으로 가능할 것으로 예상된다. 즉 블록체인 기술을 도입함으로써 지역화폐 운영의 투명성이 획기적으로 증진될 수 있는 것이다. 물론 이러한 시스템이 갖추어진다 하더라도 세부적인 운영 과정에서 또 다시 제도의 맹점이 드러날 가능성은 존재할 수 있다. 그러나 적어도 지역화폐가 지역과 도시의 경제 활성화에 도움이 될 수 있다는 이론적 근거를 가질 수 있다면 정책을 집행하는 행정가와 이를 지켜보는 시민이 연대하여 가장 좋은 방법을 찾을 것으로 기대한다.

Key point!

　전통적인 지역화폐 제도는 지역 경제를 활성화한다는 긍정적 효과에도 불구하고 정책 집행의 비용과 이권의 편재 등 여러 문제점을 드러내었다. 최근 가상화폐, 특히 스테이블 코인이 대중화되면서 지역화폐를 스테이블 코인으로 발행하는 대안에 대한 검토의 필요성이 부각되었다. 새로 집행하는 제도에 대한 불확실성을 인정하면서도 장점을 극대화하는 시도가 필요하다고 본다.

CHAPTER 3

인구구조 변화:
연대와 균형의 도시

1부

모두를 위한 도시의 조건: Age-friendly City

1) 메가트렌드: 고령화

빨라지는 지구의 고령화

"75세 이상 국민에게 국가가 죽음을 권하다."

2024년 개봉한 영화 『플랜75』의 포스터 문구다. 뭔가 섬뜩하기까지 한 이 문구는 초고령 사회에 진입한 가까운 미래의 일본을 상상하며 우리 사회가 외면해온 현실을 정면으로 보여준다. 이 영화에서 정부는 청년층의 부담을 줄이기 위해 75세 이상 국민의 안락사를 적극적으로 지원한다.[59] 현대판 고려장과 같은 극단적이고 불편한 설정이지만, 이 영화는 우리에게 고령화 문제가 더 이상 다른 사람의 이야기가 아니라고 말한다. 어쩌면 그동안 외면하고 싶었던 현실을 이제 마주해야 할 시점이다.

지금 이 순간에도 나이 들어가고 있는 세계

    지금 이 순간에도 전 세계는 나이 들어가고 있다. 과거에는 주로 선진국 중심의 현상이었지만 이제는 개발도상국도 고령화의 흐름에 들어섰다. 특히 개발도상국의 고령화 속도는 선진국보다 빠르게 진행되면서 2050년이 되면 아시아 개발도상국의 60세 이상 인구는 12억 명을 돌파하고, 이는 전체 인구의 4분의 1을 차지할 전망이다.[60] 이러한 변화는 고령화가 특정 국가나 지역에 국한된 것이 아니라 전 지구적인 도전 과제가 되었음을 의미한다.

    그 가운데에서도 우리가 살고 있는 대한민국의 시간은 더 빠르게 흘러가고 있다. 65세 이상 인구 비율이 7%(고령화사회)에서 14%(고령사회)로 증가하는 데 걸린 시간이 불과 18년이었으며, 다시 14%에서 20%(초고령사회)로 증가하는 데는 7년밖에 걸리지 않았다. 이는 OECD 국가 중 가장 빠른 속도이며 2067년에는 우리나라의 65세 이상 인구 비중이 46.5%에 이를 것이라는 전망도 있다.[61] 인구의 절반이 노인인 나라, 아직은 잘 상상이 가지 않는다.

왜 이렇게 빠르게 늙어가는 것일까?

한국은 1955년부터 1974년까지 약 20년에 걸친 긴 베이비붐 시기를 겪었다. 한국전쟁 이후 경제성장이 지속되면서 주변 국가에 비해 출산율이 높게 유지되었고, 당시 정부의 출산 장려 정책과 남아 선호 사상과 같은 전통적 가치관도 출산율 증가에 기여했다. 이 시기 한국은 급격한 산업화, 도시화와 함께 경제 호황을 누리면서 1차 베이비부머(1955~1963년생)에서 2차 베이비부머 (1964~1974년생)로 장기간 이어지는 베이비붐 기간을 갖게 되었다. 그리고 세계 최저 수준의 출산율과 의료 기술 발전으로 인한 기대 수명 증가 역시 급격한 고령화의 주요 원인으로 손꼽히고 있다.

2015년 이후 고령 인구의 증가는 베이비부머들의 은퇴 시기와 맞물린다. 약 705만 명인 1차 베이비부머에 이어 954만 명에 이르는 2차 베이비부머들이 고령 인구에 진입하고 있으며, 2025년 현재 51~70세로 전체 인구의 31.7%를 차지하는 거대한 집단이 되었다. 베이비부머의 대규모 은퇴로 인해 '인구 쓰나미'라는 표현이 등장할 정도로 사회경제적 파장이 크게 나타나고 있는 실정이다. 전문가들은 1차 베이비부머 세대의 은퇴로 매년 0.33%의 경제성장률이 감소했고, 2차 베이비부머의 은퇴로 인해 2024년부터 2034년까지 연간 경제성장률이 매년 0.38% 하락할 것으로 추정하고 있다.[62]

인구지진과 마켓쇼크

영국 작가 폴 월리스(Paul Wallace)는 그의 책 『인구지진(Agequake)』에서 인구 감소와 고령사회가 가져오는 파장은 자연현상인 지진보다 훨씬 파괴력이 클 것이라고 주장했다. 베이비붐 세대가 은퇴하는 시기에 세계 경제가 받는 충격은 '리히터 규모 9.0'에 달하는 인구지진이라는 것이다. 경제활동 인구가 줄어들면서 생산성이 저하되고, 이에 따라 경제 성장률이 둔화될 가능성이 높다. 이렇게 노동시장이 축소되면 저축률 감소와 자본 축적의 어려움이 발생하여 국가 경제의 지속 가능성에도 악영향을 미칠 수 있다. 또한 정부의 재정 부담이 커지면서 연금, 의료비 지출이 급증하고, 특히 가계 자산이 부동산에 집중되어 있는 한국은 주택 시장의 변동성이 고령 세대의 경제적 안정성에 직접적인 영향을 미칠 수 있다.

또 다른 미래 예측서인 토드 부크홀츠(Todd G. Buchholz)의 『마켓 쇼크(Market Shock)』에서는 고령화 사회의 일상적인 가족 풍경이 묘사된다.

> 2021년 추수감사절, 42세의 베키는 72세의 부모와 10대 자녀들과 함께 저녁식사를 즐긴다. 자녀들은 생활 전반을 베키에게 의존하고 있으며, 95세의 조부모는 건강이 악화되어 침대에 누워 있고, 이를 위해 간호사를 고용한 상태다. 식사 도중 베키는 조부모, 부모, 자녀에게 들어가는 이 모든 비용을 자신과 남편이 감당하고 있다는 사실을 새삼 깨닫게 된다.[63]

1999년에 상상했던 미래의 모습은 2025년 지금 현실이 되었다. 젊은 세대가 고령 세대를 부양해야 하는 부담이 커지면서 세대 간 갈등이 심화되고 있으며 연금과 복지 시스템에 대한 논란이 증가되고 있다. 경제적 책임이 집중되는 40-50대 중년층은 '낀 세대'가 아닌, 자신조차 돌보기 어려운 '깨지는 세대'가 되어 버릴지도 모른다.

　한편, 평균 수명이 증가하면서 건강한 노인이 몸이 불편한 노인을 보살피는 '노노(老老) 케어'라는 새로운 현상도 나타나고 있다. 이는 고령자 내에서도 돌봄의 계층화가 발생하고 있음을 의미한다. 이와 함께 고령 인구가 증가할수록 사회의 보수적인 성향이 강화되고 변화에 대한 저항이 커지며, 사회 전반의 활력과 역동성이 저하될 수 있다는 우려도 제기된다.

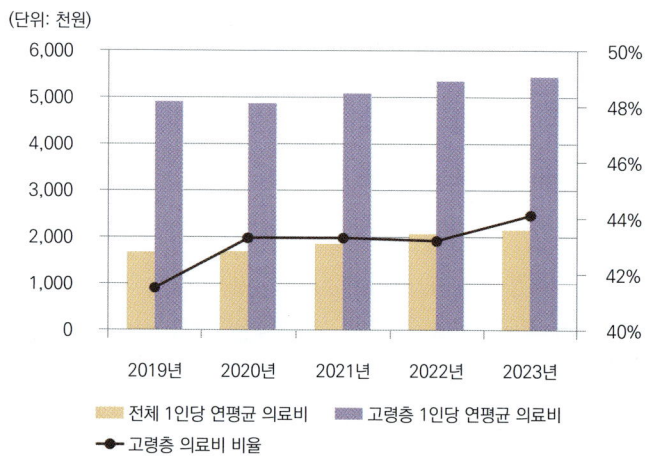

연도별 의료비 현황

그러나 이런 구조적 변화에도 불구하고, 한국 사회 전반에서는 여전히 고령화를 실감하지 못하는 경우가 많다. 특히 젊은 인구가 집중된 수도권 대도시에서는 고령화의 영향이 상대적으로 덜 드러나기 때문에 이 문제를 '아직 먼 이야기'로 여기는 경향이 있다. 하지만 수도권을 조금만 벗어나도 고령화는 더 이상 미래의 이야기가 아니라 이미 일상 속에서 마주하고 있는 현실이라는 사실을 실감하게 된다.

그렇다면 고령화는 오직 부정적인 것일까?

고령화는 피할 수 없는 글로벌 메가트렌드이지만, 이를 부정적인 변화로만 볼 필요는 없다. 의료 기술의 발전, 자동화 기술의 확산, 고령자의 건강 수준 향상 등은 오히려 새로운 가능성을 열 수 있다. 특히, '나이듦'에 대한 인식이 변화하면서 부정적인 측면이 강한 '노령'이라는 개념에서 벗어나, 건강하고 활동적인 노년을 의미하는 '장생' 시대가 도래하고 있다는 점에 주목할 필요가 있다. 길을 걷다 보면 나이를 가늠하기 어려울 만큼 건강하고 활력 넘치는 어르신들이 많다. 65세라는 하나의 기준으로 노인을 분류하는 것이 맞는가 하는 의문이 든다. 이제 이러한 변화를 성공적으로 관리하기 위해서는 정부, 기업, 그리고 개인이 협력하여 장기적인 전략을 마련해야 하는 시점이다. 연금 개혁, 의료 시스템 개선, 생산성 향상, 평생교육 확대 등 종합적인 대응책을 마련함으로써 고령화 사회가 가져올 도전에 효과적으로 대응할 수 있을 것이다.

궁극적으로 고령화는 우리 사회가 더욱 성숙하고 지속 가능한 방향으로 나아가기 위한 전환점이 될 수 있다. 중요한 것은 변화를 적극적으로 받아들이고 이를 통해 새로운 기회를 창출하는 것이다. 그렇다면 우리가 살고 있는 지역과 도시는 이러한 변화의 흐름 속에서 어떻게 대응하고 있으며, 앞으로 어떤 방향으로 나아가야 할지 함께 살펴보자.

2) 고령화와 도시

고령친화도시 국제네트워크

앞서 살펴보았듯이, 고령화는 더 이상 개인의 문제가 아니다. 이제 도시는 나이 들어가는 주민들과 함께 '어떻게 나이 들어야 하는가'를 고민해야 하는 존재가 되었다. 그 흐름의 중심에 있는 것이 바로 '고령친화도시(Age-friendly City)' 개념이다.

2000년대 중반부터 세계보건기구(WHO)는 이러한 문제의식을 바탕으로 '고령친화도시 국제네트워크(GNAFCC: Global Network of Age-Friendly Cities and Communities)'를 구축했다. 이 네트워크에 참여한 도시들은 전 세대가 함께 살아가기 위한 도시의 구조와 문화를 고민하고 있다. WHO는 고령친화도시를 구성하는 8개의 핵심 영역을 제시했는데, 외부 환경과 시설, 교통, 주거, 사회참여, 존중과 사회통합, 시민참여와 고용, 정보 제공과 소통, 지역사회 지원과 건강서비스 등이다. 얼핏 보면 너무 포괄적이고 이상적으로 보일 수도 있지만 이 영역들은 실제로 도시의 모든 일상과 연결되어 있다.

최근 GNAFCC는 빠르게 확장되어 2025년 6월 기준, 전 세계 60개국의 약 1,705개 도시 및 지역 커뮤니티가 가입되어 있다. 우리나라에서도 55개 지방자치단체가 이 글로벌 흐름에 동참하고 있으며, 2024년 9월에는 서울특별시가 고령친화도시 우수도시로 선정되어 주목받기도 했다. 이처럼 고령친화도시는 도시가 '노화를 어떻게 다루고 있는가'를 보여주는 중요한 지표가 되고 있다. 다시 말해, 도시의 품격은 이제 도시의 젊음이 아니라 도시의 포용력에서 드러나는 시대다.

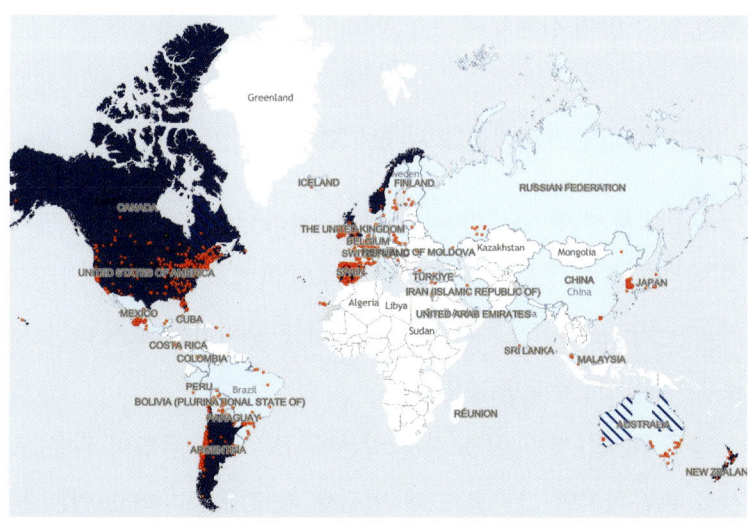

고령친화도시 국제네트워크 가입 도시

고령친화도시를 설계하는 과정은 그 자체로 도시의 혁신이다. 이러한 혁신에는 도시계획, 디자인, 교통, 경제, 공동체 등 모든 분야를 연결하는 통합적인 전략이 필요하다. 어떤 도시는 교통약자를 위한 저상버스를 확대하고, 어떤 도시는 주거지 가까이에 의료시설과 커뮤니티 공간을 배치한다. 어떤 곳은 공원에 벤치를 더 놓고, 동네 도서관에서 시니어 클래스를 운영하기 시작한다.

고령화는 우리 사회가 얼마나 유연하고 포용력 있게 진화할 수 있는지를 시험하는 문제이기도 하다. 중요한 것은 변화를 적극적으로 받아들이고, 이를 통해 새로운 기회를 창출하는 것이다. 그렇다면 우리가 살고 있는 지역과 도시는 이러한 변화의 흐름 속에서 어떻게 대응하고 있으며, 앞으로 어떤 방향으로 나아가야 할지 함께 살펴보자.

일본 후쿠오카시: 100세 시대의 지속 가능한 도시

부산에서 비행기로 한 시간 남짓, 거리상으로는 220km 떨어진 일본의 대도시 후쿠오카. 우리에게는 라멘과 포장마차 거리로 익숙한 이 도시가 요즘은 '100세 시대를 준비하는 도시'라는 새로운 수식어로 주목받고 있다.

인구 163만 명의 이 도시는 일본에서도 인구 유입이 많은 도시로 손꼽히지만 그만큼 고령 인구도 빠르게 증가하고 있는 문제에 직면해 있다. 청소년 인구는 줄어들고 노동가능인구로 여겨지는 15-65세 인구는 정체되면서, 2040년에는 고령 인구가 전체 인구의 30%를 넘을 것으로 예상되고 있다.

이에 후쿠오카시는 2017년 '후쿠오카 100 프로젝트(Fukuoka 100 Project)'를 출범시켰다. 이름 그대로, 100세 시대를 살아가는 시민들이 만족스럽고 건강한 삶을 누릴 수 있도록 도시 구조를 재정비하겠다는 포괄적 이니셔티브이다. 이 프로젝트는 단기간 성과에 집중하기보다는 도시의 체질 자체를 바꾸겠다는 장기적 비전을 담고 있었다. 시는 무려 100개의 과제를 설정하고 이를 2025년까지 달성한다는 목표를 세웠다. 놀랍게도 이 계획은 예정보다 3년 빠르게 완료되어 국내외 도시계획 전문가들의 주목을 받았다.

후쿠오카 치매친화 디자인 가이드북

후쿠오카시의 고령화 정책에서 눈에 띄는 부분은 사회 전반에서 노약자에 대한 이해를 높이고, 실생활에 도움이 될 수 있는 정보를 제공하기 위한 정책적 방향이다. 치매 환자가 익숙한 동네에서 안심하고 생활할 수 있는 지역사회를 만들기 위한 치매 친화적 도시 프로젝트에서는 지역주민을 대상으로 치매 환자와 소통하고 돌보는 방법을 알려주는 다양한 강좌를 개최하고, 쾌적한 생활환경을 제공하는 시설 설계 가이드를 제공한다.

특히 치매 친화적인 도시 환경을 조성하기 위해 '휴머니튜드(Humanitude)'라는 돌봄 철학을 도입한 점은 매우 인상적이다. 프랑스에서 개발된 이 기법은 치매 환자가 '소중히 여겨진다'는 것을 이해할 수 있도록 그들과 대화하고 소통하는 방법을 구체적으로 제시한다. 그리고 이 기법을 통해 돌봄을 받은 치매 환자들은 공격적 행동이 감소하는 긍정적인 효과를 보였다. 후쿠오카 내 학교, 노인 관련 시설 등에서 약 2만 명이 해당 교육을 받으며 치매에 대한 이해를 확장해 나가고 있으며,[64] 복지국 내에 치매 전문 부서로 '휴머니튜드 추진부'를 설치하고 관련 정책을 추진하고 있다.

또한, 후쿠오카 시내에 있는 시민복지플라자에는 장애인과 노인 등 사회적 약자는 물론이고 복지에 대한 시민들의 이해를 돕기 위한 공간이 마련되어 있다. 마치 복지 박람회에 온 듯한 착각이 들 정도인 이 곳은, 장애인이나 노인을 돌보기 위해 필요한 기능성 침대부터 용도별, 무게별 다양한 휠체어까지 복지 관련 용구만 1,500여 점이 전시되어 있어 사용자의 편의에 따라 선택할 수 있도록 도와주고 있다. 그리고 노인과 장애인을 위한 모델하우스가 설치되어 있어 집안 내부에서 안전한 이동을 돕는 안전바나 휠체어 사용자에 맞춘 싱크대 등을 직접 체험해 볼 수 있다.[65]

노년층 이동권 보장을 위해 곳곳에 벤치를 설치한 후쿠오카

후쿠오카시는 누구나 차별 없이 도시 공간을 누릴 수 있도록 유니버셜 디자인을 도시 계획 전반에 적용하였다. 장애, 연령, 성별, 인종과 상관없이 모든 시민이 안전하고 편리하게 이용할 수 있도록 설계된 이 시스템은 물리적 개선을 넘어, 도시의 사고방식 자체를 바꾸는 과정으로 볼 수 있다.

이를 위해 후쿠오카시는 배리어프리(barrier-free) 도시 개발 과정에서 하드웨어와 소프트웨어를 동시에 고려하는 방식을 사용하였다. 하드웨어 측면에서는 새로운 건물을 건설하거나 리모델링할 때 화장실 입구 계단을 없애고 경사로로 전환하는 등의 시설물 개선을 진행하였으며, 시내 곳곳에 벤치를 설치하여 고령자들의 이동 편의성을 높이는 작업 등이 진행되었다. 2022년 한 해에만 350개 이상의 벤치가 추가로 설치되어 고령자들이 '밖으로 나올 수 있는 도시'를 만들어가는 중요한 장치가 되었다.

소프트웨어 측면에서는 시민의 인식을 바꾸고 사회적 장벽을 허무는 데 중점을 두었다. 후쿠오카시는 『The Barrier-Free Mind』라는 이름의 잡지를 발간해 노인과 장애인이 겪는 이동의 어려움, 일상의 불편함, 그리고 우리가 일상에서 놓치기 쉬운 불평등을 쉽게 풀어 설명했다. 이 잡지는 시민들이 고령자나 장애인과 마주했을 때 어떻게 다가가고 도움을 줄 수 있을지를 구체적으로 안내함으로써, '배려받는 도시'가 아닌 '함께 살아가는 도시'로 나아가기 위한 발판이 되고 있다.[66]

일본 최대의 IT기업 소프트뱅크의 고향인 후쿠오카시는 '스타트업 비자'가 따로 인정될 만큼 일본의 대표적인 스타트업 육성 도시로 자리매김하고 있다. 시는 이러한 강점을 살려 고령화 사회에 대한 선진적인 접근법을 모색하고 있다. ICT, 빅데이터, AI 등 신기술을 보유한 스타트업 기업과 협업을 추진하고 있으며 민간, 정부, 산업계, 학계가 협력하는 컨소시엄 '후쿠오카 오렌지 파트너스' 등을 결성하여 다양한 정책을 전개해 왔다. 이 과정에서 기업들은 고령층을 단순한 복지 수혜자가 아닌, '새로운 시장의 고객'으로 인식하도록 유도되었다. '치매 환자도 소비자 중 한 명'이라는 점, 이러한 시각 전환이 결국 고령화 사회에서 지속 가능한 성장을 위한 첫 걸음임을 후쿠오카시는 보다 빠르게 깨달은 것이다.[67]

이처럼 후쿠오카시의 고령화 정책은 시민 모두가 초고령화에 대한 높은 이해를 갖추고 100세 시대의 지속 가능한 도시로 자리매김하기 위해 함께 고민하는 시스템을 갖추는 데 초점이 맞춰져 있다. 그리고 적극적인 행정 추진을 통해 짧은 시간 안에 초고령화 도시 기반을 마련하는 데 성공하였다. 이러한 노력을 통해 후쿠오카시는 일본 내 살기 좋은 도시로 손꼽히면서, 세계적으로도 고령화 사회에 대응하는 선도적인 도시 모델로 자리잡을 수 있었을 것이다. 50년, 100년 뒤 후쿠오카시의 모습이 더 기대되는 것도 그러한 이유일 것이다.

청양군: 살던 곳에서 건강하고 안전한 노후를

칠갑산과 청양고추로 유명한 충청남도의 청양군은 인구 감소와 초고령 사회라는 현실 속에 '행복 100세, 고령친화도시 조성의 해'를 선포하며 고령친화도시로 거듭나고 있다. 청양군은 고령 인구가 전체 인구의 39%를 차지하는 대표적인 초고령 지역이다. 이는 단순한 숫자를 넘어서 지역 전체에 사회적, 경제적 영향을 미치는 중요한 문제이다. 이에 청양군은 어르신들이 '살던 곳에서 건강하고 안전한 노후를 지낼 수 있는' 지역을 만드는 것을 목표로 노년층을 위한 다양한 맞춤형 정책을 계획하고 있다.

그 중 가장 눈에 뜨는 것은 전국 최초로 청양군에서 도입한 '고령자복지주택'이다. 보건복지부와 국토교통부의 공모사업을 통해 추진된 이 주택은 단순한 거주 공간을 넘어, 의료와 돌봄 서비스를 연계한 신개념 주거 모델을 표방한다. 2023년 9월 완공된 이 복지주택은 단순히 집 한 채를 제공하는 것이 아니라, 노후에도 건강하고 독립적인 삶을 영위할 수 있도록 돕는 '융복합 시설'이라는 점에서 의미가 크다. 만 65세 이상 어르신들은 이곳에서 거주하며 건강 관리와 생활 지원을 원스톱으로 받을 수 있는데, 노약자들에게 실질적 도움을 줄 수 있는 다양한 프로그램이 운영된다. 특히 퇴원환자나 주거 취약자들이 집으로 돌아가기 전 식사, 재활과 같은 돌봄 서비스를 받을 수 있는 셰어하우스는 고령화 시대에 꼭 필요한 주거 모델로 인정받고 있다.

고령친화도시 조성을 위한 체계를 마련하는 청양군

청양군의 고령친화정책에서 또 하나 빼놓을 수 없는 것은 '청양군보건의료원'의 변화다. 6년 동안 집중적인 투자와 노력 끝에 청양군 보건의료원은 이제 군민들에게 없어서는 안 될 존재가 되었다. 특히 2020년 개소한 건강검진센터는 일반 건강검진뿐만 아니라 국가 5대 암 검진, 폐 CT 검사, 무료 종합 혈액검진 등 차별화된 서비스를 제공하며, '건강검진 불모지'라는 오명을 씻어냈다. 해당 센터를 이용한 군민들은 해마다 꾸준히 증가하고 있으며, 이 과정에서 조기 정밀 진단과 치료로 연계된 사례가 증가하고 있다. 이러한 시스템은 청양군이 '건강한 고령화'를 이루는 데 중요한 역할을 하고 있다.

이러한 정책적 성과는 어느 날 갑자기 만들어진 것이 아니다. 청양군은 이미 2019년부터 보건복지부의 '지역사회 통합돌봄' 선도사업에 참여해왔다. 핵심은 '시설이 아닌 지역 안에서 돌보자'는 것이다. 낯선 요양 시설이 아닌, 익숙한 마을과 이웃, 생활 반경 안에서 돌봄을 가능하게 하는 구조를 설계하여 지역 중심의 맞춤형 돌봄 체계를 구축해 나가고 있다. 고령자를 위한 정책이지만, 동시에 가족, 이웃, 지역 전체의 삶의 질을 높이는 접근이기도 하다.

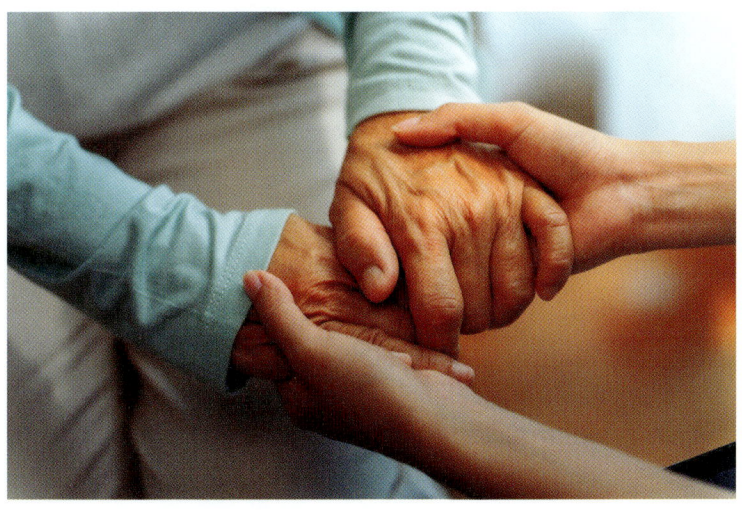

'잘 준비하고 함께 살아가자'는 관점의 고령사회 대응

특히 주목할 만한 점은 청양군이 고령화를 '극복'의 대상으로 보지 않았다는 점이다. '피할 수 없는 변화라면, 잘 준비하고 함께 살아가자'는 관점으로 접근한 것이다. 이런 방향성은 고령층뿐 아니라, 그 주변의 가족과 지역사회 구성원 모두의 심리적 안정과 만족감으로 이어졌다. 노인을 위한 정책이면서도 동시에 '관계 인구'의 삶을 풍요롭게 만드는 전략이었던 셈이다.

2024년 1월, 청양군은 세계보건기구로부터 '고령친화도시' 인증을 받았으며, WHO가 제시한 8대 영역에 맞춘 사업들을 추진하며 전 세대를 아우르는 '청양형 돌봄 체계' 구축에 나섰다. 지금의 청년들도 언젠가는 고령 인구가 될 것이고, 지속 가능한 사회를 위해서는 지금부터 체계적인 준비가 필요하다. 작지만 강한 청양, 그리고 나이 들어도 걱정 없는 청양으로 대한민국 고령친화도시의 새로운 기준을 만들어가고 있다.

3) Age-friendly City 추진 전략

초고령화는 이제 도시가 직면한 가장 보편적이고 구조적인 과제 중 하나이며, 지금 우리가 어떤 선택을 하느냐에 따라 도시의 미래와 사회의 질이 달라질 수 있다. 특히 도시가 주도하는 고령친화 정책은 단순한 복지정책을 넘어서 모든 세대가 함께 건강하게 공존할 수 있는 구조로 나아가는 관문이 되어야 한다.

이러한 정책의 시작점은 노년층을 수동적으로 돌봐야 할 존재가 아니라 각자의 방식으로 삶을 계속 살아가는 주체로 존중하는 데 있다. 동시에, 노인 문제를 노인만의 문제가 아닌 세대 전체의 문제로 접근해야 한다. 가족, 지역사회, 기업, 청년층 모두가 고령화의 영향을 받는다는 점에서 노인 친화정책은 곧 '모두를 위한 정책'이 된다.

예를 들어, 노년을 직접 경험하지 못한 젊은 세대에게 치매나 노쇠와 같은 개념을 친숙하게 설명하고 공감할 수 있는 언어와 경험을 제공하는 활동은 필수적이다. 이는 교육이나 캠페인을 넘어 세대 간 이해를 증진하고 돌봄에 대한 사회적 인식을 전환시키는 계기가 될 수 있다. 지역에서 함께하는 연극 워크숍, 세대 통합형 마을 커뮤니티 프로그램, 시니어와 청년의 동반 여행 프로젝트 같은 활동이 그 사례가 될 수 있다.

그리고 이러한 이해 속에서 기업들은 완전히 새로운 시장을 발견할 기회를 얻을 수 있다. 예를 들어, 일본 후쿠오카의 산-관-학-민 연계 프로그램인 '후쿠오카 오렌지 파트너스'에서는 기업들이 고령층을 위한 혁신적인 상품과 서비스를 개발했다. 가스

기구 회사 린나이(Rinnai)는 조작이 쉽고 음성 가이드를 탑재하여 치매 환자와 가족이 사용할 수 있는 빌트인 쿡탑 'SAFULL+'을 출시했으며, 원예용품 회사 웰조(Welzo)는 끈을 묶지 않고도 착용할 수 있는 앞치마를 개발했다. 이러한 사례는 고령층 친화적인 상품과 서비스가 사회적 가치 창출을 넘어 지속적으로 성장하는 시장을 창출할 수 있음을 보여준다.

모든 세대가 행복한 도시

앞으로 고령화에 관련된 도시 정책은 지역사회 통합돌봄(community care) 관점에서 노인, 장애인 등이 기존 생활 반경 안에서 안전하게 생활할 수 있는 여건을 조성하는 방향으로 확장될 것으로 보인다. 이를 위해 고령친화도시 계획은 데이터 기반의 정밀한 정책 설계로 전환되어야 한다. 지역 내 고령화 수준, 단독 가구 및 독거노인 비율, 주요 생활 동선, 주거 불안정과 건강취약지수 등을 체계적으로 수집하고 분석함으로써 도시 공간에 필요한 복지 자원과 서비스가 정확하게 필요한 곳에 도달할 수 있도록 설계되어야 한다. GIS(지리정보시스템)를 활용해 고령자의 이동 경로를 시각화하고 복지 사각지대를 선제적으로 파악하는 작업이 필수적이다.

특히 고령층이 일상 속 자율성과 이동성을 유지할 수 있도록 하는 도시 인프라 개선이 정책 병행되어야 한다. 마을 단위의 보행환경을 재정비하고, 휠체어나 보행 보조기 이용자를 고려한 무장애(Barrier-free) 도로 설계, 경사로, 벤치 설치 등은 필수적이다. 아울러 전동 모빌리티, 고령자 전용 저속 전기차, 도심 순환 셔틀 등 마이크로 모빌리티 기반의 교통 인프라 확장이 병행되어야 하며, 거동이 불편한 주민을 위해 AI 기반 수요응답형(DRT) 교통 시스템을 적극적으로 활용할 수 있다.

또한 도시 내에서 고령층이 단지 '머무는 존재'가 아니라, '참여하고 기여하는 존재'가 될 수 있도록 하는 정책 설계도 중요하다. 스포츠나 문화예술 활동의 무료 혹은 할인 제공, 도서관 책 배달 서비스, 여행 동행 프로그램, 시니어 전문 교육 과정 개설 등은 고령자의 일상 참여를 확대하고 자존감을 유지하게 만드는 촉진제 역할을 한다. 프랑스의 경우 노인 정책을 노인의 자립성 상실을 방지하는데 초점을 맞추고 은퇴 후 삶에 대한 컨설팅 서비스나 외출, 사람 만나기 등과 같은 노인 여가 복지 프로그램을 운영하고 있다.[68]

이 모든 정책과 시스템을 효과적으로 뒷받침할 수 있는 도구가 바로 고령친화기술(AgeTech)이다. 낙상감지 센서, 인공지능 기반 건강 모니터링, 시니어 맞춤형 모바일 인터페이스, 외로움 완화용 반려로봇 등 다양한 기술이 이미 상용화되고 있으며, 앞으로는 이들이 도시 인프라와 결합되어 일상 속 안전과 돌봄의 질을 높일 수 있을 것이다.

결국 초고령사회는 도시 전체가 어떻게 공존할 수 있을지를 묻는 도전이다. 지금 필요한 것은 '고령자를 위한 도시'가 아니라, '함께 나이 들어갈 수 있는 도시'다. 세대 간의 이해를 높이고, 기업과 지역이 상생하며, 기술이 공감과 돌봄을 촉진하는 환경. 그 안에서 진정한 의미의 지속 가능한 도시가 실현될 수 있을 것이다.

Key point!

　초고령사회는 더 이상 통계 속 경고가 아니라 도시의 골목골목에서 체감되는 현실이 되었으며, 많은 도시들이 '고령친화도시(Age-friendly City)'로의 변화를 고민하고 있다. 일본의 후쿠오카시는 '후쿠오카 100 프로젝트(Fukuoka 100 Project)'를 통해 사회 전반에서 노약자에 대한 이해를 높이고 누구나 차별 없이 도시 공간을 누릴 수 있는 유니버설 디자인을 도시 계획에 적용하고 있다. 또한 기업과 연계하여 고령층을 위한 새로운 제품을 개발하고 적극적인 행정을 추진하여 빠른 시간 안에 고령친화도시 시스템을 갖추어가고 있다. 우리나라 청양군의 경우 '고령자복지주택' 개념을 도입하여 살던 곳에서 건강하고 안전한 노후를 보낼 수 있도록 지원하고 있다. 특히 지역 의료시스템 구축과 함께 통합돌봄 체계를 구축해 노인뿐만 아니라 그들의 가족과 이웃의 삶의 질도 함께 높일 수 있는 접근을 이어나가고 있다. 이제 노인을 '돌봄의 대상'으로만 보는 시선을 넘어서, 삶의 경험을 지닌 하나의 주체로 존중하는 패러다임 전환이 필요하다. 데이터를 기반으로 한 섬세한 정책적 접근과 고령층의 이동권 보장, 무장애 설계는 도시의 기본 언어가 되어야 한다. 그리고 중요한 건, 이 변화가 단지 노인만을 위한 것이 아니라, 미래의 나를 위한 도시 설계라는 사실을 모두가 공감할 수 있도록 만들어가는 일이다.

2부

사회갈등과 도시

1) 메가트렌드 : 사회갈등, 병든사회

    2025년 세계경제포럼(World Economic Forum, WEF)에서는 사회적 분열(Societal polarization)을 전체 위험지형에서 핵심적 요소로 밝히고 있으며, 다양한 사회위험 요소가 경제적 안정성 및 사회적 안정성에 미치는 영향을 강조하고 있다.[69] 각국에서 경제적 불평등과 사회적 갈등 문제에 직면하고 있으며, 이로 인해 사회적 안정성이 위협받고 있다.[70] 이러한 사회적 갈등은 빈곤, 불평등, 정치적 갈등, 종교적 및 민족적 갈등 등 여러 형태로 나타나며, 단순한 분쟁을 넘어서 세계 각국의 국가와 사회의 전반적인 안정성을 위협하고 있다. 특히 한국의 경우 세계 10위권 경제대국, 세계 6위권 무역대국 및 제조업 강국 등 경제적 성장은 선진국 수준으로 위상을 공고히하는 이면에 급격한 사회변화가 가져온 양극화 경제적 불평등, 이주민 문제, 지역갈등, 정치적 분열 등 사회갈등이 심각하다.

The 1% vs 99% : 불평등과 양극화

세계 10% 상위 계층이 전 세계 재산의 60% 이상을 차지하고 있으며, 반면 하위 50%는 전 세계 재산의 10%도 차지하지 못하고 있다.[71] 경제적 불평등에 대한 위험은 소득 격차뿐만 아니라, 삶의 질, 기회, 선택의 자유에 영향을 미치며, 최근 수 년동안 전 세계적으로 사회갈등을 동반한 빈번한 시위를 불러일으켰다. 2018년 프랑스의 노란 조끼 운동, 2019년 칠레의 반정부 시위 등은 경제적 불평등과 관련된 대표적인 시위 사례이다. 이들 시위는 세금, 연료비 상승, 주거비 등과 같은 경제적 문제에 대한 반발에서 시작되었고, 폭력, 시위, 범죄 증가, 사회적 불안정 등의 결과를 가져왔다. 특히 프랑스 노란조끼 운동은 시위가 집중된 개선문에선 '무명 용사의 묘'가 훼손되고, 내부 조각상과 기념품 가게도 부숴지는 등 피해가 속출하였으며,[72] 4명의 사망자가 발생했다.[73] 전국적으로 확산된 시위와 폭력적인 충돌은 수 많은 경찰과 시위대 간 부상자와 체포자를 발생시켰다. 정부는 정책을 수정하고 갈등을 완화하기 위한 노력을 했지만, 여전히 갈등은 존재하고 있다.

　한국의 경우 지니 계수(소득 불평등을 나타내는 지표)는 0.33로 OECD 평균인 0.32보다 약간 높은 수준이지만, OECD 회원국 가운데 소득 불평등이 두번째로 빠른 속도로 악화되고 있다. 자본과 부의 격차도 상당한데 부동산 문제와 취업 문제 등은 젊은 세대와 노년 세대 간의 갈등까지 유발하고 있다. 더불어 한국 사회에서는 지역 간 갈등도 중요한 문제로, 특히 수도권과 비수도권 간의 갈등이 있다. 예를 들어, 행정수도 이전이나 지역균형발전 문제 등은 사회적 갈등을 조장하여 정치적 분열까지 일으키는 주제이기도 하다. 최근 몇 년간 한국에서는 사회갈등에 의한 집회와 시위가 빈번히 발생하고 있으며, 일부는 사회적 갈등을 격화시키는 요소로 작용하고 있다.

문화적 정체성 충돌: 이주민과 난민수용

이주민과 난민수용, 소수민족과 관련된 사회갈등은 많은 국가의 중요한 이슈로 떠오르고 있다. 이주민과 난민의 증가로 인해 문화적 충돌, 자원 분배 문제, 인종차별 문제, 민족적 갈등 그리고 사회적 갈등이 발생하고 있기 때문이다. 2022년 말 기준으로 전 세계 국제 이주자 수는 약 2억 8,100만 명에 달하며,[74] 매해 역사상 가장 높은 수치를 갱신하고 있다. 전 세계적으로 수백만 명의 난민이 발생하고 있으며, 이들은 전쟁, 정치적 억압, 기후 변화 등의 이유로 다른 국가로 이주하고 있다. 한국의 경우도 2024년 12월 기준 외국인 체류자 수는 265만명(전체 인구의 약 5%)으로 역대 최다 수를 기록하고 있고 외국인 근로자 유입정책 추진으로 그 수는 더욱 늘어날 전망이다.

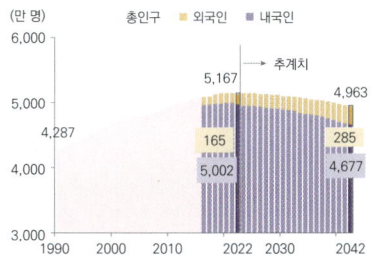

인구 및 구성비, 2022~2042년

아프리카계 미국인, 히스패닉, 아시아계 등 다양한 인종 그룹 간의 갈등이 지속적으로 발생해왔다. 흑인 차별과 같은 문제는 역사적으로 깊은 뿌리를 두고 있으며, 흑인인권 운동(Black Lives

Matter)이 사회적으로 큰 영향을 미쳤다. 미얀마, 인도 등에서는 민족적 갈등이 심화되면서 인권 침해와 폭력 사건이 발생하고 있다. 인도는 힌두 민족주의가 인도 정치에서 중요한 역할을 하면서, 이슬람과의 갈등이 심화되었는데, 특히 카슈미르 지역에서 히잡 금지, 이슬람 사원 파괴 등의 사건은 사회적 갈등을 악화시키고 있다. 미얀마에서는 로힝야 무슬림에 대한 박해가 심각하며, 이는 국제 사회에서 큰 문제로 다뤄지고 있다. 유엔난민기구(UNHCR, United Nations High Commissioner for Refugees)는 전 세계적으로 약 1억 6천만 명의 소수 민족이 문화적 억압과 인권 침해로 어려움을 겪고 있다고 보고하고 있다. 이들은 자주 정치적 폭력과 사회적 배제의 대상이 되며, 이는 폭력과 갈등을 심화시키는 원인으로 작용하고 있다.

국가의 경계를 넘어서는 글로벌화와 경제적 상호의존이 증가하는 가운데, 각국이 자국의 이익을 보호하고 민족적 자부심을 강화하는 경향을 보여 정체성에 따른 사회갈등은 보다 첨예하게 확대되고 있다. 이민자들로 성장하였고 다문화주의를 중시하는 미국과 유럽에서도 다양한 문화적 배경을 가진 사람들의 유입이 급증하면서 정체성 충돌이 가속화되고 있다. 최근에는 극우 민족주의가 확산되며 이민자와 소수 민족에 대한 갈등이 심화되고 있다. 사회적 불평등, 이민 문제, 국경 문제에 따른 사회통합 중요성은 계속해서 강조될 것으로 예상된다.

2) 사회갈등에 대응한 도시의 노력

　사회적 갈등을 일으키는 요인은 개별적인 문제로 보일 수 있지만, 사회갈등이 심화되면 사회적 분열이 일어나고 서로 다른 집단들이 대립하게 되어 사회 전체에 심각한 영향을 미쳐 분열, 불안정, 불평등, 경제적 침체 등의 문제를 겪게 된다. 사회갈등은 정신적 고통과 스트레스 증가시켜 자발적 사회적 고립을 택하거나, 불안정이 경제성장을 저해하는 원인이 되며 극단주의 등장으로 안전을 위협하기 때문이다. 이처럼 사회 내에서 연대감과 협력의 부족은 공동체의 힘을 약화시켜 결국 거대한 사회적 비용을 일으키는데, 도시에서 가장 극명하게 드러난다. 범죄, 혐오, 폭력 등 도시 안전의 문제를 떠안고 있기 때문이다. 도시는 저마다의 방법으로 상호존중과 창의적이고 자유로운 환경을 조성하여 사회적 갈등을 해결해나가는 노력을 하고 있다.

메델린(Medellín):
문화적 도시 재생과 사회통합

　콜롬비아 제2의 도시인 메델린(Medellín)은 범죄와 마약이 난무하여 90년대 초반 살인율이 세계 최고 수준에 달하는 세계에서 가장 폭력적인 도시 중 하나였다. 1980년대와 1990년대 초반 콜롬비아에서 마약 밀매를 통해 엄청난 부를 축적하여, 전 세계 마약 밀매 시장을 지배한 파블로 에스코바르(Pablo Escobar)가 카르텔을 둔 메델린은 역사상 가장 악명높은 지역이었다. 그러나 메델린은 2000년대부터 본격 추진한 문화적 도시재생과 사회통합 정책을 통해 안전한 도시로 재편한 성공모델로 평가받고 있다. 2015년 유네스코 창의음악도시(UNESCO Creative City of Music)로 선정되었고, 2016년 UN-HABITAT의 지속가능한 도시 우수사례, 2019년 유네스코 학습도시상(Learning City Award) 등을 수상하였다.

메델린은 우선 낙후된 지역은 문화적 도시환경으로 개선하고 중심지까지 대중교통과 공공시설을 연결하여 문화적 인프라와 사회서비스 확장을 추진하였다. 2004년 메델린은 대중교통 개선과 함께 도시의 교통 시스템과 공공공간을 개선하였는데, 특히, 메트로 케이블(Metro Cable), 공공 도서관 및 문화센터 건설 등이 주요 사업이었다. 케이블카 시스템은 산악 지역에 위치한 빈곤층 지역과 주요 상업지구, 교육기관, 건강시설을 연결하는 중요한 교통 프로젝트로, 교통 접근성을 향상시키고 사회적 통합을 촉진하는 데 큰 역할을 했다. 케이블카는 도시 내 계층 간 격차를 줄이는 중요한 도구가 되었는데, 빈곤계층에게 경제적 기회에 접근하게 되어 지역경제 활성화에 기여함과 동시에 다양한 계층이 교류하고 이해할 수 있는 기회가 되었다.

메델린 메트로 케이블

　또한 빈곤지역을 재개발하여 문화시설, 공공도서관, 학교 등 다양한 시설을 설치하고, 공공 공간을 활성화하여 주민들이 교육과 문화적 활동에 참여할 수 있게 돕고 도시 내 사회적 통합을 촉진했다. 대표적으로 메델린 현대미술관(Museo de Arte Moderno de Medellín)은 도시 재생의 일환으로 문화적 교류의 장으로 탈바꿈하였고, 2007년 개관한 España 도서관은 가장 가난하고 열악한 지역인 산타 이시드로(Santa Isabel)에 가장 큰 생각을 할 수 있는 공간을 목적으로 만들어졌다. 문화적 공간에서 다양한 문화 행사와 프로그램들은 지역 주민들의 참여를 이끌어내며, 사회적 결속력과 시민 의식을 높였다.

　메델린의 상처를 치유하고 회복하는데는 예술, 특히 음악이 중요한 역할을 하였다. 메델린에서는 다양한 공공공간과 커뮤니티 센터에서 힙합 공연, 댄스 배틀, 가사 쓰기 등 다양한 문화적 프로그램을 진행하고 있다. 힙합과 거리예술은 젊은 세대의 사회적 참여와 이들이 자신의 경험과 사회적 문제를 음악을 통해 표현할 수 있게 했다. 특히 메델린은 청소년들에게 힙합을 비롯하여 음악 교육과 축제를 통해 자기표현을 지원하고 사회 구성원이 되는 기회를 제공하였다. 안전한 도시를 만들기 위해 경찰력 강화와 같은 근본적인 대책도 있었지만 도시 안전과 사회서비스를 결합하는 노력도 기울였다. 청소년 문화예술 프로그램, 심리 상담, 사회적 지원 프로그램을 통해 범죄 발생의 근본적 원인인 빈곤, 실업, 사회적 소외를 해결하려는 노력이 있었다.

메델린은 범죄의 중심에서 문화 예술을 중심으로 변화하고자 한 도시계획을 통해, 사회적 통합과 도시 재생을 이끌어냈다. 1990년대 메델린의 살인율은 세계적으로 가장 높은 수준으로 100,000명당 약 381명에 달하는 수치를 기록하였으나, 2021년과 2022년에는 100,000명당 약 22명 수준으로 크게 개선되었다. 다양한 문화적 시설, 공공 예술 프로젝트, 창의적 산업에 대한 투자는 메델린을 문화와 예술의 중심지로 탈바꿈시키는 중요한 역할을 했다. 메델린의 이러한 문화적 이니셔티브들은 도시의 경제적 활성화, 사회적 포용, 시민 참여를 촉진하며, 문화적 도시 재생을 성공적으로 구현한 사례로 국제적으로 인정받고 있다.

김제: 오느른의 Art for life와 로컬재생

김제는 전라북도에 위치한 농촌으로 다른 지방도시들과 마찬가지로 농업 위기, 지역 불균형, 청년 이탈 등 다양한 사회적 갈등이 존재하고 있다. 특히 김제는 쌀을 포함한 주요 농산물 생산지이지만, 쌀 값 하락과 농업 노동력 부족으로 인한 농업의 경쟁력 저하와 농민들의 소득 감소가 문제로 떠오르고 있고, 농업에 종사하는 주민과 도시화에 따른 산업 발전을 추구하는 주민 사이의 갈등이 발생하고 있다. 농촌 공동체의 해체와 함께, 도시와 농촌 간의 경제적, 사회적 격차가 더욱 확대되고 있고 많은 청년들이 일자리 부족과 문화적 기회 부족 등으로 김제를 떠나고 있다. 이번에 소개할 도시 김제는 완벽하게 민간으로부터 출발하여 한 시골마을에 활력과 화합을 이루어 낸 사례이다.

2020년 전북 김제에 한 MBC PD가 100년 넘은 폐가를 고쳐 5도 2촌 라이프를 시작하고 그 과정과 에피소드를 유튜브 채널 오느른(onulun)을 통해 공개하면서 시작된다. 아무런 연고 없는 시골 마을에 서울에서만 생활하던 직장인 청년은 95세 된 옆집 할아버지와 옆집 아주머니와 친구가 된다. 2023년에는 고쳐지은 집을 '오느른 책밭'이라는 문화공간으로 운영하기 시작하는데, 지역에 다양한 사람들이 모여 대화하기 시작했다. 현재는 김제시 죽산면의 청년들이 모여 만든 협동조합인 '오후협동조합'에서 운영하고 있다.

김제는 더욱 활기차지기 시작한다. '오느른'을 본 전국 각지의 구독자들은 십센치가 라이브 공연을 하고, 황보름 작가('어서 오세요, 휴남동 서점입니다'의 저자), 권여선 작가('각각의 계절'의 저자) 등 베스트셀러 저자들이 북토크를 하기 위해 찾아오는 작은 시골 책방을 궁금해하기 시작한 것이다.[75] 2023년 가을에는 자그마한 벽골제 마을에서 '노을피크닉: 오느른 마을에 전입신고하러 왔습니다'이란 축제를 기획하여 십센치와 이진아 등 유명 가수들의 무대와 전국에서 2천여 명의 관객이 시골마을에 모였다. 본격적으로 공공(김제시청, 사회적협동조합 김제농촌활력센터 등)이 참여하여 민간주도의 공공지원 구조를 형성하였다. 2년간 다양한 예술프로젝트를 열어 유키 구라모토가 신작로와 보리밭에서 피아노 공연을 하고, 선우예권이 작은 음악회를 열었다. 마을 주민들을 그린 그림을 전시하는 행사도 벌였다.

　최근에는 외지인 방문객 증가와 청년참여의 활기를 지속 가능한 모델로 만들기 위해 청년창업과 지역재생을 결합한 '김제 폐양조장 로컬재생 프로젝트'를 추진하고 있다. 그동안 죽산면 내엔 유휴공간을 활용한 카페 '트윈스테이블'과 '림자수공방', 와인을 판매하는 '하이바틀' 등 여러 청년사업가가 상권 인프라를 확장시키고 있었는데, 여기에 로컬재생의 거점으로 폐양조장을 재생한 죽산주막을 운영하는 것이다. 지역 공동체 기반의 커뮤니티 앵커센터를 운영하며 청년 창업 지원 체계를 구축했고, 폐양조장의 재생 과정을 스토리화하고 MBC와 협력해 콘텐츠로 제작하였으며, 이를 온·오프라인 홍보를 통해 김제시만의 독특한 로컬 생태계를 알리는 데 주력하고 있다. MBC프로그램 '시골마을 이장우'에서 방송되며 전국적인 인지도를 높이기도 하였는데, 이 방송을 보고 수많은 사람들이 김제를 찾고 있으며, 이 배우가 현지에서 막걸리 시음을 진행한 김제 '지평선 축제'도 인기를 끌었다. 30년간 방치되던 폐양조장에서는 매달 약 7톤의 김제 쌀을 사용해 7만병(500ml)의 막걸리를 생산할 계획이다.[76]

또한 사람이 찾아오고 마을에 활기가 생기니 숙박 인프라가 시급해졌다. 2026년 완성을 목표로 폐교와 빈집 등 비어있는 공간에 스테이 하우스, 공유 오피스, 제철 빵집(카페), 시골집밥식당, 채소가게, 특산품판매장, 갤러리를 조성하고 마을내 공방 등 체험 및 전시시설과 연계하여 리브랜딩한 마을 호텔을 조성할 계획이다.[77]

젊은이들을 찾아보기 조차 어렵던 김제는 힙한 창업지로 각광받고 있으며, 2024년 김제를 다녀간 생활인구가 벌써 약 5만 명에 이른 것으로 추계하고 있다. 유튜브라는 매체를 통해 알려진 시골마을에 대한 관심을 책방과 축제를 통해 실제 지역으로 모여들게 하고, 나아가 복합문화 거점을 조성하고 상품화를 통해 지역경제 활성화를 이루어냈다는 평가를 받고있다. 오느른 프로젝트는 인구감소 대응 우수사례로 국무총리상을 수상했고, 일본 등 해외 지방정부 행사에서도 혁신적 지역재생 사례로 발표되는 등 국내외에서 주목받고 있다.

3) 사회갈등 해결을 위한 도시전략

도시는 다양한 인종, 민족, 종교, 경제수준을 포함한 사회적 계층의 사람들이 모여 사는 장소이다. 이로 인해 도시에서는 다양한 배경을 가진 사람들이 서로 충돌하거나 차이를 보일 수 있지만, 동시에 서로의 차이를 이해하고 포용하는 기회가 많다. 사회갈등을 도시에서 해결하는 데는 단순한 물리적 환경 개선이 아니라 사회적 포용과 주민참여, 혁신적 교통 인프라, 공공공간 확충, 환경 복원 등 다차원적 접근이 필요하다. 실제로 많은 도시에서 사회통합, 사회갈등에 대응하는 도시전략을 적용하고 있으나, 근본적인 문제가 해결되지 않는경우 도시들은 갈등, 긴장과 공존하고 있다. 그런데 앞서 살펴본 도시들은 포용의 환경이 만들어지면서 갈등의 원인이 되는 문제가 해소되는 경험을 하였다. 콜롬비아 메델린은 마약의 도시, 범죄의 도시에서 관광도시로 거듭났고, 한국의 김제는 인구소멸지역, 특히 청년이 떠나는 지역에서 인구감소 대응 우수 지역이 되었다. 무엇이 도시의 사람들을 변화시켰을까.

제3의 장소에 주목한다. 제3의 장소란 집(제1의 장소)과 직장(제2의 장소) 이외의, 누구나 자유롭게 드나들며 다양한 사람들과 비공식적으로 교류할 수 있는 중립적 사회 공간을 의미한다(Ray Oldenburg, 1999[79]). 메델린 빈곤지역을 재개발하여 문화시설, 공공도서관, 학교 등 다양한 시설을 설치하고, 김제 죽산면 어느 시골마을에 책방과 문화공간을 운영하면서 인근주민의 일상적인 만남과 교류가 시작되었기 때문이다. 일상생활(여가, 일터 등)에서의 접촉면을 늘리고 자연스럽게 교류하게 하면 배타적 태도가 완화되는 등 사회적 통합의 가능성이 높아진다. 최근 제3의 공간은 공유오피스, 복합문화공간, 취향 기반 커뮤니티 공간 등 다양한 형태로 진화하고 있고, 디지털전환에 따라 집-일터-여가공간이라는 경계가 시간과 공간의 제약을 넘어서면서 온라인 커뮤니티, 가상공간, 하이브리드 공간도 주목받고 있다.

그리고 제3의 공간에서 만난 사람들이 원하는, 지역민으로서 자부심을 가질 수 있는 컨텐츠가 필요하다. 도시의 지리적 역사적 자산과 주민에게 맞는 프로그램을 개발하고, 모든 단계에서 주민의 참여와 지역에 대한 애정이 기반이 되는 것이 핵심인 것이다. 메델린이 산악 빈곤지역의 한계를 벗어나 문화활동, 경제활동, 교육을 접할수 있게 케이블카를 설치한 점, 젊은 층에게 자신을 표현하면서 소통할 수 있는 매개로 힙합을 활성화한 점들이 그 예이다. 김제의 사례에서도 김제가 가진 넓은 평야와 벼농사에 의해 한 때 흥했던 양조장을 재생하여 복합문화공간으로 재탄생시켰고, 평야에 위치한 축제와 행사가 소멸되어가는 지역에 외부 인구를 유입시켰으며, 지역주민들이 상권운영과 서비스 제공 주체로서 활동하여 지속 가능한 지역발전의 축이 되었다. 도시의 정체성을 재발견하고 실질적 경제·사회적 변화를 만들어 내는 주체는 지역사회 내에 있다는 점을 기억해야 한다.

Key point!

도시는 다양한 인종, 민족, 종교, 경제적 계층의 사람들이 모여 살아, 이질성과 충돌이 발생할 수 있지만 동시에 상호 이해와 포용의 기회도 많다. 문화시설, 공공도서관, 학교 등으로 대표되는 '제3의 장소'는 개방적인 공간이 주민 간 교류와 신뢰 형성, 지역 정체성 강화에 핵심적 역할을 할 수 있다는 가능성을 보여준다. 주민 간 일상적 만남과 교류를 촉진하여 배타적 태도를 완화하고 사회적 통합을 높일 수 있기 때문이다. 최근 제3의 장소는 공유오피스, 복합문화공간, 취향기반 커뮤니티 등 다양한 형태로 진화하고 있으며, 디지털 전환에 따라 온라인 커뮤니티, 가상공간, 하이브리드 공간까지 확장되고 있다. 이러한 공간들은 시간과 공간의 제약을 넘어 다양한 배경의 사람들이 교류하고, 지역 정체성을 재발견하는 플랫폼이 되고 있다. 무엇보다 도시의 실질적 변화를 일으키는 주체는 지역사회 내부에 있으며, 포용적 공간과 주민주도 정책이 사회갈등 해소의 핵심이다.

3부

직주락 도시[78]

1) 메가 트렌드: 집터, 일터, 쉼터의 근접

직주락의 등장

양적 성장의 시대를 마감하는 다수의 도시들이 이제 축소와 압축을 통한 질적 성장을 준비하고 있다. 이러한 도시의 압축은 그 구성 단위인 거점의 재구성으로 시작될 수 있고, 직주락 도시가 그 중심에서 대안적 방향을 제시해 주고 있다.

직주락 도시의 등장은 생각보다 여러 겹의 의미가 있다. 무엇보다 철도가 개통되고 가든 시티(Garden City)가 등장한 이후 최근까지 약 130여 년 동안 진행되어 온 확장 중심의 도시 개발의 마침표를 의미한다. 이러한 상황은 도시의 기본 체계인 직주 분리를 이끌어 왔던 철도가 과거와 달리 직주 근접에 기반한 다핵 도시로의 진화를 이끌 수 있다는 가능성을 암시해준다. 결국 대중교통인 도시철도를 기반으로 직주락 도시는 압축과 축소의 도시를 향한 수단이 될 수 있으며, 도시인에게는 보행권(반경 약 500m)에서 생활하는 10-15분 생활권 도시를 의미한다.

도쿄는 이러한 도시변화의 궤적을 뚜렷이 보여주고 있는 도시이다. 도쿄는 최근 30여 년 동안 한·일 월드컵(2002)과 도쿄 올림픽(2020)을 연달아 준비하며, 과거 직주 분리와 직주 원격의 도시에서 직주 근접의 도시로 창의적인 변화를 진행해 왔다. 도쿄가 21세기의 모델, 즉 직주락 도시의 모델이 될 수 있음을 보여주고 있다.

직주락 도시

직주락 도시(live-work-play community)는 거주, 근로, 여가 활동을 모두 한 곳에서 할 수 있는 동네를 말한다. 이러한 요구는 팬더믹 시대를 지나면서 라이프 스타일의 변화와 함께 워크 스타일의 변화로 가속화되었다. 호텔에서도 일을 하고, 상점에서도 음식을 즐기고, 사무실에서도 인터넷 쇼핑을 하고, 필요시 집에서 원격 근무를 하며, 일상에서 여가와 레저 활동을 즐기는 생활이 삶의 만족도를 높이는 기준이 되었다. 결국 직주락 도시는 도시인이 노동과 주거의 균형을 확보하고, 일상의 활동을 쉽게 근거리에서 해결하며, 불필요한 장거리 이동을 줄이는 것에 의미를 두고 있다.

이러한 직주락 개념이 등장한 시점, 다시 말해 직, 주, 락의 경계가 와해되기 시작한 것은 직장 생활의 대표라 할 수 있는 유니폼 또는 정장이 캐주얼로 대체되면서부터다. 7-8세기에 나와 남을 차별화하기 위해 등장한 정장 드레스 코드는 20세기 초에 직장, 모임 등에서 캐주얼 의상으로 대체되기 시작됐으며, 이후 1980년대부터 직장에서 캐주얼 복장이 받아들여 졌다. 당시 직장에서 주중 금요일에 캐주얼 복장이 허용되었고, 반대로 여가와 오락을 위해 정장을 입는 탈선도 나타났다. 이러한 상황의 정점은 스티브 잡스의 시그니처 룩인 리바이스진에 뉴발란스 운동화, 검정색 티셔츠의 등장일 것이다.

2) 직주 일치와 등장한 새로운 직업군

직주 일치의 도시건축

도시는 공히 직주 일치의 공간구조에서 시작되었다. 즉, 집과 일자리가 한 건물에 또는 그 주변에 함께 존재했다. 물론 사회의 시열에 기반해 구역이 결정되었고, 유·무형의 물품의 생산지는 일정 구역에서 묶여져 거주했다. 이러한 특성을 가장 잘 보여주는 사례가 일본의 에도 시대에 교토의 도시화를 이끌었던 마치야(Machiya) 도시건축이다.

마치야는 도시에서 생산과 상업 기능을 최대화하고 이를 지원하는 최소의 주거기능을 가진 도시형 건축이다. 이러한 도시건축이란 일반적으로 도로로 구분된 격자형 블록을 따라 도로에 직면해 폭이 좁고 길이가 긴 세장형의 필지 위에 1-2층의 표준화된 구조와 재료로 건축되었다. 마치야는 건물 전면에 상업 및 생산을 위한 공간 그리고 배후에 창고와 작업공간을 두었고, 2층에는 주거가 위치했다. 동남아시아에서는 샾하우스라 불리는 교마치야와 유사한 건축물이 도시의 상업중심부를 완성했다. 샾하우스는 홍콩, 싱가포르, 샤먼, 하노이, 광저우, 방콕, 쿠알라룸푸르, 말라카, 조지타운 등에서 지역 정체성을 품고 도시 성장을 이끌어 온 도시건축이다.

런던의 직주락 스퀘어

직주 분리의 관점에서 런던은 흥미로운 사례이다. 런던의 세력가들은 전통적으로 도심이 아닌 시골의 거주를 선호해 왔다. 런던에서 시골은 자연 속에서 개인 활동의 자유를 누릴 수 있는 공간이기도 했지만, 도시에서 부과되는 세금을 면할 수 있는 피난처이기도 했다. 특히 넓은 토지를 가진 귀족과 부유 가족들은 흑사병(1665)과 런던 대화재(1666) 이전부터 도심으로부터 이주해 와 시골에서 거주했다.

이러한 런던이 변화하기 시작한 시점은 런던에 인구가 집중되고 빠르게 성장하기 시작한 17세기이다. 당시 런던은 교역이나 생산활동 보다 사회적 관계(social network)와 활동의 중심부로서 성장했다. (Rasmussen, 1981) 특히 런던시(City of London)의 서쪽 외곽인 웨스트 엔드(West End)는 런던과 지방이 운하로 연결되며 봄과 여름인 사교 계절(social season)에 개최되는 상류층의 사교 모임, 저녁 파티, 자선 행사의 중심부였다.

이즈음은 홀본에 그레샴 컬리지(Gresham College, 1597)가 개교했고, 윌리엄 셰익스피어(William Shakespeare)의 로미오와 줄리엣(1597)과 햄릿(1601)이 연극장(Globe Theatre, 1599)에서 상영되며 '나와 인간에 대한 연민' 그리고 '다른 세계에 대한 호기심'이 폭발한 시기였다. 그리고 이러한 시장의 수요에 대응해 코벤트가든(1631)에서 시장이 열리고, 뒤이어 개관한 영국박물관(1753)은 런던의 지식인들을 집중시켰다. 런던에 도시에서 생산되는 컨텐츠를 소비하고 공유하고 즐기는 생활 문화가 등장한 것이다.

이에 시골에서 거주하는 상류층 가족들이 런던에서 거주하기를 희망했고, 그 가족과 하인들을 위한 주택(town house)이 등장했다. 당시 도시 개발자들은 웨스트 엔드의 토지 소유자를 대신해 이러한 주택 개발의 기회를 이용해 스퀘어에 면해 연속적으로 열을 이루는 테라스 하우스를 개발했다. 이러한 수요에 대응해 등장한 사례가 코벤트가든 피아자이다. 그리고 코벤트가든 피아자는 이후 웨스트 엔드에서 '가든 스퀘어와 테라스 하우스'라는 도시개발의 기본 단위로 자리잡았다. 가든 스퀘어는 이탈리아 도시문화의 영향을 받아 조성된 공공 공간인 광장(piazza)이며, 이를 중심으로 이탈리아 팔라디아 맨션을 모방한 일군의 테라스 하우스가 배치되었다. 뒤이어 웨스트 엔드의 가든 스퀘어는 교회와 시장이 추가되며 런던의 초기 직주락 환경을 완성했다.

문화·예술·지식인의 도심 직업군

웨스트 엔드의 세력가들은 18세기 말을 전후로 그 서쪽의 교외지인 웨스트민스터와 매이패어에서 개발되는 보다 세련된 버클리스퀘어와 그로베노스퀘어의 주거지를 찾아 이주해 나갔다. 그리고 이들이 이전해 나간 테라스 하우스에는 중산층과 지식인이 거주했다. 뒤이어 19세기 중엽부터 일부의 테라스 하우스는 박물관, 대학, 출판사, 학교, 병원, 전문인 및 지식인의 협회와 기업의 사무소 등으로 재건축되거나 리모델링 되었다. 특히 영국박물관은 런던 지식인의 호기심을 자극했고, 그 주변으로 연구 및 출판 시설의 성장했다.

웨스트 엔드의 이러한 상황은 도심에 거주하는 새로운 직업군의 등장을 이끌어 냈다는 점에서 큰 의미를 갖는다. 당시 웨스트 엔드는 예술, 창작, 문학, 언론 등의 분야에서 생계를 목적으로 창작과 예술 활동을 하는 예술가, 작가, 기자 등이 직장에서 보행권 내에 거주하거나, 주거지에서 이러한 직업 활동을 하는 도심의 직주 일치의 커뮤니티였다. 이렇게 등장한 새로운 직업군은 주로 소가족의 주택을 갖고 교외의 주택보다 상대적으로 작지만 유지비가 저렴한 테라스하우스를 선호했다. 그리고 이들은 무엇보다 당시 개통된 철도와 지하철을 이용할 수 있는 도심의 입지적 장점과 문화·예술 거점과 사교 활동의 접근성을 우선시 했다. 이러한 상황은 19세기 중반부터 20세기 초까지 뉴욕 웨스트빌리지에서 등장한 작가, 예술가, 지식인의 직업군의 등장 배경과 일치한다.

3) 직주 분리와 모던 도시개발

모던 도시계획과 용도지역제

 이즈음 개통한 철도와 해양 선박은 도시의 성공 기회와 일자리를 찾아 지역권 시골과 바다 건너 대륙으로부터 도착하는 노동자들을 집중시키고, 대량 생산을 위한 생산 거점들이 도시 곳곳에서 조성되었다. 이들의 생산 활동들은 야간 시간대까지 과도한 소음, 유해한 향과 물질을 배출하며 주거활동을 위협했다. 이러한 생산활동으로부터 주거기능을 보호하려는 지방행정 단체의 규제 방안, 다시 말해 도시에서 서로 어울리지 않는 활동(용도)을 공간적으로 분리하는 법규가 20세기 초 뉴욕에서 처음 입법되었다. 당시 뉴욕시의 조닝규제(Zoning Ordinance, 1916; 용도지역제 조례)는 과도하게 개발되기 시작한 상업용 고층 건물로부터 주거지의 일조권을 확보하고 공업 시설로부터 주거 환경을 보호하기 위해 등장했다. 흥미롭게도 이러한 행정은 당시까지 수천 년 동안 지배해온 도시 구조의 기저였던 직주 일치의 가치가 모던 도시계획의 원칙인 직주 분리로 변화를 초래했다.

 뉴욕의 이러한 노력을 발 빠르게 받아드린 도시는 도쿄였다. 뉴욕시의 조닝규제는 신속하게 도쿄시의 도시계획법(1st City Planning Act, 1919)으로 흡수되어 도쿄의 직주 분리와 1960년대부터는 직주 원격의 교외 신도시 개발로 이어졌다. 또한 이러한 도쿄의 직주 분리는 일제강점기에 입법된 조선시가지계획령(1934)의 기저가 되어 우리 도시계획의 용도지역제로 남아 있다. 주거가 배제된 서울 명동의 중심상업지역과 성수동의 준공업지역이 당시 용도지역제가 남겨 놓은 대표적인 레거시의 결과이다.

도쿄의 직주 분리와 간토 대지진

지난 한 세기 동안 진행된 도쿄의 도시 성장은 당연히 주변 지역으로부터 유입된 인구 증가의 결과이지만, 그 물리적인 도시 확장 방식과 경로를 유도하고 정당화해준 가치는 직주 분리이다. 당시 도쿄의 직주 분리는 메이지 시대 이전에 상·공업지와 주거지가 니혼바시와 교바시에 집중되었던 계급 도시인 에도의 직주 일치와는 상이한 가치였다. 그럼에도 20세기 초 도쿄의 1차 도시계획법은 직주 일치의 에도를 상·공·업무 구역의 도심과 그 주변의 주거지로 분리된 도쿄로 변화시켰다.

당시 도쿄의 도시계획법이 추구해온 직주 분리는 도쿄가 오랫동안 겪어 왔던 자연 재해에 대응한 자구책이었다. 에도의 중심부는 마치야 목재건축물이 집중된 상·공업구역으로, "화재의 도시(City of Fires, 火災都市)"로 불려 올 정도로 일련의 화재와 지진으로 해체와 재건을 반복해왔다. 도쿄의 직주 분리는 이러한 화재와 지진으로부터 도시 기능을 방어하기 위한 모던 도시행정의 결과였을 것이다. 또한 이후 도쿄의 직주 분리 정책을 합리화한 사건은 간토 대지진(1923)과 도쿄 대폭격(1945)이다. 특히 간토 대지진(진도 7.9)은 당시 집과 직장이 모두 집중되어 있던 도쿄의 오래된 중심부(Shitamachi, 下町)인 니혼바시, 교바시, 신바시가 폐허로 변하고 약 14만 명의 사망자를 발생시켰다.

　간토 대지진 이후 도쿄의 도시 재건 노력은 일자리가 집중된 해안의 간척지인 시타마치와 지진으로부터 상대적으로 안전한 내륙의 구릉지인 야마노테(Yamanote, 山の手)에 조성된 주거지로 분리되었다. 그리고 당시 도쿄 도심 외곽을 감싸던 두 개 철도선이 야마노테와 시타마치를 연결했다. 이렇게 도시 순환선으로 개통된 야마노테선(1925)은 노면 전차, 교외 철도선, 지하철과 함께 직주 분리 그리고 1960년대부터 연장 및 신설된 도시간 국철과 교외 철도선을 하나로 묶으며 직주 원격에 기반한 도쿄 확장의 기반이 되었다.

교외지 개발과 직주 원격

　직주 분리의 가치에 기반한 도쿄는 1960년대에 도쿄올림픽을 개최하며 교외지 개발로 더욱 확장했다. 여기에는 런던 외곽의 가든 시티를 모델로 덴엔도시기업(Den-en Toshi Company, 1918; 현 도큐 그룹)이 도쿄 남쪽 외곽에 개발한 덴엔조부(Den-en-chofu, 1918)가 간토 대지진의 피해를 받지 않으며 도쿄 시민의 살고 싶고 안전한 교외 신도시로서 큰 영향을 주었다고 생각된다.

　이 시기의 도쿄의 교외 확장 과정은 1차 교외지 개발(1920-1935)에 이은 직주 원격의 형태를 가진 2차 교외지 개발(1955-1970)로 설명될 수 있다.[80] 이러한 상황은 야마노테선에서 외곽으로 뻗어나가는 일군의 민간 철도선들을 따라 대규모 교외 주거지 개발로 진행되었다. 이러한 관점에서 도쿄의 100년 도시 역사는 '지진의 피해를 최소화하기 위해 집과 일자리를 분리하고, 이 두 기능을 연결해 온 철도'로 이해될 수 있다.[81] 이러한 도쿄 확장은 도쿄의 신도시 개발을 지원하는 신주택시가지개발법(New Residential Town Development Act, 1963)에 따라, 총 1,500만 채 이상의 주택 공급을 위해 두 단계의 주택건설사업(1차주택건설5개년계획, 1965-1969, 670만 호; 2차주택건설5개년계획, 1970-1974, 950만 호)의 추진과 함께 진행되었다.[82]

이러한 결과로 도쿄의 서쪽과 남서쪽 외곽 그리고 북쪽 외곽에 각각 일군의 신도시들이 개발되었다. 먼저 일본 정부와 도쿄도가 주도해 도쿄의 서쪽 관문인 신주쿠역으로부터 도쿄 서부 외곽에 개발된 타마뉴타운(Tama New Town)과 도큐 기업이 그 거점인 시부야역으로부터 남서쪽 외곽에 개발한 타마가든시티(Tama Garden City, 1959)가 그 예이다. 그리고 도쿄 북서부 관문인 이케부크로역과 그 외곽에는 1970년대 말부터 일군의 신도시를 중심으로 사이타마가 개발되었다.

철도 기업과 도시개발 거점

도쿄의 이러한 직주 원격 기반의 교외지 개발의 특징은 교외 철도선 사업과 이와 연계된 교외지 개발을 함께 추진하는 민간 철도기업의 역할이다. 도쿄의 민간 철도사는 야마노테선의 개통과 함께 방사 형태로 교외로 뻗어나가는 교외 철도선을 개통하고 철도선 주변으로 교외 주거지를 개발했다. 이를 통해 민간 철도기업은 교외 주거지의 통근·통학 활동을 지원하는 여객 운송

사업자로서 철도시장의 개척과 철도와 관련된 비철도시장의 확장에 큰 영향을 주었다.

여객운송을 전담해온 도쿄의 민간 철도기업에게 교외 철도선과 도시 순환선의 연결 및 환승 거점은 통근·통학 활동과 유동인구의 중심부로서 다양한 비철도 수익사업의 시장으로 등장했다. 이러한 결과로 도쿄의 오래된 관문들인 신주쿠, 시부야, 이케부쿠로 등이 민간 철도기업의 지역 기반 기업활동 거점으로 성장했다. 예를 들면, 이케부쿠로역은 도쿄와 서북부 교외 사이타마를 연결하는 이케부쿠로선의 세이부철도사와 토조선 토부철도사의 사업거점이다. 시부야역은 도쿄 남서쪽 교외와 요코하마를 연결하는 덴엔도시선과 도요코선의 사업자인 도큐철도사의 사업거점이다. 신주쿠역은 오다와라선의 오다큐철도사와 게이오선의 게이오철도사의 중심부이다.

그리고 이 철도 거점들은 민간 철도기업들이 철도 이용객을 대상으로 사업화된 호텔, 쇼핑센터, 백화점, 배달, 환승교통체계 등의 비철도 수익사업의 중심부로 기능해왔다. 이러한 민간 철도기업의 역할은 철도의 태생지인 서유럽과 북미 도시들에서 중앙정부의 공공사업으로 추진되어 온 철도시장과는 차별화되며, 무엇보다 현대 도시개발이 지향하는 관민 협력사업, 대중교통 기반 도시개발(TOD) 그리고 직주락 도시거점 개발의 모델로 확인된다.

4) 도쿄의 직주락 도심 사례

직주 근접과 내진 고층 타워

도쿄의 직주 원격 기반 교외지 개발의 상황은 1980년대 말까지 지속되었다. 특히 이러한 도시 확장은 1960년대부터 시작된 일본의 자동차 산업의 성장과 맞물려 가속화되었으며, 이는 곧 일본 철도산업의 쇠퇴를 가져왔다. 흥미롭게도 이 즈음 철도산업 부흥을 목적으로 일본 국영철도가 민영화되며 일본 철도사(JR, 1987)가 설립되었다. 그리고 도쿄부는 4차수도권개발계획개정안(1986)에 기반해 수도권의 기능 분산과 광역화 정책의 실현을 위해 도쿄의 화물역 기능의 교외 이전을 추진했다. 이러한 상황은 일본 철도사가 도쿄 도심 내 화물역의 교외 이전과 이에 따른 일군의 이적지 재개발의 과업 수행을 위해 설립되었음을 암시해 준다. 이 과정에서 도쿄는 마루노우치-니혼바시 중심의 단핵 도시로부터 연결·환승 기능과 고속철도 정차 기능을 확보한 JR 철도역과 그 주변의 복합 용도를 확보한 도쿄 부도심 중심의 다핵 도시로 변화해 왔다.[83]

도쿄의 이러한 변화는 한일 월드컵과 도쿄 올림픽의 개최로 당시까지 직주 원격의 도쿄가 이후 직주 근접의 도시로의 구조적인 진화를 의미한다. 이즈음부터 일본 철도사는 야마노테선의 거점 JR 철도역과 그 주변에 저이용 되어온 화물역과 창고·공장지를 매각하고 대규모 재개발을 추진했다. 이러한 대표 사례들은 '23구 중심의 도쿄'의 옛 북쪽 관문인 아키하바라, 남쪽 관문의 신바시와 시오도메 그리고 인접한 롯폰기힐스, 미드타운, 아자부다이힐스, 서남쪽 관문인 시부야 등이다.

도쿄의 이러한 직주 근접 또는 직주락 도시로의 변화는 무엇보다 지진에 대비한 일본의 내진설계 건축기준(New Earthquake Resistant Building Standard Amendment, 1981)이 제시되면서이다. 뒤이어 내진 고층타워의 상징인 타에베이 101(2003, 101층)이 완공되었고, 마침내 일본의 내진 타워의 상징인 도쿄 스카이트리(2012)가 완공되었다. 결국 내진 기술에 기반한 고층 타워가 도쿄를 직주 근접 또는 직주 일치로의 회귀를 가능하게 했다. 그리고 도쿄의 개정된 도시계획법(3rd City Planning Act, 2000)이 직주 근접에 기반한 도심의 변화를 유도하기 위해 재개발의 허용 용적비를 상향해 주었다. 이는 상향된 용적 보너스를 받아 직주 근접을 이끌어 가는 도심의 건축물이 중저층 건물이 아닌 고층 건물임을 확인해 준다.

관의 직주 보너스와 민의 락 생태계

일본 철도사가 소유하는 JR 철도역 주변의 화물역과 주변의 공장지의 재개발은 중·장기 개발사업으로 투자 위험이 있어 공공의 투자와 지원이 전재되어야 진행할 수 있다. 이러한 배경에서 화물역과 공장지의 재개발은 공공이 지원하고 민간이 참여하는 관민 파트너십(Publilc and Private Partnership)과 합작투자 법인(joint venture)이 설립되어 추진되어 왔다. 여기서 관민 파트너십은 민간이 참여를 꺼리는 재개발사업에 공공이 도시인프라를 먼저 개선하고, '충분하되 과하지 않은(sufficient but not excessive)' 인센티브를 제공하여 민간 개발자의 참여를 유도하고 사업 수익성을 확보해 주는 개발장치를 의미한다.

최근까지 실행된 재개발 사례들에서 공통으로 확인되는 성공 요소는 첫째, 내진 성능을 갖춘 고층 타워 건축을 통한 안전한 직주 기능의 공급과 충분한 주야간 상주인구의 확보이며, 둘째, 재개발 부지와 주변부를 연결하는 보행 체계와 기능적인 산업생태계의 개발이다. 이에 공공은 주간 인구를 유발하는 일자리와 야간 인구를 확보하는 오피스, 콘도 주택, 호텔의 충분한 공급을 위해 용적 인센티브를 제공해 왔다. 그리고 민간 개발자는 '공공의 기여'로서 역세권 기반 보행 동선과 광장, 공원의 공공공간을 조성하여 재개발지에 도입된 쇼핑, 문화, 예술 시설들과 주변의 오래된 주변 블록을 맞물려 건축적 정체성과 골목 상권의 생태개를 개발하고 있다.

이러한 직주락 도시로서 도쿄의 변화는 2000년대 초부터 도쿄의 오래된 남쪽 관문인 신바시에서 일본 철도사가 주도로 옛 신바시역과 시오도메 시오사이트의 재개발이 진행되었다. 도쿄 타워의 서쪽부에는 미나토의 기반인 기반의 모리 기업이 간선도로(東京都道 319号)를 따라 고층 타워를 중심으로 개발한 롯폰기 힐스, 미드타운, 아자부다이힐스, 도라노몬힐스가 위치한다. 또한 도쿄의 역사적인 남서쪽 관문인 시부야에서 도큐 기업이 주도해 분지 지형의 지형차를 이용해 개발한 히카리에와 스크램블 스퀘어 등이 직주락 도시를 이끌고 있다.

신바시와 시오사이트

신바시는 도쿄의 최초 철도역으로 개항 항구인 요코하마를 지나 멀리 시즈오카, 나고야, 교토, 오사카, 고베를 연결해 온 도카이도선(Tokaido Line, 1872)의 출발점이었다. 특히 신바시의 남쪽 700m 지점에는 간도 지역을 대표하는 불교 정토 종파의 조조지 사찰(Zojo-ji, 1393)과 시바토소구신사(Shiba Tosho-gu, 1617)가 에도 시대 초기에 조성되어 도쿄 관문의 상징성을 더했으며, 도쿄 타워(1958)가 에도의 옛 관문 기능을 대신해 왔다.

먼저 신바시의 동쪽으로 옛 화물역과 주변부에는 신바시-시오도메 재개발(부지면적: 10ha, 1995-2003)이 일본 철도사가 주도하고 일본국철자산매각사, 도쿄도 도시개발청, 시나가와구, 민간 개발자로 구성된 관민 파트너쉽으로 추진되었다. 이러한 재개발은 신바시-시오도메 화물역(신바시역, 1872; 시오도메 화물역, 1914-1973) 기능이 남쪽으로 시나가와에 신축된 카모추터미널(Kamotsu Terminal, 1973)로 이전해 나가면서 신바시-시오도메 화물역이 신바시역 철도역사전시관(Old Shimbashi Station Railway History Exhibition Hall)으로 복원되었고, 이를 중심으로 파나소닉, 후지쯔, 포르쉐 등이 본사 또는 산하 기업이 소유한 6개 타워 빌딩을 가진 도쿄의 새로운 업무 거점이 개발되었다. 이 과정에서 개발 용적은 4에서 12로 증가되었다.[84]

또한 신바시-시오도메 화물역 주변에 위치했던 시나가와 화물창고(Shinagawa Freight Yard, 1960-1986, 면적 22ha)가 1986년 이전해 나가며, 그 이적지가 시오도메역을 중심으로 도쿄의 새로운 글로별 업무 거점인 시오사이트(Shiodome Sio-Site, 1995-2002)로 재개발되었다. 시오사이트의 재개발은 일본 철도사, 도쿄도 도시개발청, 미나토구, 민간 개발사가 공동 설립한 시오도메 철도도시기업(Rail City Shiodome Project Corporation, 1991)의 주도로 추진되었다.

이 과정에서 도쿄도는 전체 부지를 용도에 따라 네 개의 구역으로 나누었고, 다시 총 9개 세부 구역으로 나누어 토지 매각과 토지 교환을 진행하고 재개발 계획을 수립하여 이들을 하나로 통합된 개발로 추진했다. 이 과정에서 산업 용도의 토지는 상업 용도로 업조닝되어 개발 용적이 4에서 8로 상향되었고, 이 중 다섯 개 블록에는 보너스 개발 용적이 추가되어 6과 12로 최종 상향되었다. (Nishikawa, 2003) 이러한 결과로 덴츠 빌딩(2002), 일본 TV타워(Nippon Television Tower, 2003)와 미츠이, 콘래드 등의 호텔을 포함 총 13개 타워 빌딩이 직주 기능을 갖춘 복합 콤플렉스로 완성되었다. 그리고 시오도메역(2002)의 대중교통 거점과 복합문화공간인 쇼핑센터(Caretta Shiodome)와 일체화되어 보너스 용적에 대응해 광장, 녹지, 보행데크 등의 공공공간이 연결되고 도쿄만을 바라보는 하마리큐 가든(Hama-rikyu Gardens, 1946)으로 확장되었다.

미나토의 롯폰기힐스, 미드타운, 아자부다이힐스

도쿄 타워부터 서쪽의 아오야마잇초메까지 간선 도로(東京都道 319号)의 약 2km 구간에는 최근 직주락 트렌드를 주도해 온 일군의 프로젝트들이 집중 위치한다. 가장 첫 번째 프로젝트인 롯폰기힐스(Roppongi Hills, 2003)를 시작으로 미드타운(Tokyo Midtown, 2007), 토라노몬힐스(Toranomon Hills, 2023), 아자부다이힐스(Azabudai Hills, 2023)가 순차적으로 개발되었다. 흥미롭게도 이들은 미나토구 출신 기업가 타이키치로 모리(Taikichiro Mori, 森 泰吉郎, 1904-1993)가 창업한 모리 부동산기업(Mori Building Company, 1959)이 주도하거나 소유지에서 추진된 혼합용도 재개발 사례들이다.

먼저 2000년대 초에 미나토구의 구릉에 개발된 롯폰기힐스(Roppongi Hills, 2003; 면적 11ha)는 일본 전통의 정원(Mori Garden)과 야외공간(Arena)을 중심으로 아사히 방송 본사(TV Asahi headquarters), 문화와 업무 기능을 갖춘 고층 타워(Mori Tower, 54층)와 저층형 쇼핑몰과 호텔(Grand Hyatt Tokyo, 21층)로 채워지고, 수직이동 보행 체계인 에스컬레이터가 롯폰기힐스와 깊이 42m에 위치한 지하철역(Roppongi Hills)을 연결하고 있다. 그리고 부지 내에 주거 기능의 프라이버시 확보를 위해 사쿠라자카 도로 남쪽에 두 개 주거 타워(Roppongi Hills Residence B and C, 43층)가 조성되었다.

롯폰기힐스역을 기준으로 롯폰기힐스와 반대쪽에 개발된 미드타운(Tokyo Midtown, 2007; 면적 10ha)은 미추이 부동산이 "도시 안의 도시(city within a city)"를 주창하며 개발했던 직주락 컴플렉스이다. 이 부지는 에도 시대부터 이곳에 거주했던 모리 가문(毛利氏)의 거주지였으며, 메이지 시대 이후 일본군 부대, 미군 부대(Camp Hinokicho, Hinokicho Air Base), 일본 국방청 본부가 위치했다. 이곳에 있었던 군 시설이 1988년부터 신주쿠 동쪽 외곽의 이치가야(Ichigaya, 市谷)로 이전해 나가면서 미추이 부동산의 컨소시움이 2000년 부지를 매입해 개발했다.

미드타운은 간선도로의 진입부인 미드타운 플라자를 감싸는 세 개의 타워가 중심부를 구성한다. 중앙 타워(Midtown Tower, 54층)에는 존스홉킨스 병원(Johns Hopkins Hospital, 6층)이 위치하며 야후 제펜, 시스코 제펜, 유니클로, 니코 자산관리(Nikko Asset Management) 등이 입주해 있는 사무실(6-44층)과 호텔(Ritz-Carlton Hotel, 45-53층)을 두고 있고, 동쪽 타워(Mid town East, 25층)에는 콘도 주택, 그리고 서쪽 타워에는 후지 필름과 후지 제록스의 본사가 위치한다. 미드타운 플라자의 서쪽 부에 포디움 형태의 쇼핑 컴플렉스(Galleria Shopping Complex, 4층)와 예술박물관(Suntory Museum of Art), 미드타운 가든이 북쪽의 공원(Hinokicho Park)과 연결되며 거대한 공공 공간을 제공하고 있다.

신바시의 남서쪽에 건축된 아자부다이힐스(Azabudai Hills, 2023, 면적 8.1ha)는 모리 기업이 1989년부터 토지 합필을 시작하며 "모던 도시 마을(Modern Urban Village)"을 주장하며 추진한 재개발이다. 아자부다이힐스는 중앙 공원(Central Green)을 중심으로 세 개의 타워로 조성되었으며, 북서쪽으로 카미야초역(Kamiyacho Station, 神谷町駅)과 지하 보행 체계로 직접 연결된다.

아자부다이힐스를 경관적으로 대표하는 모리 타워(Azabudai Hills Mori JP Tower, 64층)는 중층부의 사무실과 고층부의 주거(Aman Residences Tokyo 56-65층)를 두고 있으며, 인접해 두 개의 주거 타워(Residence A, 54층과 Residence B, 64층)를 갖고 있다. 중앙

공원을 중심으로 일본을 대표하는 프레미엄 슈퍼마켓(Meidi-ya)과 우지의 대표 녹차 상점(Nakamura Tokichi)을 갖춘 150개의 상점가(Azabudai Hills Market)와 그 상부의 저층 주거(Azabudai Hills Garden Plaza Residence)를 두고 인접해 유치원과 국제학교, 갤러리(Azabudai Hills Gallery) 등의 상업, 문화 기능과 연결된다.

시부야의 히카리에, 스크램블 스퀘어

도쿄의 오래된 서남쪽 관문인 시부야는 북쪽의 신주쿠에서 남쪽의 시부야를 연결하는 시부야천(Shibuya-gawa, 渋谷川)을 따라 에도 시대 이전부터 카마쿠라 막부(鎌倉幕府, 1192-1333)의 중심부를 연결한 카마쿠라가도(鎌倉街道)의 역참마을인 하라주쿠가 위치했던 곳이다. 뒤이어 이곳에 개통된 시부야역은 타마가와선, 덴엔도시선, 토요코선, 메구로선 등의 교외 철도선을 따라 도쿄 남서부의 교외지 개발이 시작된 도쿄의 대표 철도 거점이다.

시부야는 이곳에서 창업한 타마가와 전철사(1907)와 이를 흡수해 도쿄 남서부의 교외지 개발을 이끌어온 도큐 기업의 사업 중심부이다. 도큐 기업은 시부야역의 개통 후 서쪽 부에 도큐백화점 본점(1919)을 개업하고 이후 현재까지 시부야역 주변을 단순한 쇼핑의 중심지를 넘어 문화와 예술 그리고 업무와 주거 기능을 결합해 시부야만의 독특한 정체성을 가진 직주락 도시로 변화시켜 왔다.

시부야가 도쿄의 대표 패션산업 거점으로 성장해 온 계기는 일본 방송의 본사의 1973년 히바야 공원 남쪽으로부터의 이전이었다. 이 즈음 덴엔도시선이 연장 개통되며 시부야역 서쪽 출입구를 중심으로 세이부 백화점(1968)이 개업했고, 패션 백화점인 시부야 파르코(1973), 도큐 기업의 패션 거점으로 개발된 시부야 109(1979)가 연이어 개업했다. 뒤이어 1980년대에는 시부야 파르코에 인접해 시부야 로프트(1987)가 추가되고 인접해 문화·예술 콤플렉스인 분가무라 컬처센터(1989)가 개장하며 시부야는 거대한 패션 상업거점으로 성장했다. 또한 시부야역 동쪽 입구의 세이부 백화점(1968)에 대응하여 주변의 부유층 거주민 대상의 도큐 백화점(1967-2023)도 개업했다.

이후 시부야에는 도쿄 올림픽(2020) 개최를 준비하며 철도역 중심의 대규모 재개발에 주거 기능이 더해지며 2027년을 목표로 직주락 도심으로서 변화가 진행되어 왔다. 이러한 변화의 계기는 2013년 시부야와 다이칸야마 사이의 토요코선 구간의 지하 이선으로, 이를 통해 사이쿄선 승강장과 긴자선 승강장이 이전해 배치되어 오랫동안 비평을 받아온 복잡한 보행체계를 단순화했다. 이 과정에서 시부야역의 새로운 남쪽 출입구(Shibuya Sakura Stage)가 조성되고 시부야 하천이 복원되어 주변으로 녹지와 공공공간이 조성되었다. 이러한 시부야 재개발의 특성은 무엇보다 시부야의 자연 분지 지형의 특성을 이용해 지하의 철도역에서 시작된 보행 체계가 녹지, 정원, 수 공간을 입체적으로 연결하고 옥상부의 전망대까지 이어진다는 점이다. 그리고 이러한 입체적 보행 체계 위에 상업, 주거, 호텔 및 문화, 예술, 레저, 시설이 위치해 왔다.

최근 이러한 시부야의 변화를 주도해 온 대표적인 사례는 시부야 히카리에와 시부야 스크램블 스퀘어이다. 먼저 시부야역의 동쪽 편에 도큐 기업의 시부야 문화회관(Shibuya Tokyu Bunka Kaikan, 東急文化会館)이 위치했던 부지에는 도큐 기업이 소유하고 재개발한 시부야 재개발 사업의 첫 결과물인 고층 타워 시부야 히카리에(2012; 지상 34층 지하 4층)가 개발되었다. 히카리에는 라인의 본사를 포함한 업무시설과 500여 개 상점이 위치한 도쿄백화점(Shibuya ShinQs, 지하3-5층)의 상업시설, 전시컨벤션 시설(크리에이티브 스페이스 8, 히카리에 홀), 공연시설(도큐 극장)이 위치한다.

또한 시부야역의 상부에 조성된 시부야 스크램블 스퀘어(2019, 2027)는 도큐 그룹, JR East, 도쿄메트로가 공동 설립한 시부야 스크램블 스퀘어(Shibuya Scramble Square Co.)의 주도로 개발되었다. 두 단계로 나뉘어 세 개의 건물로 개발중인 시부야 스크램블은 동관(지상 47층, 지하 7층)이 시부야에서 가장 높은 복합 상업시설로 먼저 완공되었고, 서관과 중앙동은 2027년 완공 예정이다. 동관은 저층부(지하 2-13층)의 상업시설과 레스토랑과 중·상층부(17-44층)의 기업 본사, 공유 사무실이 자리잡고 있으며, 옥상에 조성된 시부야 스카이가 시부야 주변과 도쿄의 전망을 제공하고 있다.

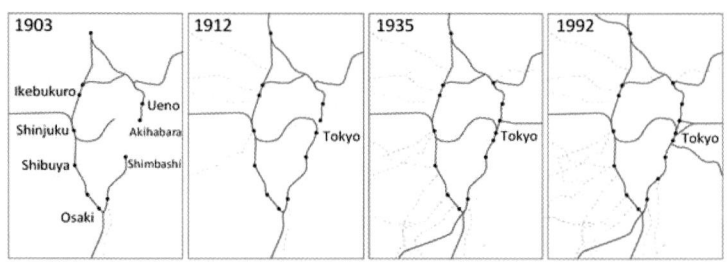

도쿄 야마노테선의 단계적 구간 개통 과정

도쿄 미트타운 중심부인 미드타운 플라자

도쿄 미드타운 갤러리아 쇼핑센터의 중앙부

도쿄 미드타운의 가든

옛 신바시역이 재생된 신바시역 철도역사전시관

시오도메 시오사이트의 공공공간

시부야역 시부야스트림 주변에 복원된 시부야 하천

시부야 록폰기도로 상부의 고가 보행 체계

아자부다이힐스의 중앙 가든

아자부다이힐스 쇼핑몰의 꽃집

Key point!

　직주락 도시는 원거리 이동의 문제점을 해결하고, 삶의 질 향상을 이루려는 현대인의 열망에 대응한 결과물이다. 최근 글로벌 트랜드를 이끌고 있는 도쿄의 직주락 도시는 옛 에도 시대의 직주의 일치에서 시작되어, 간토 대지진이 가속화한 직주의 분리, 2차세계대전 이후 교외지 개발과 철도 기반의 직주의 원격, 그리고 2000년부터 수도권 다핵화의 도시정책과 내진 기능을 갖춘 고층 타워 중심의 철도 거점 재개발이 이끌어온 일련의 진화 결과이다. 이러한 도쿄의 직주락 도시의 성공은 첫째, 도시 철도에 기반한 구도심의 재개발(재생)을 통해 확장된 도시를 컴팩트 도시로 압축시킬 수 있으며, 둘째, 화물역, 공장, 시장 등의 대규모 이적지의 중·장기 개발은 공공성과 사업성의 균형을 잡는 관민 파트너십의 협력 과정으로 진행되며, 셋째, 보행 체계가 완성하는 건축 정체성과 동네 상권을 활성화하는 산업생태계의 성장으로 결정된다.

CHAPTER
4

주목경제의 시대:
도시 브랜딩과
문화의 재발견

1부

도시의 헤리티지:
과거를 품은 미래도시 전략

1) 메가트렌드: 주목경제 시대, 이야기를 품은 도시의 문화유산 매력

도시는 이야기를 품는다. 도시는 단순한 물리적 공간, 인구 밀도의 집합체가 아니라, 시간의 층위와 기억의 구조, 문화의 퇴적이 축적된 장소다. 도시마다 고유한 얼굴이 있고, 그 얼굴은 역사의 결에 따라 결코 동일하지 않다. 우리는 파리의 거리를 걸을 때 프랑스 혁명과 샹송을 떠올리고, 교토의 골목길에서는 격식 있는 절제와 전통의 미감을 느낀다. 서울의 경복궁에서 우리는 근대화와 식민, 전쟁과 산업화의 압축된 기억을 마주한다. 이처럼 각 도시에는 고유한 "스토리"가 있고, 이 스토리는 오랜 시간에 걸쳐 "문화유산"이라는 이름으로 계승된다.

따라서, 오늘날의 도시 전략은 더 이상 개발 위주의 하드웨어 중심에서 멈추면 안된다. 도시의 매력을 더욱 심도깊게 구성하는 콘텐츠, 정체성, 감성 자본, 경험경제 등의 소프트웨어 전략으로 눈을 돌려야 한다. 특히 그 도시가 어떤 "문화유산, 헤리티지"를 가지고 있는가, 그리고 그 문화유산을 어떤 방식으로 풀어내고 있는가, 어떻게 현대적인 "이야기"로 재구성하고 있는가가 이제 각 도시들이 내세울 수 있는 중요한 경쟁력이 된다. 도시의 헤리티지는 단지 과거의 보존이 아니라, 현재의 감동이며, 미래의 가능성이기 때문이다.

"문화유산이야말로 도시 콘텐츠의 원천이다." 이는 최근 도시 브랜딩 전문가와 문화정책 기획자들 사이에서 가장 자주 인용되는 말 중 하나다. 문화유산은 박물관 안의 '정적(靜的) 자산'이 아니라, 새로운 기술과 결합되어 살아 움직이는 '동적(動的) 콘텐츠'가 된다는 것이다. 과거를 기억하게 하는 동시에, 새로운 경험을 제공하는 문화기술적 인터페이스로 기능하는 것으로도 볼 수 있다. 이는 메타버스와 디지털 트윈, XR 콘텐츠를 활용한 문화유산 체험 콘텐츠가 부상하는 최근의 경향에서도 확인할 수 있다.

도시의 헤리티지는 단순한 과거의 흔적이 아니다. 그것은 정체성의 뿌리이자, 사람들을 끌어들이는 매력의 핵심이며, 도시민이 자부심을 느끼는 문화적 기반이다. 오늘날 도시를 선택하는 기준은 더 이상 일자리만이 아니다. 도시는 살고 싶은 장소, 경험하고 싶은 문화, 공유하고 싶은 이야기의 장으로 변모하고 있다. 그 중심에 도시의 헤리티지가 있다. 도시의 헤리티지는 단순히 역사적 유산을 의미하지 않는다. 그것은 공동체의 기억이며, 정체성이자, 장소성에 뿌리를 둔 총체적인 문화 자산이다. 오늘날 도시들은 물리적 공간 그 이상의 의미를 가지며, 사람들의 감정, 태도, 가치관, 미적 경험이 교차하는 복합 문화 공간으로 변모하고 있다. 이 과정에서 '헤리티지'는 도시를 이해하는 핵심 키워드로 다시 조명받고 있으며, 2026년 '도시의 헤리티지'는 주요한 문화 트렌드로서 부상할 것이다.

'헤리티지(heritage)'라는 개념은 원래 '상속받은 것'을 뜻하는 단어에서 유래하였다. 하지만 오늘날의 도시 담론 속에서 헤리티지는 단순한 전통이나 유물의 보존을 넘어, 그것을 해석하고 재구성하여 새로운 시대의 감성과 결합시키는 과정을 모두 포함한다. 즉, 현대의 도시 헤리티지는 '기억의 장소(lieux de mémoire)'로서 과거와 현재, 나아가 미래를 잇는 문화적 인터페이스로 작동한다. 피에르 노라(Pierre Nora)가 제시한 '기억의 장소'는 물리적 유적뿐 아니라 상징적 공간, 사건, 인물 등 기억을 불러일으키는 모든 요소를 포함하고 있다. 도시의 헤리티지는 바로 이러한 기억의 장소들이 축적된 복합적 구조라 할 수 있다. 이러한 맥락에서 우리는 도시의 유산을 "보존-경험-콘텐츠화"라는 3단계로 구성된 하나의 문화 생태계로 바라볼 수 있다. 첫째, 과거의 유산을 보존하고 관리하는 기초 작업이 필요하다. 둘째, 이를 감각적 경험으로 전환하여 시민과 관광객이 직접 체험할 수 있도록 한다. 마지막으로 이 경험은 디지털 기술과 창의 산업과의 융합을 통해 스토리텔링 기반 콘텐츠로 전환시켜야 한다. 예컨대, 고궁을 단순히 '보는' 공간으로 둘 것이 아니라, 그 안에서 스토리 기반 투어, AR/VR 체험, 연극적 재현, 그리고 디지털 미디어아트 등의 감각적 콘텐츠가 입혀질 때, 도시의 유산은 콘텐츠 산업의 원천으로 재탄생한다. 이 같은 콘텐츠 전략은 도시의 정체성을 강화할 뿐 아니라, 도시민의 자부심, 도시 브랜드의 차별성, 그리고 지역경제의 지속 가능성까지 연결된다.

유네스코 세계문화유산인 수원의 화성

또한, 도시는 단순한 거주 공간을 넘어, 역사와 문화가 축적된 장소로서 사람들에게 정체성과 감동을 제공하는 공간이다. 매력적인 도시는 이러한 유산을 바탕으로 스토리텔링을 통해 도시 고유의 이미지를 구축하고, 이를 통해 방문객과 시민에게 특별한 경험을 제공한다. 최근 전 세계 도시들은 문화유산을 기반으로 한 콘텐츠 개발을 통해 도시 브랜드 가치를 강화하고 있으며, 이는 문화관광과 지역경제 활성화에도 긍정적 영향을 미치고 있다. 즉, 도시의 매력을 부각시키는 데 있어 스토리텔링 기반의 헤리티지 콘텐츠는 중요한 역할을 한다. 아는 만큼 보인다고 도시가 걸어온 길, 역사에 기반을 두고 표현되어진 콘텐츠는 그 도시를 이해하는데 좋은 나침반이 된다.

한국의 경우, 미술사학자이자 (전) 명지대 석좌교수인 유홍준 교수가 펴낸 《나의 문화유산 답사기》가 있다.[86] 이는 지역 스토리텔링의 좋은 사례이다. 1993년 1권을 출간하면서 '우리나라 전 국토가 박물관이다'라는 유행어를 만들어냈는데, 이 책은 인문서 최초의 밀리언셀러로 기록되기도 했다. 이 책은 국내 각 도시의 역사적 의미와 문화유산을 깊이 있게 조명하며 독자들에게 도시의 새로운 매력을 일깨워주었다. 이 책은 단순한 여행기가 아니라, 역사와 예술, 그리고 공간에 대한 문화적 성찰을 통해 도시를 새롭게 바라보게 만들어 준다. 첫 출간 이후 1995년 《나의 문화유산 답사기》 1권의 글은 중학교 교과서에도 수록되면서 20세기 명저로 선정되기도 했다. 국토답사의 길잡이, 새로운 감동으로 다가온, 유홍준 교수의 《나의 문화유산 답사기》는 한국 각 지역의 문화유산을 문학적 접근과 심도 깊은 해설을 통해 도시의 정체성과 매력을 재조명했는데, 지역의 역사와 스토리를 콘텐츠로 전환시킨 대표적인 작품이다. 예를 들어, 경주의 신라 역사 유적지와 전주의 전통 한옥마을, 안동 하회마을, 남도의 사찰과 사당들은 유홍준 교수의 스토리텔링을 통해 독자와 여행자에게 살아 숨 쉬는 역사로 다가온다. 즉, 풍부한 역사적 자원과 고유한 지역 이야기를 통해 책을 읽는 사람들에게도, 또 관광객들에게 특별한 경험을 제공하며 지역 정체성 강화에 기여하고 있다. 이러한 스토리텔링을 통해 각 도시를 방문하는 관광객의 정서적 공감도 형성시키고, 각 지역 주민들에게는 도시의 정체성 자각을 통해 자부심마저 심어주었다. 비슷한 예로, 전주는 전통 한옥의 보존과 활용을 통해 전통문화의 현대적 가치를 재조명한 대표적 도시이다. 전주 한옥마을은 전통 건축양식과 음식문화, 공예 체험을 접목시켜 관광객들에게 살아있는 한국의 전통문화를 체험하게 한다. 이러한 도시 브랜드는 영화제, 공연예술, 미디어 콘텐츠와 결합되어 지속적으로 진화하고 있다.[87] 작가 특유의 입심으로 집필된 《나의 문화유산 답사기》는 소설보다 재미있다는 평이 많았고, 문 열고 나가 그곳에 가서 역사와 문화유산에 참여해보고 싶다는 욕구와 기쁨을 일으킨다는 리뷰가 많았다.

마찬가지로, 프랑스의 파리도 헤리티지 콘텐츠의 정점에 있는 도시이다. 즉, 파리도 도시의 헤리티지 콘텐츠를 품은 성공적인 활용 사례로 꼽을 수 있다. 세계인들에게 익숙한 에펠탑과 루브르 박물관, 노트르담 대성당, 개선문과 같은 랜드마크들은 도시의 역사를 상징하며 세계적으로 사랑받는 명소이다. 파리는 역사적 건축물과 문화유산을 적극적으로 활용하여 도시 자체가 문화 콘텐츠로 기능하기도 한다. 고유 유산을 기반으로 파리는 패션, 예술, 문학 등의 다양한 창조산업과 접목해 글로벌 문화 중심지가 되었고, 유산의 보존과 현대화, 상업화의 모든 조화를 이루어내기도 하였다. 도시 전체가 '살아있는 박물관'으로 운영되며, 시민의 자긍심과 관광객의 감성을 모두 충족시키는 공간으로 자리 잡은 지 오래되었다. 이렇게 파리는 도시가 품고 있는 문화유산과 문화 콘텐츠를 적극 활용하여 매년 수천만 명의 관광객을 유치하고 있으며, 도시 전체가 하나의 문화적 경험을 제공하는 플랫폼 역할을 하고 있다.

따라서, 이 챕터에서는 도시의 헤리티지를 단순히 유산으로 정의하는 데 그치지 않고, 주목경제의 시대속에서 그것이 어떻게 문화 콘텐츠가 되고, 도시 브랜드의 스토리텔링 자산으로 기능하며, 경제적 생태계를 창출하는지에 대해 살펴보고자 한다. 특히 국내의 경주, 전주, 안동과 같은 도시들이 어떻게 유산을 콘텐츠로 재해석하고 있는지, 그리고 프랑스의 파리, 사우디아라비아의 알울라 같은 해외 도시들은 헤리티지를 통해 글로벌 문화도시로 어떻게 발돋움하고 있는지를 구체적으로 조망한다. 궁극적으로 이 챕터에서는 도시의 헤리티지가 문화적 기억의 저장소를 넘어, 창조적 미래 자산이 될 수 있다는 점을 강조할 것이다. 이에, 2026년의 핵심 트렌드는 도시의 헤리티지에 대한 새로운 개념 정의와 이를 살리는 행동으로 실현 및 구현되는 도시 전략이 될 것이다.

2) 도시의 헤리티지 관점에서 볼 수 있는 국내 및 해외 도시 사례

도시의 유산, 즉 '헤리티지'는 단순히 과거의 유물이 아닌 현재를 살아가는 사람들과 연결되는 문화적 자산이다. 도시 헤리티지 관점에서 매력적인 도시들은 유산을 보존하면서도 그것을 현대적으로 재해석하여 콘텐츠로 전환하고, 그 안에서 새로운 도시 정체성과 경제적 가치를 창출하고 있다. 이에 몇 가지 국내 및 해외 도시의 좋은 사례들을 살펴보면 다음과 같다.

먼저, 경주는 신라의 수도였으며, 수많은 문화유산이 남아 있는 도시이다. 정부와 경주시에서는 경주의 문화유산을 적극적으로 보존하면서 현대적으로 재해석하는 다양한 개발 정책을 추진해 왔다. 가장 대표적으로, 불국사와 석굴암은 유네스코 세계문화유산으로 지정된 중요한 유적지로, 문화재청과 경주시는 이들 문화유산의 원형을 유지하면서도 현대적인 기술을 활용해 보존 작업을 진행하고 있다. 예를 들어, 3D 스캐닝 기술을 이용한 석굴암 내부의 정밀한 기록을 남기고, 가상현실(VR)을 활용하여 관람객이 실내 관람이 어려운 공간도 체험할 수 있도록 하고 있다.[86] 또한, 경주의 황남동에 위치한 황리단길의 도시재생 프로젝트도 눈에 띈다. 황리단길은 오래된 한옥과 골목길을 현대적으로 개발한 대표적인 사례이다. 과거에는 낡은 건물들이 많아 관광객의 관심을 받지 못했으나, 도시재생 사업을 통해 한옥을 개조한 카페, 갤러리, 공방 등이 들어서면서 인기 있는 관광지로 변모했다. 이 과정에서 기존 건축물의 구조를 유지하면서도 현대적인 감각을 더한 점이 특징적이다. 이처럼 천년의 시간을 디지털로 복원한 경주가 도시의 헤리티지 관점에서 가장 눈에 띄는 곳이다.[87]

신라의 천년 역사가 빛나는 곳, 세계문화유산인 '경주역사유적지구'의 월정교

경주는 단순히 '역사의 도시'가 아니라, 살아 있는 고대사와 디지털 기술이 공존하는 유산 도시로 변화하고 있다. 신라 왕조의 수도였던 이 도시는 불국사, 석굴암, 내릉원, 첨성대 등 고대 건축과 유물의 보고다. 그러나 경주의 전략은 단순 보존이 아니다. AR 기반 해설 시스템, 야간 조명 콘텐츠, 문화재 야행 프로그램, 고궁 음악회 등은 과거를 현재형 콘텐츠로 전환한 대표적인 사례다. 경주는 '역사적 장소의 일상화'를 통해 문화유산을 특별한 날의 관광이 아닌, 일상 속 체험으로 만들고자 했다. 이는 유산이 박물관 속 유물이 아니라, 지역 주민의 삶과 감정을 매개하는 콘텐츠가 되어야 한다는 관점을 잘 보여준다. 특히 월정교의 야경 콘텐츠는 경주의 야간관광 활성화뿐 아니라, 청년 창작자와 지역

문화기획자의 협업 모델로 주목받고 있다. 한국을 대표하는 우리의 문화유산이자, 2000년 12월 세계의 문화유산으로도 선정된 '경주역사유적지구'는 천년의 신라 역사와 문화를 한 눈에 살펴볼 수 있을 정도로 방대하다. 다양하고도 수많은 유산이 이곳저곳에 밀집되어 있는데, 남산, 월성, 대릉원, 황룡사, 산성 지구 등 유적지의 성격에 따라 5개 지역으로 나누어져 있다. 경주는 52개 지정문화재가 세계유산지역에 포함되어 있는 거대한 한국 유산의 보물창고이다.[90] 유홍준 교수는 경주를 "역사적 깊이와 현대적 감각이 조화를 이룬 도시"로 묘사하였다. 유홍준 교수는 경주가 전통과 현대의 균형을 유지하며 도시 전체가 하나의 역사 박물관과 같은 역할을 한다고 평가하였다. 또한 최근 경주는 지역의 역사 콘텐츠를 활용한 다양한 축제와 미디어 콘텐츠를 개발하여 관광객 유입과 지역경제 활성화에도 성공을 거두고 있다. 특히 경주는 2025년 10월 31일부터 11월 1일까지 열리는 제 32차 아시아태평양 경제협력체(APEC) 정상회의가 열리는 곳이다. 다양한 인프라를 활용하면서 효율적으로 회의를 운영하기 위해 경주와 인천, 그리고 제주로 분산 개최가 되기는 하지만, APEC 개최지로서 경주는 글로벌 핵심 도시로 부상했다. 이는 세계 문화유산을 간직한 도시로서 외교적 이미지 또한 더욱 드높일 수 있는 좋은 기회로 작용할 것이다.

한국의 전통문화, 멋과 맛을 품고 있는 전북 전주의 한옥마을

한편, 1977년 '한옥마을 보존지구'로 지정된 이래, 한옥마을로 유명한 전주도 그에 못지 않은 위용을 뽐내고 있다. 전주는 전통과 현대가 교차하는 대표적인 도시로서, 헤리티지 기반 콘텐츠 전략의 정교함이 두드러진다. 전주는 전통문화를 현대적으로 계승한 도시로, 전통한옥 700여 채가 고스란히 보존되어 '전주'라는 도시 브랜드의 핵심을 만들어내었다. 조선 시대부터 시작하여, 근대 및 현대까지 이어지고 있는 전통 한옥과 한국 및 일본 스타일의 절충형, 그리고 일식가옥까지 우리 역사의 한 단면을 보여주는 전주시 완산구의 풍남동과 교동 일대의 한옥들은 우리나라의 보물과 같은 곳이다. 이러한 문화유산 곳곳에 한국의 전통 음식, 공예, 국악 등 다양한 문화요소들이 융합되어 있고, 전주국제영화제, 전주비빔밥축제 등 지역 콘텐츠를 기반으로 한 글로벌 이벤트가 잘 정착되어 있다.[71] 이는 도시 헤리티지를 문화산

업과 결합한 성공적인 사례로 볼 수 있다. 즉, 전주한옥마을은 단순한 건축 보존의 사례가 아니라, 음식(전주비빔밥), 공예(한지·소목), 예술(국악), 글로벌 콘텐츠(전주국제영화제)가 공존하는 복합 플랫폼이다. 특히, 전주는 유네스코가 세계문화유산으로 지정했던 판소리의 본고장이기도 하다. 이제 전주는 "도시 전체가 하나의 스토리월드"가 되는 구조를 갖게 되었다. 영화제와 음식축제, 공예체험이 연결된 이 생태계는 특히 지역주민의 참여를 기반으로 운영된다. 관광객에게는 새로운 체험을 제공하면서도, 도시민에게는 정체성과 자부심을 되돌려주는 선순환 구조인 것이다. 특히 영화제는 한옥이라는 정적 공간에 현대 영상문화를 접목시킨 사례로, 문화유산의 현대화 가능성을 잘 보여준다.

비슷한 사례로, 유교의례에서 체험형 교육도시로 변모하고 있는 안동도 있다. 안동은 유교문화의 본산으로, 하회마을과 도산서원, 병산서원 등 세계유산을 중심으로 한 문화유산 도시다. 그러나 안동의 전략 또한 단순히 전통을 보존하는 것에 머무르지 않는다. 탈춤페스티벌, 전통 혼례 체험, 서원 교육 프로그램 등은 유교적 가치와 의례를 현대적 감각으로 재해석한 콘텐츠다. 특히 안동 국제탈춤 페스티벌은 무형문화유산을 현대 퍼포먼스로 재해석한 대표 사례로, 청소년 교육 프로그램, 지역경제 활성화, 국제교류 등 다층적인 효과를 창출할 수 있도록 설계되었다. 안동은 "전통은 살아있다"는 슬로건 아래, 유산과 교육, 체험, 경제가 연결된 도시 모델을 잘 구현하고 있다.

세계문화유산으로 지정된 사우디아라비아의 알울라

한편, 해외에서는 사우디아라비아의 알울라(AlUla)가 대표적인 사례로 떠오르고 있다. 사우디아라비아 북서부에 위치한 알울라(AlUla)는 최근 가장 주목받는 문화유산 도시 중 하나다. 2천 년이 넘는 역사를 지닌 고대 유적지이자 나바테아 문명(Nabatea Civilization)의 흔적이 남아 있는 이 지역은 한때 잊혀졌던 공간이었다. 그러나 2018년 이후 사우디 정부와 프랑스 정부, 그리고 유네스코, 글로벌 기업과의 협력 아래 알울라는 본격적으로 유산 기반 창조도시로의 전환을 시작했다. 알울라의 핵심 전략은 세 가지로 요약된다. 첫째, 유산의 고고학적 보존과 정비. 둘째, 유산 위에서 이뤄지는 현대 예술 콘텐츠의 창작과 축제. 셋째, 국제협력 기반의 관광·교육·미디어 생태계 조성이다. 예컨대 'AlUla Moments'라는 시리즈 축제는 사막 한가운데에서 열리는 콘서트, 전시, 패션쇼, 대형 설치미술 등을 통해 과거와 현재를 연결하고, 지역 주민과 글로벌 아티스트가 협업하는 장으로 작동하고 있다. 알울라의 전략은 '정체성의 재정의'라는 점에서 의미가 깊다. 유산을 단순히 보존하거나 전시하는 것이 아니라, 그것을 기반으로 미래 세대를 위한 창조 자산으로 재구성하고 있다. 또한 여성·청년·지역 커뮤니티의 참여를 확대하면서 유산의 민주적 접근성과 지속 가능성도 동시에 확보하고 있다. 이렇게 사우디아라비아 알울라는 고대와 현대의 접점을 이루는 도시로서, 국가의 개방, 개혁 정책과 함께 세계적인 주목을 받고 있다. 알울라는 고대 나바테아 문명의 유산이 있는 마다인 살레(Madain Salih)를 중심으로, 고대 유적지와 현대 예술 및 문화 콘텐츠를 결합해 도시 브랜딩을 성공적으로 이루어 내고 있으며, 문화적, 역사적 콘텐츠를 개발하여 글로벌 관광 명소로 급부상하고 있다.[92] 알 히즈르, 또는 마다인 살리는 사우디아라비아 최초로 유네스코 세계유산에 등재된 유적이다. 이 지역은 페트라 남쪽에 위치하며, 고대 무역로의 중요한 거점이었다. 다양한 암각화와 무덤, 사막 속 유적이 도시 전역에 걸쳐 있으며, 이 유산들을 활용한 문화예술 행사와 글로벌 브랜드와의 협업으로 도시의 매력은 극대화되고 있다. 예를 들어, 프랑스 루브르 박물관과 협력한 전시회, 세계적인 음악가들이 참여하는 콘서트, 지역 고유 스토리를 바탕으로 한 인터랙티브 전시 등이 개최되어, 유산을 단순한 관람의 대상으로 두지 않고 경험 중심의 콘텐츠로 승화시켰다. 즉, 현대적 콘텐츠와의 융합을 통해 예술 공연과 글로벌 축제, 전시회를 개최함으로써 문화유산을 현대적인 감각으로 재창조하고 있다. 이는 도시 전체가 헤리티지 플랫폼으로 기능하는 효과를 가져왔다. 알울라는 사우디 정부의 〈사우디 비전 2030〉 전략 아래 문화관광 산업을 국가 경제의 핵심 성장 동력으로 삼고 있으며, 유네스코 세계유산으로서의 상징성과 현대적인 문화예술 콘텐츠가 공존하는 복합문화도시로 재탄생하고 있다.[93] 그 밖에도, 사우디아라비아는 풍부한 역사와 문화를 보유한 국가로, 여러 유네스코 세계문화유산을 보유하고 있다. 이러한 유산들은 국가의 정체성을 나타내며, 최근에는 관광 산업의 발전과 경제 다각화를 위한 중요한 자원으로 활용되고 있다. 아울러, 아드 디리야(At-Turaif District in ad-Dir'iyah)는 사우디아라비아의 첫 수도로서, 사우디 왕국의 기원과 깊은 연관이 있는 역사적인 장소이다. 아트 투라이프 지구는 2010년에 유네스코 세계유산으로 등재되었는데, 사우디 정부는 아드 디리야를 세계적인 문화 관광지로 개발하기 위한 대규모 프로젝트를 진행 중이다. 역사적인 건축물의 복원과 보존을 통해 전통적인 건축 양식을 유지하면서도, 호텔, 카페와 같은 현대적인 편의시설과 문화 공간을 곳곳에 조성하고 있다. 이를 통해, 이 프로젝트는 관광객 유치와 지역 경제 활성화를 동시에 이뤄내려고 한다.

한편, 프랑스 파리 역시 세계 어느 도시보다도 도시 자체가 하나의 헤리티지 콘텐츠로 기능하는 사례이다. 에펠탑, 개선문, 루브르 박물관, 노트르담 대성당 등 상징적 장소들이 도시 곳곳에 분포하고 있으며, 이들은 단순한 유적이 아니라 파리 시민의 정체성과 일상 속에 깊이 녹아 있다. 파리는 '살아있는 박물관(living museum)' 개념을 가장 두드러지게 실현하고 있는 도시다. 무엇보다 주목할 점은 파리가 문화유산을 '보존'의 대상에서 '경험'의 대상으로 확장하고 있다는 점이다. 루브르 박물관은 단순 전시 공간이 아니라 나이키 콜라보레이션, VR 기획전시, 영화 '다빈치 코드'와의 콘텐츠 융합 등 다양하고도 현대적인 방식으로 대중과 소통하는 플랫폼으로 재탄생하고 있다. 도시 자체가 영화·패션·예술·디자인 등 창조산업과 융합되면서, 파리는 유럽을 대표하는 문화도시를 넘어 전 세계 도시의 롤모델이 되고 있다. 파리는 공공정책 차원에서도 시민참여 기반의 도시 유산 전략을 강화해 왔다. '파리지앵'의 문화 자긍심은 곧 도시 브랜드의 정체성과도 직결되며, 유산 보호와 창조 산업 간의 균형은 수십 년에 걸쳐 정교하게 설계되어왔다. 이는 단지 경제적 수익을 넘어서 도시의 품격을 설계하는 전략이라 할 수 있다. 또한, 파리는 센 강변을 차량 중심에서 보행자 중심으로 전환하는 프로젝트를 추진했다. 역사적인 강변을 공원과 문화 공간으로 조성하면서도 기존의 문화유산을 해치지 않는 방식으로 개발하여 성공적인 도시재생 사례로 평가받고 있다.

이처럼 알울라와 파리는 각기 다른 문화적 배경과 전략을 바탕으로 도시의 헤리티지를 창의적이고 포용적인 방식으로 풀어내고 있으며, 향후 문화도시 전략 수립에 있어 중요한 레퍼런스를 제공하고 있다. 이렇게 도시는 역사적 자원과 창의적 콘텐츠의 융합을 통해 과거와 현재를 연결하는 새로운 가치를 창출할 수 있다. 이는 도시 자체를 하나의 브랜드로 구축하고, 사람과 이야기를 중심으로 도시의 정체성과 감성을 확장하는 핵심 전략이 된다.

3) 주목경제의 시대, 도시 헤리티지의 재정의와 2026년의 도시 트렌드

2026년 도시의 경쟁력은 단순한 인프라 확장이나 리모델링, 상징적인 건축물을 보유하고 있는 것의 여부에 달려있지 않다. 이제는 각각의 도시가 지닌 유일무이한 '이야기의 힘'이 떠오르는 시대이다. 특히 주목경제(Attention Economy) 시대에는 헤리티지를 품고 있는 도시가 이를 기반으로 한 콘텐츠로 사람들의 관심을 끌어들이고 기억에 남겨, 이 도시를 다시 찾게 만드는 힘을 만들어내야 한다. 주목경제란, 이용자 혹은 사용자의 경험과 감정, 시선과 체험의 질이 곧 경제적인 가치로 전환되는 구조를 의미한다. 불확실성이 높고, 변화가 빠르며, 각종 정보가 쏟아지는 시대에서 도시가 살아남기 위해서는 차별화된 정체성과 유일무이한 몰입형 내러티브를 제시해야 한다. 따라서 도시의 헤리티지는 더 이상 과거에 멈춰진 유산으로 존재하지 않는다. 이제 그것은 크리에이티브 산업과 연계되고, 디지털 신기술과도 뒤섞여야 하며, 여기에 시민들의 경험까지 녹아들어 살아 움직이는 스토리 플랫폼으로 확장되어야 한다. 도시의 브랜드란 결국 이러한 헤리티지를 중심으로 새롭게 직조될 것이며, 그 안에서 참여를 유도하는 콘텐츠로, 이를 공유하고 확산시키는 매커니즘으로, 감동을 주는 경험으로 연결될 것이다.

도시의 헤리티지(heritage)와 문화유산(cultural heritage)은 한 국가 또는 지역의 정체성을 형성하는 중요한 요소이다.[94] 역사적 건축물, 전통적인 거리, 문화적 전통, 산업유산 등은 지역사회의 문화적 자산이자 관광산업과 경제적 발전의 중요한 원동력이 된다. 이에 많은 도시들이 이러한 문화유산을 보존하면서도 현대적으로 재해석하여 도시의 경쟁력을 높이고 있다. 앞서 살펴본 바와 같이, 한국과 해외의 도시 사례는 문화유산을 보존하면서도 현대적으로 재해석하는 것이 도시 발전에 큰 영향을 미친다는 점을 잘 보여준다. 한국의 사례는 한옥과 전통 가옥을 활용한 도시재생, 문화재의 현대적 보존 기술 적용, 주민과 예술가의 협력을 통한 마을재생 등이 특징적이다. 반면, 해외에서는 전통 건축물과 현대적 디자인의 조화, 산업유산의 재활용, 강변 등 다양한 지역의 문화공간화 등이 주요 전략으로 활용되고 있다. 궁극적으로, 성공적인 도시의 문화유산 개발과 지속 가능성을 위해서는 ① 원형을 유지하면서 현대적 요소를 가미하는 균형 감각, ② 지역 주민과의 협력, ③ 지속 가능한 관광 및 경제적 모델 구축, ④ 디지털 기술과의 접목 등이 필수적이다. 이러한 요소를 고려하여 문화유산을 도시의 매력으로 개발한다면, 도시는 과거의 가치를 유지하면서도 미래를 향한 지속 가능한 발전을 이룰 수 있다.

도시의 헤리티지 전략은 각 도시의 역사적 자산, 정책 방향, 시민의식, 문화산업 인프라 등에 따라 다르게 구성된다. 그러나 그 차이 속에서도 공통적으로 나타나는 전략적 패턴이 존재한다. 이 챕터에서는 앞서 소개한 국내외 도시 사례 (경주, 전주, 안동 / 알울라, 파리)를 기준으로 헤리티지 콘텐츠 전략을 비교해보고, 2026년을 주도할 도시별 헤리티지 트렌드의 차별성과 시사점을 도출하였다.

5개 주요 문화유산 도시들 전략 비교

경주는 전통 유산과 디지털 기술 접목에 강점을 보이며, 전통-현대 융합 콘텐츠로 도시 정체성을 강화한다. 전주는 문화 플랫폼화 전략이 뚜렷하며 시민 주도 콘텐츠가 활발하다. 안동은 유교 무형유산 기반의 체험 콘텐츠로 교육·관광을 융합하고 있다. 반면, 알울라는 글로벌 협업과 예술 실험을 결합하여 유산 기반 창의도시의 모델을 제시하고 있으며, 파리는 유산+창조산업 융합으로 세계 문화경제 수도로서 입지를 다졌다. 따라서 이를 토대로, 도시 헤리티지 전략은 '보존 → 경험화 → 콘텐츠화 → 글로벌화'의 문화 생태계 프레임으로 설계되어야 한다. 몰입형 기술, 시민 기획 참여, 외교·관광 연계 등의 통합 전략도 도시 헤리티지 전략의 핵심이 될 수 있다.

도시의 문화유산은 보존의 대상으로만 머물러서는 안 된다. 유산은 콘텐츠로 재해석될 때 도시의 정체성과 스토리를 담은 자산으로 기능할 수 있으며, 이는 도시의 지속 가능한 성장과 매력 창출에 중요한 기반이 된다. 이러한 맥락에서 효과적인 도시 헤리티지 전략은 다음과 같은 방식으로 접근할 수 있다.

첫째, 문화유산 중심 스토리텔링 전략의 구체화다. 도시의 헤리티지를 기반으로 시민과 방문객이 공감할 수 있는 내러티브를 구성하고, 이를 다양한 콘텐츠로 확장해야 한다. 예를 들어, 전통 건축물을 중심으로 한 AR 체험, 역사적 인물을 소재로 한 드라마나 영화, 지역 전설을 기반으로 한 인터랙티브 전시 등은 문화유산을 동시대의 이야기로 재구성하는 방법이다.[95] 둘째, 다층적 콘텐츠 개발이다. 유산을 단순히 시각적으로 소비하는 데 그치지 않고, 청각, 후각, 촉각 등 감각을 자극하는 체험형 콘텐츠로 확장해야 한다. 음식문화, 전통공예 체험, 의례 체험 프로그램 등은 관광객에게 깊은 몰입 경험을 제공하며 도시의 정체성을 더욱 강렬하게 전달할 수 있다. 즉, 2026년에는 문화유산이 단순한 관광지가 아니라, 창의적 산업과 결합하여 '크리에이티브 허브(Creative Hub)'로 발전할 수 있는 트렌드가 마련될 것이다.[96] 또한, 2026년에는 세계문화유산을 활용한 '컬처테인먼트' 산업이 부상할 것인데, 역사적 공간을 활용한 공연, 미디어 아트, 패션쇼, 전시회 등의 이벤트가 더욱 활발해질 것이고, 파리의 루브르 박물관에서 디지털 아트쇼가 열린 것처럼, 유적지에서 AR, 홀로그램, 미디어 파사드를 활용한 공연이 일반화될 것이다. 또한, 한국의 문화비축기지처럼, 산업유산을 문화 공간으로 변모시키는 사례가 세계적으로 확산될 것이다. 전통적인 건축 양식을 유지하면서도, 현대적 감성을 더한 트렌디한 라이프스타일 공간이 확산되는 것은 말할 것도 없다. 교토의 니시키 시장, 서울의 황리단길, 사우디아라비아의 아드 디리야 프로젝트처럼, 역사적 공간을 전통과 현대가 공존하는 문화 상업 공간으로 개발하는 사례가 증가할 것이다. 셋째, 문화유산이 지역 공동체와 긴밀히 연계되어 지속 가능한 발전을 이루는 것이 중요한 트렌드로 자리 잡을 것이다. 즉, 2026년에는 문화유산을 단순한 관광지가 아니라 지역 주민의 삶과 연결된 공간으로 만드는 것이 더욱 강조될 것이다.

예를 들어, 사우디의 히마 문화 지구처럼, 유적지를 보호하면서도 지역 주민이 운영하는 교육 프로그램과 공예 활동을 접목하는 방식이 더욱 확산될 것이다. 대규모 글로벌 관광 회사보다는 지역 소상공인이 운영하는 로컬 기반 관광 프로그램이 활성화될 것이고, 한국의 북촌 한옥마을이나 사우디아라비아의 역사적 도시, 제다처럼, 전통 가옥을 활용한 숙박과 지역 상점 중심의 관광 모델이 각광받을 것이다. 따라서 이 전략의 핵심은 지역 커뮤니티의 적극적인 참여 유도에 있다. 도시 유산을 보존하고 콘텐츠화하는 데 있어 지역 주민이 단순한 수혜자가 아니라 적극적인 생산자, 참여자가 될 수 있도록 해야 한다. 주민 주도의 스토리텔링, 지역 예술가와의 협업, 청소년 문화유산 교육 프로그램 등은 도시 매력의 지속 가능성을 담보하는 중요한 전략이다. 넷째, 글로벌 협업과 도시 간 네트워크 확대이다. 즉, 2026년에는 전 세계 도시들이 협력하여 문화유산을 공동으로 연구하고 보존하는 글로벌 문화유산 네트워크가 더욱 활성화될 것이다. 세계적으로 주목받는 도시들과의 협업을 통해 도시 헤리티지 콘텐츠의 국제화를 도모할 수 있다. 알울라가 루브르 박물관과 협력하여 도시 브랜딩을 강화한 사례처럼, 도시의 정체성을 바탕으로 한 국제적 문화 교류는 도시 매력의 외연을 확장하는 핵심 수단이 된다. 기후 변화와 자연재해로부터 유적을 보호하기 위해 국제 협력 프로젝트가 더욱 활발해질 것이며, AI와 빅데이터를 활용한 문화유산 데이터베이스 구축이 가속화되어, 유네스코 및 글로벌 기관과의 협력이 중요해질 것이다. 아울러, 각국의 문화유산을 기반으로 한 글로벌 문화 페스티벌과 청소년 교육 프로그램이 확대되며, 사우디아라비아와 한국의 문화 협력 사례처럼, 세계 각국의 문화유산을 주제로 한 전시, 공연, 학술 행사가 더욱 증가할 것으로 전망된다.

마지막으로, 디지털 기술을 접목한 문화유산 콘텐츠 개발이다. 4차 산업혁명 시대에 디지털 트윈, 메타버스, AI 기반 스토리텔링 등은 유산의 접근성과 체험성을 극대화하는 수단이다. 문화재를 3D 모델로 재현하고, 가상공간에서 체험할 수 있도록 하며, AI가 개인 맞춤형 역사 콘텐츠를 제공하는 등 기술과의 융합은 도시 유산의 가치 확산에 크게 기여할 수 있다. 특히, 2026년에는 인공지능(AI), 가상현실(VR), 증강현실(AR), 메타버스 등의 디지털 기술이 문화유산을 더욱 현대적이고 몰입적인 방식으로 체험할 수 있도록 할 것이다. 아울러, 디지털 트윈(Digital Twin) 기술을 활용하여 역사적 건축물과 문화유산을 3D로 정밀하게 재현하고, 이를 통해 원형 보존과 복원을 위한 연구 또한 더욱 정밀하게 진행될 것이다.

결론적으로, 도시의 매력을 지속 가능하게 발전시키기 위해서는 도시 고유의 헤리티지를 발굴하고, 이를 창의적으로 재해석하여 현대적인 감성과 결합한 콘텐츠로 재탄생시키는 노력이 필요하다. 이는 단순한 과거의 보존이 아니라, 미래를 위한 도시 정체성의 재구성 과정이며, 도시를 사람과 이야기 중심의 살아있는 공간으로 만드는 핵심 전략이 된다. 이에 주목경제 시대의 도시 헤리티지는 과거의 기억이 아닌, 미래의 상상력이 펼쳐지는 무대가 된다. 세계문화유산을 활용한 도시 개발은 단순한 보존을 넘어 현대적 활용과 지속 가능한 성장의 방향으로 나아가고 있으며 공공문화자산으로 진화하고 있다. 따라서, 2026년을 전망할 때, 한국 및 사우디아라비아를 포함한 세계 여러 국가들의 문화유산 개발 사례에서 몇 가지 중요한 트렌드를 도출할 수 있다. 이러한 트렌드는 도시의 경쟁력을 높이고, 지역 경제를 활성화하며, 문화적 정체성을 강화하는 데 중요한 역할을 할 것이다. 따라서, 2026년의 문화도시 트렌드는 단순한 보존을 넘어, 디지털 기술을 활용한 혁신적인 체험, 친환경적 개발, 창의적인 콘텐츠 결합, 지역 공동체와의 협력, 글로벌 네트워크 강화가 핵심 키워드가 될 것이다. 이러한 트렌드는 문화유산을 미래 도시 발전의 중심 자원으로 전환시키며, 지속 가능한 문화 산업을 창출하는 중요한 요소가 될 것이다.

Key point!

도시의 헤리티지는 단순히 과거에 머물러 있는 역사적 유산을 의미하지 않는다. 그것은 공동체의 기억, 정체성, 그리고 장소성에 뿌리를 둔 총체적인 문화 자산이다. 오늘날 도시들은 물리적 공간 이상의 의미를 가지며, 사람들의 감정, 태도, 가치관, 미적 경험이 교차하는 복합 문화 공간으로 변모하고 있다. 이 과정에서 '헤리티지'는 도시를 이해하는 핵심 키워드로 다시 조명받고 있다. 도시의 헤리티지는 단순한 보존 대상이 아닌, 스토리텔링 자산이자 문화콘텐츠의 원천이다. 경주, 전주, 안동은 각각 디지털, 플랫폼, 교육 중심의 유산 전략으로 지역성과 창의성을 결합하고 있다. 알울라와 파리는 보존과 창조의 균형을 통해 유산을 글로벌 문화자산으로 전환한 대표 도시다. 도시의 헤리티지 전략은 '보존-경험화-콘텐츠화-글로벌화'의 단계로 진화하고 있다. 따라서 2026년 이후 도시의 문화유산 전략은 이러한 단계로의 진화를 위해, 기술 기반 몰입형 콘텐츠, 시민 참여형 운영, 글로벌 네트워크 중심으로 재편될 것이다.

2부

도시의 뉴트로 전략

1) 메가트렌드: 도시의 뉴트로 전략

"뉴트로(Neutro)"! 단어자체만으로도 힙해 보이는 파워를 가진 이 단어는 'New(새로운)'와 'Retro(복고나 회상 혹은 추억)'의 합성어로 만들어진 말이다. 과거의 스타일이나 문화를 현대적으로 재해석하거나 새롭게 즐기는 트렌드를 의미하는데, 이것은 단순히 복고(Retro)를 재현하는 것을 넘어서 과거의 감성을 현대적 감각으로 재창조하는 것을 핵심으로 한다. 레트로가 장년층의 향수에 있다면 레트로에서 진화한 '뉴트로(New+Retro)'는 현재의 MZ세대, 알파세대 그리고 그 뒤를 따르는 모든 세대들이 함께 즐길 수 있는 것들까지 모두 포함시킨다고 볼 수 있다. 즉, 과거를 직접 경험해보지 않은 세대가 옛날 스타일을 '신선함' 혹은 '핫한 무언가'로 여기고 소비하는 것과 같다.[97]

이러한 뉴트로는 패션과 음악, 여러 다양한 제품의 디자인, 미디어 영상 콘텐츠, 공간 인테리어 등 여러 분야에 적용되어 이미 사용되고 있다. 예를 들어, 1980년대부터 1990년대에 이르기까지의 스타일을 현대적으로 재해석해서 과거와 현재를 믹스시키는 것이라 한다면, 복고풍의 청청패션이나 통굽 운동화, 혹은 오버핏 트레이닝복도 여기에 속할 수 있겠다. 음악으로 치자면 시티팝을 재조명 한다든지 그 옛날의 감성이 잔뜩 묻은 LP판이 리바이벌 되고 있는 것으로 설명할 수 있다. 뉴트로는 단지 '옛 것을 흉내내는' 것이 아니라, 과거의 질감과 정서를 현재의 기술과 경험 방식으로 엮어내는 전략이다. 따라서 공간, 도시, 콘텐츠, 브랜드에 두루 적용할 수 있는 복합적이고 창조적인 프레임이라 할 수 있다.

CJ온스타일 X CU X 대한제분 밀가루의 대명사 '곰표'의 빼빼로데이 콜라보 및 진로 소주의 재부활

대표적인 뉴트로 상품의 사례는 대한제분 밀가루의 대명사 '곰표'의 재부상으로도 설명된다. 그 옛날 밀가루 '곰표' 이미지를 이용해 뷰티, 패션, 문구류 등 다양한 굿즈를 만들어 내었고, 이를 통해 밀레니얼 세대와 Z세대, 또 알파 세대들에게도 친근하

게 다가갔다. '곰표'는 굿즈 상품 외에도 왕십리 CGV에서 리뉴얼 기념 이벤트로 협업한 한정 이벤트 상품을 만들어냈는데, SNS에서 젊은 세대들의 자발적 리뷰를 발생시키며 큰 인기를 얻었다. 선착순으로 판매했던 20kg짜리 곰표 밀가루 포대 팝콘은 1000개 한정으로 판매해 완판 기록을 세우기도 했다. 또한, CJ ENM 커머스 부문에서는 2021년 CJ온스타일, CU, 곰표와 함께 빼빼로데이를 위한 이색 콜라보레이션 제품(곰표 미니 캐리어 SET)을 한정수량으로 준비하기도 했다. 이렇게 제품의 '뉴트로 전성시대'는 이미 2020년대쯤부터 마케팅의 만능키로 유통업계를 점령했고, 사회·문화적으로도 그 위용을 떨치게 되었다. 이러한 신조어의 탄생으로 1980~1990년대 우리가 기억하는 추억의 상품과 사람들이 줄줄이 강제 소환된 적도 있었다. 여러 음식점의 회식자리엔 파란 병의 진로소주가 다시 돌아왔고, 어느 순간 잊혀졌던 1990년대 가수 양준일이 미국에서 돌아와 다시 떠오르더니 데뷔 28년 만에 처음으로 팬미팅 무대를 갖기도 했다. 또한, 영어 간판인 '카페'로 도배됐던 여러 거리에는 '○○다방', '○○식당', '○○상회', '○○찻집' 등 옛날식 복고풍 간판이 줄을 이었고, 마치 1980~1990년대 스트리트로 돌아간 것 같은 패션이 다시 유행을 했다. 이것을 단순히 레트로(복고)의 재탕으로 보기에는 무언가가 다르다. 그래서 우리는 이것을 '뉴트로'의 새로운 탄생으로 보기로 했다. 향수를 자극하는 감성소비, 그리고 그것을 넘어서서 과거의 멋을 '지금의 언어'로 말하는 창의적인 접근방식, 혹은 문화의 순환과 이를 재해석하는 능력의 부상으로 보기로 한 것이다. 그리고 이러한 트렌드는 '세상에 더 이상 완전히 혹은 완벽하게 새로운 것은 존재하기 어렵다'는 대전제를 인정하기 시작한 것과도 같다.

이렇게 그동안 뉴트로로 포장된 상품과 콘텐츠가 여러가지 방식으로 우리 곁에 존재하고 있었다. 그러나, 상품과 콘텐츠를 벗어나 우리가 살고 있는 도시에 뉴트로 전략을 실행시키는 것은 이상하리만큼 소외되고 더딘 발걸음을 보여주고 있었다. 그러나 이제 2026년에는 도시와 도시가 주는 공간안에 뉴트로 전략이 섞여지는 것이 드디어 실현될 것이다. 즉, 21세기 도시 재생 혹은 도시 개발의 새로운 흐름은 단순한 복원이나 개발을 넘어, 도시의 과거와 현재, 그리고 미래를 잇는 '뉴트로(Neutro)' 전략으로 진화할 것이고, 바로 이것은 2026년을 사로잡는 도시 전략의 한 챕터가 될 것이다. 복고(Retro)를 현대적으로 재해석한 개념인 '뉴트로'는, 낡고 잊혀진 공간이나 문화에 새로운 가치를 부여하는 창조적인 도시 전략의 핵심이 될 것이다. 이 개념은 도시의 역사성과 정체성을 현대적인 감각으로 되살려, 쇠퇴한 지역에 문화·경제·사회적 활력을 다시 불어넣는 방식으로도 활용될 것이다. 대표적으로, 전북 군산의 '시간여행마을'은 단순히 '근대사 유적이 많은 도시'가 아닌, 과거를 걷는, 즉, '옛 정취를 걷는 감성 도시'로 변모했다. 인천 제물포 지역의 '제물포 르네상스 프로젝트'는 개항기 건축유산과 산업화 시대의 흔적을 문화예술 공간으로 재구성하며 도시 브랜드를 재정립한 대표적인 뉴트로 도시 사례로 자리매김했다. 또한, 일본 오사카의 신세카이는 노포 거리와 레트로 감성을 적극 활용해 지역경제를 부활시켰으며, 포르투갈 포르투(Porto) 지역의 리베이라 지구도 뉴트로적인 도시재생 전환으로 다시 살아난 도시 사례이다. 이러한 도시들은 공통적으로 '과거의 유산'을 '미래의 자산'으로 전환하고자 하는 뉴트로적 접근을 통해 인구 유입, 경제 활성화, 도시 브랜드 강화에 성공하였다. 이제 도시재생은 '새로운 것을 짓는 일'이 아니라, '과거의 기억을 새롭게 말하는 일'로 변화하고 있다. 2026년의 도시 전략은 바로 이러한 뉴트로 전략에 기반한 도시 브랜딩이 될 것이다.

2) 도시의 뉴트로 전략을 볼 수 있는 사례들

전북 군산의 '시간여행마을', 과거를 걷는 감성 도시

호남평야의 북서부 말단, 금강 하구에 위치한 전북특별자치도 군산시는 1930년대 우리나라의 근대역사를 그대로 간직한 도시이다. 군산은 일제강점기였던 20세기 초 무역항이자 산업도시로 매우 번성했으나, 시대를 지나오면서 산업 쇠퇴와 함께 한때는 중심적인 기능을 상실한 도시가 되기도 했다. 그러나 이곳은 다수의 근대 건축물과 옛날의 그 정취가 그대로 남아있어, 이를 토대로 군산시는 '시간여행마을'이라는 뉴트로형 관광 콘텐츠를 기획하였다.[98] 군산의 이곳저곳을 돌아다녀보면 곳곳에 아직도 남아있는 일본식 주택과 근대 건축물들을 쉽게 찾아볼 수 있다. 특히 1980년~1990년대 감성을 그대로 간직한, 레트로를 뛰어넘는 뉴트로 여행지로 '시간여행마을'이 유명하다. 군산근대역사박물관을 시작으로 여러 일본식 가옥, 일제강점기가 시작되기 전에 우리나라 정부가 만든 근대식 건물인 옛 군산세관, 현존하는 유일한 일본식 사찰인 동국사에 이르기까지 일제강점기의 아픈 역사들을 고스란히 간직하고 있다. 이러한 과거 위에 현대적인 감각이 더해진 '시간여행마을'은 어설프게 과거가 재현된 공간이 아니라, 여전히 존재하는 우리네 삶이 보이면서도 과거를 기억하면서 현대적인 감성이 살아 움직이도록 하는 특별한 시간 여행지가 되었다. 또한 2.5km 길이의 아주 오래된 철도가 놓여있는 경암동의 철길마을은 전문적인 사진을 뽐내는 사진사들의 출사지로도 유명하고, 우리나라에서 가장 오래되었다는 빵집, 70년의 역사를 가진 호떡집, 전국 5대 짬뽕 맛집까지 뽐내면서, 군산은 여러 다채로운 매력을 품어내고 있다.

군산의 시간여행마을에 조성된 근대의 흔적과 영화촬영지 등

특히 군산시가 주도적으로 추진했던 도시의 뉴트로 전략은 매우 유효했다. 군산시는 근대문화유산 거리를 조성하기 위해, 일

본식 적산가옥과 현존하는 유일의 일본식 사찰인 동국사, 그리고 1930년대 건물이었던 '히로쓰가옥' 등을 전반적으로 보존, 정비하면서 역사적 현장감은 유지하되, 현대적인 관람형 관광 콘텐츠로 재구성하였다. 또한, 1930년대 콘셉트를 가지고 있는 복식체험과 거리공연, 레트로를 넘어선 뉴트로식 카페 등이 결합된 대규모의 시민참여형 축제인 '시간여행축제'를 만들어내었다. 이곳은 이제 군산시 시민들뿐만 아니라, 그곳을 방문하는 모든 방문객들이 '과거'를 소비하면서, 체험까지 할 수 있는 귀중한 장소로 자리잡았다. 또한 영화 〈8월의 크리스마스〉, 〈장군의 아들〉의 촬영지로 활용된 지역은 감성 관광코스로 패키지화 되기도 했는데, 군산시는 영화나 드라마의 촬영지와 연계된 곳을 다시 되살려 콘텐츠 소비와 공간에 대한 경험까지 결합시키는 뉴트로 전략을 잘 구현해 내었다. 이렇듯, 전북의 군산은 단순히 '근대사의 유적과 옛 흔적이 많은 도시'가 아니라, MZ세대에게는 감성사진을 찍기 좋은 명소로, 장년층에게는 향수를 자극하는 도시로, 외국인에게는 과거의 콘텐츠와 경험을 넘나드는 여러 체험형 관광을 할 수 있는 곳으로 세대와 국적을 뛰어넘는 공감대가 형성되는 도시로 자리매김했다. 도시 곳곳에 존재하는 유산의 복합적인 재구성과 뉴트로 전략은 2023, 2024년을 지나오면서 군산시의 관광객 수를 코로나 이전 수준으로 회복시켰고, 이곳은 이제 연간 300만명 이상이 다녀가는 도시로 부각되고 있다.[99] '시간여행마을' 인근의 상권은 더욱 활성화되었고, 로컬 창업도 증가했다. 빈집을 활용한 프로젝트까지 이어지면서 군산은 자연스럽게 도시의 재생과 경제 활성화도 동반시킨 좋은 사례를 만들었다. '근대의 상처'를 현대적인 감성도시로 승화시킨 이 뉴트로 도시 전략은 도시의 이미지를 재창조하고 도시의 브랜딩을 새롭게 하는 데 주요한 역할을 했다.

도시의 아이덴티티를 살린 인천의 제물포 르네상스

전 세계적으로 저출산·고령화, 산업구조 변화, 인구 유출 등의 영향으로 점차 사람이 살지 않는 '무인마을(无人村, Ghost Village)'이 증가하고 있다. 유령도시? 무인마을? 일본의 '한계 마을(限界集落)'과 유사한 개념인 이 단어는 인구 감소로 인해 사람이 거의 살지 않거나, 행정적으로는 유지되지만 실질적으로 기능이 정지된 마을을 지칭한다. 경북의 한 마을은 65세 이상 노인이 90%를 차지하며 사실상 무인마을이 되었고, 지방 곳곳에서 무인마을의 증가가 가속화되고 있다. 한국에서도 중소도시는 물론, 수도권 일부 지역조차 도시 쇠퇴의 문제에서 자유롭지 않다. 특히 산업화 시대의 유산을 지닌 도시들은 새로운 성장 동력을 찾지 못하면서 과거의 번영을 뒤로하고 점차 쇠퇴하게 된다. 이러한 가운데 사라진 도시와 사라진 공동체(community)를 다시 구성하고자 하는 지자체의 도시개발 노력은 끊임없이 이어지고 있다. 이러한 도시개발의 좋은 사례는 인천 제물포 지역에서도 찾아볼 수 있다.[100]

일제시대 지어진 근대건축물을 복원, 재생한 인천 중구 개항장의 야경

　인천은 한국 근대 개항의 중심지였으며, 서구 문화와 신산업이 유입되었던 상징적인 도시였다. 그러나 서울의 확장과 경기권의 성장으로 인해 원도심은 점차 활력을 잃었고, 인천 내에서도 도시 불균형이 점차 심화되었다. 이에 따라 인천시는 원도심 활성화 프로젝트인 '제물포 르네상스'를 통해 쇠퇴한 도심을 재생하고, 도시 아이덴티티를 재정립하려는 노력을 기울이기 시작했다. 인천시는 구도심 부활을 위해 2천억을 투입하기로 했는데, 옛 개항장 주변과, 연안부두, 부평 등 12개 지역을 개발 대상으로 선정했다. 송도 국제도시 개발과 함께, 수십년간 그대로 방치되어 왔던 인천 제물포와 동인천 등 구도심을 되살리기 위한 인천시의 중장기 계획이 2016년부터 시작된 것이다.[101] 이에 따라 인천은 구도심 개발의 목적을 도시 본연의 정체성을 찾음과 함께

관광-문화-첨단산업을 모두 아우르는 새로운 도시 생태계를 조성하는데 집중하기로 했다.[102]

제물포 르네상스의 '상상플랫폼'

특히 '제물포 르네상스'는 인천시가 2023년 발표한 원도심 활성화 프로젝트로, '제물포'라는 근대 도시의 역사성을 바탕으로 이곳을 신경제 중심지로 탈바꿈하는 것이 핵심이다. 제물포는 1883년 개항 이후 한국의 근대화와 산업화를 이끈 중심지 중 하나였다. 일본·중국·서구 세력이 유입되면서 다양한 문화가 공존했던 곳이었고, 금융, 교육, 무역 등에서 선도적인 역할을 했던 곳이었다. 그러나 수도권 개발의 중심축이 서울로 이동하면서 인천 원도심은 점차 경제적 쇠퇴와 인구 유출을 경험하게 되었다. 이러한 상황속에서, '제물포 르네상스'는 단순한 경제적 재생이 아닌, '역사적 자산을 활용한 정체성 회복'이라는 목표를 설정함으로써 다른 도시들의 도시재생과는 또 다른 차별성을 지니게 되었다.[103] 과거 개항장으로서 지녔던 문화적 다양성과 번영을 현대적으로 재해석하고, 이를 바탕으로 새로운 도시 아이덴티티를 창출하는 것, 그리고 이를 기반으로 '제물포'라는 도시 브랜드를 만드는 것이 핵심 목표가 되었다. 개항의 역사를 간직하고 있는 인천항 내부의 낡고 오래된 곡물창고가 문화와 예술, 그리고 관광, 그 이상의 가치와 상상을 담아내는 '상상플랫폼'으로 재탄생했다. 차별화된 예술 경험을 제공할 미디어아트 전시관인 '뮤지엄엘', 바다 뷰를 품은 전망 좋은 베이커리와 카페인 '스토리지 인천', 미래교육에 관한 복합체험 공간으로 탄생한 '인천광역시교육청 AI융합교육센터', 지역공방으로 자리매김한 '한지생각이닥', '갤러리GT', 그리고 다채로운 문화행사 개최가 가능하도록 조성된 약 500평 규모의 '웨이브홀(다목적홀)'과 약 6,000평 규모로 조성된 야외공간 '1883 개항광장' 등이 공간 복원의 좋은 예이다.

이러한 '제물포 르네상스' 프로젝트는 크게 세 가지 방향에서 추진되었는데, 첫째, 역사와 문화 재생을 위해 제물포 시대의 건축과 문화를 복원하고 활용하는 것, 둘째, 경제적 활성화인데, 신산업 및 창업 지원을 통해 도시경제를 회복하는 것, 셋째, 공간 재구성인데 노후 인프라 재정비 및 스마트 도시를 구축하는 것이다. 이러한 방향성은 단순한 도시재생이 아닌, 도시의 정체성을 재정립하고 지속 가능한 성장 동력을 마련하는 것을 목표로 한다. 따라서 유령마을, 무인마을로 변모해갔던 제물포는 이를 통해 다시 르네상스를 맞이하고 있다. 첫번째 목표는 '차이나타운', '송월동 동화마을' 등의 관광지를 확장하여 지역경제 활성화 및 근대 건축물과 항구를 활용한 문화·예술 공간을 조성함으로써 실현되었다. 제물포 르네상스의 주요 전략 중 하나였던 역사적 자산을 활용하여 도시 브랜드를 강화하는 것이 이루어진 것이다. 인천 개항장의 근대건축물과 골목길을 보존하면서, 이를 문화예술 공간으로 탈바꿈하고 있으며, '도시기억 프로젝트'를 통해 근대 개항장의 정체성을 담은 스토리텔링 강화 작업도 한창이다. 이러한 프로젝트는 단순히 유동인구를 포함한 인구 유입뿐만 아니라, 관광객과 창작자들의 입주까지 촉진하여 도시 활력을 되찾는 데 기여하고 있다. 한편, 두번째 목표였던 '경제활성화를 위한 신산업 도입'도 주력하고 있다. 인천 원도심이 다시 활력을 찾기 위해서는 단순한 관광자원이 아니라 지속 가능한 경제구조를 마련해야 한다. 따라서 제물포 르네상스는 신산업 유치를 통한 경제 회복을 목표로 하고, 스타트업 및 창업 허브를 조성하기 위해 인천 내 대학(국립인천대, 인하대 등) 창업 지원단과 협력하여 창업 인프라를 구축해 나가고 있다. 또한, 디지털 및 콘텐츠 산업 유치를 위해 IT, 미디어, 콘텐츠 기업을 유치하여 청년층의 정착을 유도하고 있다. 특히, 스마트시티 기술을 적용하여 노후화된 인프라를 스마트 기술과 결합하여 도시 경쟁력 또한 강화해 나가고 있다. 마지막으로, '거주 환경 개선 및 정주 인구 증가' 목표를 위해서 노후 주택 및 공공시설을 리모델링하여 청년층 및 신혼부부 유입을 유도하고 있으며, 주거지역과 업무·상업

지역을 연결하는 스마트 교통 시스템을 구축했고, '공유 오피스', '청년 주택' 등의 인프라도 강화했다. 이 모든 것이 도시 내 활동성을 높이는 전략으로 작용하고 있는데, 이와 함께 도시 인구의 유출을 막기 위한 거주 환경 개선도 필수적이다. 이에 따라, 인천시는 제물포 르네상스를 통해 주거 환경을 현대화하고, 주거지와 상업지의 균형을 맞추려는 노력을 기울이고 있다.

이 같은 인천 제물포의 사례는 서울의 '성수동' 재생 프로젝트와도 결을 같이 한다. 성수동은 과거 공장지대였지만, 현재는 젊은 창업가들과 문화 예술인들이 몰리는 창조경제 중심지로 변모하였다. 서울 내의 여러 지역 간에도 많은 격차가 벌어지고 있는 가운데, '성수동'의 재생 프로젝트 성공은 큰 시사점을 남겨준다. 폐공장을 리모델링하여 카페, 갤러리, 스타트업 공간으로 활용했고, 지역 기반의 브랜드와 협력하여 지금도 문화적 자산을 확대해 나가면서, '성수동'이라는 힙한 도시 브랜드를 만들어내었다. 또한, 공공 및 민간 협력으로 지속 가능한 경제 모델을 구축하여, 성수동의 가치는 이전과 비교할 수 없을 만큼 올라갔다. 바로 '저평가 우량주'의 발견, 2026년의 뉴트로 도시 트렌드는 바로 여기서부터 시작된다. 제물포 르네상스 역시 성수동처럼 '역사적 유산'을 활용하여 도시재생과 브랜딩 작업을 시도하고 있으며, 이를 통해 청년층과 신산업을 유입하려는 점에서 공통점을 갖는다.

일본 오사카 '신세카이' 프로젝트 및 포르투갈 포르트 '리베이라 지구'의 복합적인 뉴트로 전략

과거를 걷는 도시인 전북 군산의 '시간여행마을'과 인천의 제물포, 서울의 성수동 사례와 마찬가지로 해외 지역에서도 새롭게 탄생에 성공한, 비슷한 뉴트로 전략의 도시들이 있다. 먼저, 일본 오사카의 신세카이 지역은 한때 황폐화되었으나, 최근 관광·문화·상업적 활성화를 통해 도시재생에 성공했다. 오래된 시장과 거리를 '뉴트로' 개념으로 재해석하여 관광지화 하였고, 기존 거주민과의 협력을 통해 지역 정체성을 유지하면서 경제적 활력을 높이는데 사활을 걸고 있다.[104] 인천 제물포와 마찬가지로 창업 지원을 통한 청년층 정착 및 일자리 창출도 집중하고 있는데, 이는 역사적인 도시의 아이덴티티를 유지하면서도 경제적 활력을 높이는 방향으로 추진되어 다른 도시들의 좋은 귀감이 되고 있다. 농어촌 뿐만 아니라 지방 소도시까지 포함하여 점점 쇠퇴해가는 도시, 혹은 경제적, 사회적으로 활력을 잃어갔던 쇠락대지(衰落大地, The Waning Land)의 재탄생은 지방 경제 부활의 좋은 청신호가 되고 있기 때문이다. 이제 신세카이는 오사카에서 가장 재미있는 거리로 명성이 나 있다. 이곳에는 복고풍 만점인 장난감 사격장, 장기 기원, 파친코 가게가 이어져 있고, 인력거는 츠텐가쿠 앞 내지는 타코야끼 '캉캉' 앞에서 항상 대기하고 있으며, 맛집들이 가득차서 눈과 귀, 입이 즐거운 곳이 되었다.

오사카에서 가장 재미있는 거리, 신세카이

한편, 유럽의 포르투갈 포르투(Porto) 지역도 뉴트로 전략을 구사한 좋은 사례로 볼 수 있다. 포르투는 포르투갈 북부의 주요 산업 중심지로 기원전 8세기부터 사람들이 정착하여, 유럽 도시의 발달사를 보여주는 상징적인 곳이다. 오래된 건축물에 각 시대를 살아가는 사람들이 만들어낸 예술적 감각도 여전히 존재한다. 이에, 1996년 유네스코 세계문화유산에 등재되면서 포르투 도우루 강변에 있는 '리베이라(Ribeira) 지구'의 역사적인 중요성은 국제적으로도 인정받았다.[105] 그러나, 이곳도 20세기 중반 이후 산업의 쇠퇴 및 인프라의 노후화로 깊은 침체기를 겪었다. 특히 이곳은 낙후된 어촌, 슬럼화된 공간이 되어 한동안은 잊혀진 도시의 상징이 되기도 했다. 이러한 리베이라 지구를 뉴트로적인 도시재생 전환으로 다시 살린 것은 2000년대 초반부터 시작되었다. 당시 포르투 시 정부는 이 지역을 단순히 지역 혹은 건축 개발에 초점을 맞추지 않고, 과거의 도시 이미지와 정체성은 보존하되, 현대적이면서 세련된 문화감성을 덧입히는 방식을 택했고, 이를 기반으로 포르투의 영혼으로서 리베이라 지구를 변화시켜 나가기 시작했다.

도우로 강변에 위치한, 포르투갈 포르투의 "영혼"으로 불리우는 리베이라 지구

도우로 강을 따라 중세풍의 거리를 거닐다 보면 다양한 바와 레스토랑을 만날 수 있는데, 이곳에서 사람들은 왕족처럼 맛난 음식과 정통 포트 와인을 즐긴다. 또한 이 지역에서는 '라벨로스'라고 불리는 전통 보트를 타고 6개 다리 크루즈를 즐기면서 과거와 현재를 오가는 다양한 감성 여행을 즐길 수도 있다. 이 밖에도 작은 선술집 같은 공간인 '아 카사 다 기타라'에서 열리는 전통 파두 공연도 있다. 이러한 모든 도시의 풍경은 오토바이를 개조한 택시, '뚝뚝'을 타고 탐험할 수 있다. 특히 전통 건축물인 18~19세기 항구 노동자들의 주택을 리모델링하여 레트로 감성의 게스트하우스나 부티크 호텔로 전환한 것은 전통 건축물의 보존과 더불어 감성 숙소 개발을 동시에 보여주는 도시의 뉴트로 전략이다. 또한 포르투 특산 와인의 저장고와 항만 인프라를 이용하여 체험이 가능한 박물관과 레트로 와인 투어 콘텐츠 개발은 와인 항구의 유산을 제대로 활용한 사례로 남아있다. 이 밖에도, 지역주민 참여형 문화기획도 눈에 띈다. 지역의 장인들, 그

리고 예술가들과 협력하여, 리베이라 지구 곳곳의 골목길 마켓, 야외 콘서트 등 '포르투다운' 프로그램을 만들었는데 이로 인해 많은 젊은 관광객들의 눈길과 주목을 받기 시작했다. 1996년에 리베이라는 유네스코 세계문화유산으로 지정되었지만, 정작 사람들로부터 특별한 주목을 받기 시작한 것은 바로 뉴트로 콘텐츠와 체험 요소가 결합된 프로그램이 이 도시에 생겨난 이후부터이다. '낡았지만 세련된, 그리고 '잊혀졌지만 아름다운' 도시의 이미지로 재포장된 리베이라 지구는 현재 전세계 여행자들의 감성 여행지로 자리잡았고, 도시 전체의 수입 중 35% 이상을 이 지역의 문화, 관광 수입으로 채워 나가는 특별한 곳이 되었다.[106]

3) '도시를 다시 말하는 방식'으로서의 뉴트로 전략

2026년의 도시 트렌드는 단순한 도시재생이나 관광자원 개발을 넘어, 도시의 역사성과 감성적 자산을 재조명하여 현대적 경험으로 재구성하는 창조적 도시 전략, 즉 '뉴트로(Neutro) 전략'이 핵심이 될 것이다.

뉴트로 전략은 직접적인 과거의 재현이 아니라, 과거의 기억과 질감을 오늘의 방식에 맞도록 감각적으로 재조합 하는 것을 목표로 한다. 이는 도시가 가진 오랜 기억(장소성)과 현재의 세대들이 선호하는 소비방식(감성, 체험, 공유)을 연결하는 전략을 통해 이루어진다. 따라서 2026년은 도시가 도시안에 담겨진 아이덴티티를 '잊혀진 유산 혹은 오래된 유산'이 아니라 '살아있는 경험'으로 변모시키는 도시 트렌드로 부흥할 것이다. 이를 위해 2026년형 문화도시 전략은 다음과 같은 세가지 방향의 관점에서 전개될 것이다.

먼저, '정체성 회복형 도시 브랜딩' 전략이 바로 그것이다. 군산의 시간여행마을이나 인천의 제물포 사례에서도 드러나듯이, 근대건축, 항만 혹은 철길이나 공장 등 도시가 가진 고유한 역사적 자산을 단순히 복원하는 것이 전부가 아니다. 도시 고유의 스토리텔링을 통해 도시 브랜드의 재정립이 우선시되야 하는데, '이야기가 있는 장소'로 재해석될 때 그 장소의 방문의미는 증폭된다. 도시에 대한 기억을 '이야기'로 되살리는 이러한 전략은 현대 도시 개발의 가장 중요한 화두가 되기도 한다. 이것은 바로 그 도시만의 정체성을 어떻게 회복하고, 현대를 사는 다양한 세대에 맞추어 어떻게 세련되게 전달할 것인가에 대한 문제로 귀결된다. 그리고 이 전략의 출발은 도시가 단지 기능적인 공간의 집합이 아니라, 시간과 서사, 사람들의 기억이 축적된 장소라는 점을 인식하는 데서 시작된다.[107] 근대 산업화 과정에서 생성된 공장지대도, 일제강점기의 아픈 역사와 흔적이 고스란히 남아있는 가옥과 거리들, 옛날의 오래된 철길, 개항장 인근의 항만시설, 혹은 오래된 근대의 건축물들, 모두가 한때는 도시의 성장과 발전을 이끌었던 핵심적인 자산이었다. 그러나 시간이 흐르면서 오래된 과거의 것들은 경제성과 효율성의 논리에 밀리게 되었고, 그대로 오랫동안 방치되거나 철거를 해야 하는 대상의 하나로 전락하였다.[108] 그러나 이제 그러한 장소들이 지닌 서사적 가치를 주목하고자 하는 움직임이 일어나고 있다. 특히 그 안에 담긴 이야기들을 현대의 감각과 기술을 더해 재해석하고 이를 단순히 보존하는 것에 그치지 않고 '경험화'하는 방식으로 바꿔나가고 있다. 과거에는 낙후된 도시의 건축물이나 공간을 철거하고 단순히 신축하는 방식으로 도시개발이 이루어졌다면, 이제는 그러한 방식을 넘어서서 도시가 가지고 있는 고유한 역사와 기억, 그리고 그 낡고 오래된 공간이 주는 특별한 장소성에 기반한 도시 브랜딩을 시도하는 방식으로 바뀌어야 한다. 바로 이것이 '정체성 회복을 위한 도시 브랜딩' 전략이 될 것이고, 2026년은 바로 이를 광범위하게 실현시키는 해가 될 것이다.

둘째, '감성형 체험 콘텐츠 개발'은 2026년에도 계속해서 지속될 도시의 트렌드가 될 것이다. 2026년의 도시 마케팅과 브랜딩에서 가장 주목할 키워드 중 하나는 '감성적 체험(emotional experience)'이다. 특히 MZ세대와 그 이후 세대들에게 도시는 단순히 소비하고 머무는 공간이 아니라, '기억에 남는 감정'을 얻는 장소로 인식하는 경향이 뚜렷하다. 이들에게 도시란 기능적 공간이 아니라, 스스로의 정체성을 확인하고 사회적 연결을 실현하며, 감각적 만족을 충족시켜주는 일종의 심리적 배경화면이다. 이러한 변화 속에서, 도시가 제공할 수 있는 체험 콘텐츠는 단순 정보 전달이나 관람 중심에서 벗어나, '감정이 움직이고 사진이 남는' 방향으로 구조화되어야 한다. 특히 과거 유산을 활용한 뉴트로 전략은 이러한 감성 소비층에게 매력적으로 작용할 수 있는 강력한 장치가 될 수 있다. 바로 이러한 감성형 콘텐츠 개발의 출발은 역시 공간에 있다. 군산의 철길 위로 일상이 섞이는 풍경, 아주 오래된 목조주택, 손때가 가득 묻은 간판 등이 조화롭게 남아있으면, 여기에 감성적인 조명을 더하고, 지역의 작가들과 협업하여 벽화를 그려내며, 레트로 의상 대여 서비스 등을 통해 '사진이 가장 예쁘게 나오는 명소'로 재포장하고 재포지셔닝 할 수 있는 것이다. 사진을 통해서 '공간의 가치와 공간의 소비'를 중요시하는 현재의 세대들에게는 역사적인 이야기만으로 접근하는 것에 한계가 있다. 이들에게는 도시에서 실현하는 보고, 찍고, 경험하는 모든 것이 중요한 가치가 되고, 오래도록 기억될 자신만의 콘텐츠로 최적화될 수 있다.

마지막으로, 도시의 뉴트로 전략은 '참여형 재생 플랫폼 전략'을 통해 구현될 수 있다. 바로 이것은 '도시를 과연 '누구의 것'으로 만들 것인가?'라는 질문에 대한 새로운 해답이 될 수 있다. 도시재생이 효과를 거두지 못하고 실패하는 경우의 상당수는 '무엇을 만들었느냐'에 집중하기 때문이다. 즉, '누가 그것을 만들었는가?' 혹은 '누구의 것으로 만들 것인가'라는 핵심적인 질문을 놓치기 때문이다. 아무리 편리하고 좋은 시설과 대규모의 자본이 투입된 도시개발이라 하더라도, 그 공간에서 실제로 살아가는 사람들, 혹은 그곳에 가서 일하고 싶어하는 청년들, 기획하고 싶은 창작자들, 이러한 주인공들이 배제된다면 그 공간은 오래 지속될 수 없다. 그저 외부인들이 잠깐 스쳐 지나가는 소비형 장소로 귀결될 수 있다. 따라서 이 같은 실패를 넘어서기 위해서 도시의 뉴트로 전략이 주목해야 할 점은 '참여형 재생 플랫폼'의 구축이 함께 진행되어야 한다는 것이다. 즉, 도시를 구성하는 매우 다양한 주체자들이 함께 공간을 만들고 운영할 수 있는 생태계 모델로 전환시켜 나가야 한다. 지역의 주민들, 창업가, 예술가, 브랜드 기획자들이 자발적으로 공간을 변화시켜 나가고, 그 안에 커뮤니티 기반 비즈니스를 심으면서 도시 재생의 주체로 변모할 때 이 전략은 성공할 수 있다.

결국 도시가 가지고 있는 '과거', 그것은 결국 도시의 중요한 자산이 된다. 하지만 '말하지 않으면 사라진다'는 것을 기억하자. 그 도시를 기억하게 만드는 뉴트로 전략, 뉴트로 트렌드의 정립은 2026년 한해 동안 멋지게 펼쳐질 것이다. 2026년은 과거와 로컬속에서 도시의 현재를 만나고 미래를 만들어내는 도시 뉴트로 트렌드의 원년이 될 것이다.

Key point!

　레트로를 넘어서서 더욱 진화해진 뉴트로는 그동안 주로 상품이나 패션에 적용되어 왔다. 그러나 2026년에는 공간과 도시 전체를 아우르는 도시의 아이덴티티를 만들어내는 힘으로서 '도시의 뉴트로 전략'이 힘을 발휘할 것이다. 전북 군산의 시간여행마을, 인천의 제물포 르네상스, 일본 오사카의 신세카이, 포르투갈 포르토의 리베이라 지구 등의 도시 재생 사례는 이러한 도시의 뉴트로 변화를 주도하는 좋은 사례가 되고 있다. 따라서 2026년 문화도시 전략의 핵심은 '과거의 장소를 현재의 언어로 새롭게 말하는 것'이다. 도시의 고유한 역사 자산을 단순히 보존하는 것을 넘어, 그 안에 담긴 이야기를 발굴하고 이를 기반으로 도시 브랜드를 재정립하는 것, MZ와 그 이후 세대를 중심으로 한 감성 소비층의 특성에 맞춰, 복고풍 공간과 복식 체험, 레트로 콘셉트의 상점과 테마 콘텐츠를 통해 체험형 도시를 만드는 것, 도시 재생의 지속 가능성을 확보하기 위해 지역 주민, 청년 창업자, 문화기획자가 협력하고 주도하는 참여형 플랫폼과 생태계 기반의 거버넌스 구축을 마련해 나가는 것, 바로 이것이 2026년 도시 뉴트로 전략의 핵심이고, 단순한 '도시개발'이 아닌 '회복과 진화'에 집중하는 방법이 될 것이다.

3부

예술을 매개로 한 도시 브랜드의 국제화[109]

1) 메가 트렌드: 도시 브랜드의 국제화

　부산 영화제, 광주 비엔날레, 대구 오페라축제 등 대한민국을 대표하는 도시들은 문화를 통해서 도시의 브랜드 가치를 국제적으로 높이려는 노력들을 보여준다. 그런데 이들 광역시처럼 대도시가 아니면서도 국제적으로 자신의 존재감을 드러내는 도시가 있다. 그런데 이 도시는 역사적 유산도, 산업적 자본력도 크게 내세울 것이 없다. 인구 28만 명으로 인구 수준으로는 대한민국에서 36번째 정도의 '작은' 도시이다. 그 도시는 춘천이다. 그런데 2025년 5월 이 도시에 전세계 100여 개국에 지부를 둔 국제인형극협회(UNIMA)의 총회가 열렸다. 국제회의가 열렸다는 사실 그 자체 보다는 바로 이곳이 춘천이기에 국제인형극협회가 총회의 장소로 삼았다는 점, 그것이 중요한다. 4년에 한 번 열리는 이 총회의 유치를 위해 이 도시는 이미 한번 실패의 경험을 쌓았고,

재도전 끝에 마침내 2025년 UNIMA 총회를 개최하였다. 춘천의 개최를 UNIMA가 받아들인 것은 춘천이 인형극의 도시임을 그들이 인정한다는 것이다. 그리고 이 인정을 바탕으로 춘천은 인형극의 세계 중심도시로 비약할 준비할 미래를 준비하고 있다. 2025년 춘천은 세계인형극의 수도였다. 춘천은 문화로서 도시의 정체성을 형성하기 시작한지 가장 오래된 지방도시이며, 그 노력이 긴 시간동안 결실을 맺으면서 지속되고 앞으로도 그 미래가 기대되는 보기 드문 도시이다.

인구감소와 인구의 수도권 집중이 지역도시들의 존립을 위협하고 있다. 지역의 인구유출을 막고, 새롭게 사람들이 지역으로 오게 만들기 위해서, 도시는 자신만의 정체성을 형성하고 스스로의 매력을 강화해야 한다. 줄어드는, 한정된 사람들을 매혹하기 위한 도시들간 경쟁이 가열된다. 그저 가만히 있어도 농촌에서 도시를 향해 계속 사람들이 몰려들던 시대는 까마득한 과거의 이야기이고, 이제 도시는 자신을 한번 봐 달라고 소리 높여 외쳐야 한다. 경쟁력 있는 정체성을 갖기 위한 노력은 때로는 산업을 기반으로, 또 때로는 역사문화이나 특산물을 기반으로 삼는다. 자동차산업의 울산, 천년고도 경주, 배의 고장 나주 등이 그런 예이다. 특별히 산업적으로나 역사문화유산의 측면에서 내세울 것이 없는 평범한 도시들은 다른 도시들과 구분되는 자신의 정체성을 형성하기가 쉽지 않다. 도시들의 경쟁은 국내에 국한된 것만이 아니다. 국제화시대에 도시들도 국제적인 차원에서 경쟁한다. 관광객이든, 공부를 하기 위해 오는 국제 학생들이건 혹은 국제적인 행사나 비즈니스를 위해 오는 사람들이건 간에 사람들이 오게 만들기 위한 매력을 발산하는 도시를 만드는 것은 피할 수 없는 트렌드이다.

산업적 기반이나, 역사문화적 기반이 없어 마땅히 내세울 것이 없는 평범한 도시가 자신의 정체성을 만들기 위해 가장 효과적인 방식은 문화예술을 활용하는 것이다. 문화예술은 경제적인 비용지출이 크지 않으면서도 도시에 새로운 가치를 부여한다. 그 도시가 자신의 역사속에서 찾을 수 없었던 이야기를 예술이 부여해준다.

국가에서는 국내 도시들의 문화적 정체성을 세우고 문화역량을 강화하기 위해서 2019년부터 '문화도시'를 선정하고 있다. 세종시는 세종대왕의 이름을 사용하기에 '한글문화도시', 청주는 직지심체요절이 인쇄된 곳이라는 이유로 기록문화도시로 선정되고 이를 바탕으로 정체성을 형성하기 위한 지원을 받는다. 하지만 세종시를 한글도시로 연상하는 사람이 과연 몇이나 있을까? 그러나 춘천은 오랜 시간동안 마임축제와 인형극축제로 공연예술도시로서의 정체성을 단단하게 구축해왔다. 도시 정체성의 구축과 지속을 가능하게 하는 것은 무엇일까?

2) 세계 인형극의 중심, 춘천

　2025년 5월 춘천에서는 국제인형극협회의 총회가 개최되었다. 회원국수가 100개국이 넘는 국제인형극협회의 총회는 4년마다 열리는 중요한 국제 행사이다. 5월 26일에 열린 이번 총회에는 54개국 대표 207명이 참가했다. 이미 국제화된 국가로서의 대한민국에 수많은 국제대회 및 전시 등이 개최되고 있지만 순수 민간차원의 국제총회가 지방도시에서 벌어지는 것은 매우 이례적이다. Expo나 세계스카우트잼버리 같이 국가가 후원하는 국제 행사가 아닌 순수민간의 예술문화 행사라는 점에서 춘천의 국제 인형극협회 총회 개최는 국민적 관심의 초점이 되지는 못했어도 개최지 '춘천'이 자랑스러워 할 수 있는 큰 행사였다. 이 기간 동안 춘천은 전세계 인형극의 중심지가 된 것이다. 인형극제가 함께 열리지만, 총회의 개최는 작품에 참여하는 예술가들뿐만 아니

라 이 장르의 세계대표들의 회합이 열린다는 점에서 예술, 문화, 행정적으로도 매우 중요한 성격을 갖는다. 인구 28만 명의 작은 도시 춘천이 '인형극'이라는 장르와 관련한 세계의 중심 역할을 하는 사건이며, 동시에 춘천의 정체성에 이와 같은 세계 인형극의 중심지로서의 이미지가 결합하는 순간이기도 하다. 이것은 마치 서울에서 올림픽을 하던 순간에 견줄 수 있다. 서울이라는 도시가 비로소 국제적으로 브랜드 가치를 알리기 시작하는 이정표와도 같은 순간이 1988년이었던 것처럼, 2025는 춘천이 비록 더 소박한 형식이라고 할지라도 국제적으로 자신의 모습을 자랑스럽게 드러내는 순간이었다.

더불어 이 기간동안 춘천국제인형극축제(5.23-6.1)와 춘천국제마임축제(5.25-6.1)가 열렸다. 통상 5월은 국제마임축제가 열리고 인형극 축제는 8월경 열렸지만 올해는 유니마총회와 함께 개최되기 때문에 인형극축제도 5월로 함께 개최되어 춘천의 5월은 그야말로 축제의 시간이었다. 그런데 춘천의 축제가 특별한 것은 춘천 마임축제와 인형극축제가 우리나라 지역문화축제 중에서 가장 오래된 축제이기 때문이기도 하다. 폐지되고 축소되고 변질될 수 있는 여러 요인들과 싸워가면서 오래된 이 두 축제는 스스로를 지속 가능하게 만들었고, 이제는 국내에서의 위상은 물론 세계적으로 이 영역의 예술축제 중 대표축제로 성장하게 되었다. 그런데 이제 국제적 명성을 띤 이 두 축제의 시작에는 두 명의 거인이 존재한다. 작은 도시에 문화적 아우라를 부여한 두 거인이 있었기에 문화도시 춘천이 존재한다.

우리나라에서 지역축제가 시작된 것은 1990년대 중반 이후이다. 90년대는 실질적인 지방자치제가 시작된 시기이다. 91년 지방의회선거, 95년에 지방자치단체장 선거 등 95년 이후 지방자치제가 전면 시작된다. 95년 광주비엔날레가 가장 먼저 시작된 지역축제중 하나이다. 하지만 이 시기는 광복 50주년을 기념하는 국가적 기획이 있었으며, 광주사태 이후 광주를 문화예술로 치유하고 보상하려는 움직임 속에 광주비엔날레가 시작되었다. 그렇지만 지역축제는 지역 전통문화나 특산물을 매개로 하는 축제로부터 일반화되었다. 97년 전주한지문화축제, 청송사과축제, 부평풍물대축제 등이 시작되었다. 더불어 이 시기에 현재 우리나라 지역축제의 대명사가 된 예술축제 부산영화제와 부천판타스틱영화제도 시작된다. 그리고 2000년대 이후에는 예술문화의 한 장르와 결합된 많은 축제들이 생겨난다. 통영국제음악제가 2002년에, 제천국제음악영화제가 2005년에 생겨났으며 인천 펜타포트 록페스티벌은 2006년에 생겨났다. 그런데 춘천의 두 축제 마임축제와 인형극축제는 이 보다 앞서 각각 1989년에 시작된다. 1989년은 서울에서 올림픽을 치룬 다음해이며 올림픽을 통해 우리는 문화가 국가 브랜드가치를 확연하게 바꾸는 것을 목격한 바 있다. 지역문화에 깊은 뿌리를 박고, 지자체의 전적인 후원을 받는 안동국제탈춤페스티벌이 시작된 것이 1990년이라는 점을 기억한다면, 춘천이라는 도시의 문화적 유산과 전혀 관계없는 '마임'과 '인형극'을 바탕으로 시작된 춘천의 페스티벌이 우리나라 지역문화축제 중에서 가장 오래된 역사를 가지고 있다는 것을 어떻게 설명할 수 있을까? 그것도 마임이나 인형극이라는 주변 장르의 예술을 매개로 지역축제를 기획하였으며 이 작은 기획이 여전히 생명력을 발하면서 춘천이라는 도시의 얼굴이 되어가고 있음을 어떻게 설명할 수 있을까?

두 거인이 그린 도시의 얼굴

앞선 전통이 없을 때, 무로부터 유를 만들어내는 것, 그것을 창조라고 한다. 창조는 공공이 할 수 없다. 창조는 예술가의 영역이다. 공교롭게도 비슷한 시기에 춘천에는 두 거인, 두 창조자가 등장한다. 마임축제를 시작한 마임예술가 유진규와 인형극제를 시작한 문화기획자 강준혁이다.

유진규는 서울에서 연극을 시작하였고, 마임이라는 신체언어를 스스로 익혀 길을 개척한 1세대 마임예술가이다. 그가 '한국마임페스티벌'을 서울이 아닌 '춘천'에서 시작한다. 항상 '내가 가면 그것이 길이다'라고 말해온 그는 서울이라는 문화 중심에서 벗어난 축제의 가능성을 춘천에서 보고 이를 실현해 보고자 했다. 95년에는 춘천마임축제로 개칭한다. 이 축제는 국제적인 참가구성을 갖는 축제로 발전해나간다. 그리고 첫해인 1989년부터 2013년까지 유진규는 예술감독으로서 25년간 춘천마임축제를 이끌었다. 2007년부터 마임축제는 문화부 선정 '최우수축제'로 연속으로 선정되면서 참여관객이 10만 명을 넘어가는 대한민국에서 가장 대중적인 축제로 자리매김한다. 마임축제의 대표프로그램인 밤샘프로그램인 '도깨비난장'에 참여하기 위해 서울의 젊은이들이 춘천의 수변공원을 찾는 것이 새로운 문화적 체험으로 자리잡아가기 시작했다. 이전에 춘천은 경춘선 기차를 타고 가는 과거의 낭만으로의 여행지였지만, 도깨비난장의 체험은 첨단의 살아있는 문화적 체험의 장으로 알려지기 시작한다. 관객은 단순한 관람자가 아니라 난장 속의 일행으로, 도시의 어둠을 불로 정화하는 도시적 샤먼의식의 집단적인 참여자가 된다. 이제 마임축제가 춘천의 도시 정체성을 형성하는 동력이 되기 시작한다. 춘천은 추억을 찾는 호반의 도시가 아니라 예술적 체험을 통해 젊음을 발산하는 도시로 인식되기 시작한다. 춘천은 일상이 아닌 하룻밤의 마법의 시간을 제공하는 꿈의 도시가 된다. 도시는 무대가 되고 관객은 배우가 되는 도시가 춘천이다.

한편 같은 해인 1989년, 춘천시는 운영난을 겪는 어린이회관의 운영을 춘천 출신 기업가가 운영하는 ㈜바른손에게 맡긴다. 그리고 바른손은 춘천의 어린이들을 위한 콘텐츠를 개발하기 위해 문화기획자 강준혁을 찾는다. 강준혁은 김수근의 공간사랑의 기획자로서 김수근 사후 기획사메타를 운영하고 있었다. 바른손의 요청에 강준혁은 공간사랑에서 그 가능성을 확인했던 인형극축제를 제안한다. 이리하여 1989년 춘천인형극제가 탄생하고 강준혁은 춘천인형극제의 집행위원장을 맡는다. 춘천인형극제는 95년 우수축제로 지정되고 2001년에는 인형극장을 건립하며 성장해간다. 또한 90년대 중반이후부터는 다수의 해외극단이 참여하게 되면서 국제인형극축제의 외형을 갖추어 나가기 시작한다. 유진규가 1989년부터 2013년까지 춘천마임축제를 이끈 것과 마찬가지로 강준혁도 1989년부터 2013년까지 춘천인형극제를 이끌었다.

사회적, 정치적, 경제적 영향으로부터 매우 취약한 문화예술적 기획을 지속시키는 것은 최초로 기획을 하는 것보다 훨씬 어려운 일이다. 춘천 출신은 아니지만 이 두 거인은 춘천에 새로운 정체성을 부여했다. 군부대의 이미지, 호반의 관광 도시에 머문 춘천에 마임축제는 새로운 활력있는 몸을 제공했으며, 인형극축제는 피노키오가 살아 움직이듯이 새 몸을 움직이게 만들었다. 그리고 이 새로운 정체성을 부여한 예술가들은 그것이 지속되게 하기 위해 싸웠다.

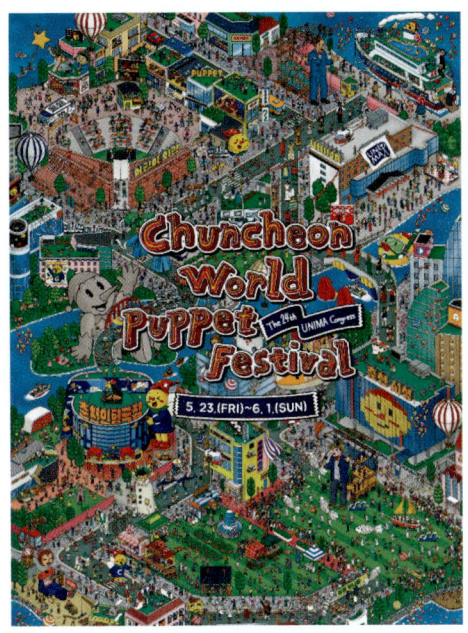

2025 춘천인형극제 포스터

지역도시 문화축제는 관광객 유치와 지역경제 활성화가 주 목표일까? ____ 🌀

춘천마임축제와 춘천인형극축제가 춘천의 도시 브랜드를 만들어가는 과정은 쉽지만은 않았다. 2013년 유진규는 춘천마임축제의 예술감독직을 사임한다. 25년이라는 긴 시간 이후 세대교체를 통한 새로운 도약을 준비하기 위한 것일 터라고 생각할 수 있지만 유진규가 떠난 후 춘천마임축제는 쇠퇴하기 시작했다. 춘천마임축제는 프랑스의 미모스축제 그리고 런던마임축제와 더불어 세계3대 마임축제라고 사람들이 자랑삼아 이야기할 만큼 성장했다. 하지만 규모가 커진 만큼, 순수민간단체인 춘천마임축제가 지자체로부터 받는 지원금의 규모도 커져가고 그만큼 지차제의 영향력을 받지 않을 수 없게 되어간다. 2013년 춘천마임축제의 주 행사 장소선정에 있어서 예술감독과 이사회가 대립하였다. 예년 행사가 진행되었던 고슴도치섬 사용이 어려워지자 예술감독은 남이섬에서 도깨비난장 등의 주요행사를 거행하려고 했다. 하지만 남이섬은 춘천시의 외곽이고 거의 경기도 가평과의 경계선이기 때문에 관광객 유입에 의한 지역상권 활성화 등을 고려하여 지자체와 여론은 남이섬 개최를 반대했다. 요약하자면 지역경제 활성화에 대한 주장과 축제 고유의 본질과 창의성을 중시하는 입장이 대립한 것이다. 결국 유진규 예술감독이 사임하고 이사회는 사퇴를 수리했다. 그것은 예술축제의 본질보다는 춘천마임축제가 지역경제를 활성화와 관광객 유치를 위한 장치로 스스로를 자리매김하게 됨을 의미한다. 또한 박정희대통령 생가에서 손가락 욕을 했던 오키드레드의 춘천마임축제 출연을 운영위원회가 불허하는 결정을 하였으며 유진규 감독은 표현의 자유를 옹호하면서 운영위원회의 정치적인 결정에 반대하였다. 한편에서는 경제적 논리 중시 그리고 다른 한편에서는 축제운영에 대한 정치적 개입이 벌어진 것이다. 이와 같은 사건들로 축제 창립자인 유진규가 춘천마임축제를 떠났다. 유진규가 떠난 후 춘천마임축제는 변화를 겪는다.

마임축제는 '마임'이라는 예술장르를 중심으로 삼기보다는 거리극적 성격을 강화하고 가능한 많은 사람들이 참여할 수 있는,

현장성이 강조되는 축제로 변화를 시도한다. 춘천은 마임이라는 예술 자체보다는 아수라장, 도깨비난장 등 참여형 행사로 더 알려지게 된다. '마임'이라는 장르가 마이너 장르이기 때문에 확장성을 위해서는 어쩔 수 없는 선택이기도 했다. 이 때문에 '마임 없는 마임축제'라는 모순적인 평가를 받기도 했다. 춘천마임축제는 예술보다는 관객에 방점을 둠으로써 예술축제 보다는 '관광축제'의 성격을 강화하였으며, 국가지원도 '우수관광축제'로 받는다.

춘천인형극제도 2013년 강준혁 이전과 이후 변화의 폭이 크다. 강준혁 시기부터 춘천시와 춘천인형극제는 춘천이 한국의 인형극을 대표하는 도시가 되는 인적, 물적 토대를 만드는데 함께 주력했다. 그리고 이와 같은 공동의 노력이 춘천인형극제를 지속적으로 발전시켰고 춘천을 인형극의 중심도시로 만드는 원동력이 되었다. 2001년 춘천시는 춘천인형극장을 설립하였으며 2004년에는 인형극장 옆에 인형극박물관을 개관한다. 인형극장과 인형극박물관은 춘천인형극제가 시로부터 위탁하여 관리한다. 극장은 상설적인 인형극의 공연을 가능하게 하고, 박물관은 교육과 전시 기능을 수행한다. 춘천인형극제가 기점이 되어 춘천 시민들을 위해, 그리고 예술가들에게 연중 상시적으로 '인형극'을 접할 수 있는 인프라를 만들어냈다. 설립기획자가 떠나고 예술감독 자주 교체되는 등 5년정도의 흔들림이 있었지만, 춘천인형극제는 2010년대 말부터 춘천시의 강력한 지원 속에서 다시한번 도약한다. 강원도립극단 예술감독을 역임했던 선욱현 연출이 예술감독직을 맡으면서 국제화 부분을 강화한다. 춘천인형극제에 해외의 예술가를 참여시키는것에 만족하는 것이 아니라 해외예술가, 해외프로듀서들과의 네트워크를 강화한다. 춘천이 국제적 인형극의 네트워크 속에서 문화적 외교를 하고 실질적으로 국제 인형극 예술가들의 참여와 논의의 장에 서게 하는 과정을 거친다. 2020년에는 춘천시립인형극단을 설립한다. 이는 우리나라에서 유일한 공공 인형극단이다. 2019년 춘천시는 세계인형극총회 2025년 개최를 위한 지원서를 제출하고 2021년 발리총회에서 투표로 춘천유치를 확정했다. 그리하여 2025년 5월 UNIMA 춘천총회가 성사된 것이다. 그리고 해외교류 전문가이며 UNIMA 코리아 대표인 최준호 전 한국예술종합학교 교수를 춘천인형극제의 예술감독으로 임명한다.

3) 춘천의 모델

프랑스의 작은 도시 샤를르빌 메지에

크지 않은 도시이지만 국제적인 공연예술제로 알려진 춘천은 여러 차례 인터뷰를 통해 밝혔졌듯이 아비뇽을 모델로 삼았다. 그러나 아비뇽 연극제가 인형극처럼 하부장르에 국한되지 않은 모든 형식의 연극을 다루는 축제이고, 그 규모면에서 어마어마한 차이가 있다는 점에서 춘천인형극제와는 구분된다. 춘천은 마임 혹은 인형극이라는 특수한 장르를 기반으로 이 장르에서 활동할 예술가의 양성, 그리고 축제로서 국제적 유통의 중심을 지향하는 다는 점에서 차라리 샤를르빌 메지에(Charleville-Mézières)를 모델로 한다고 할 수 있다. 춘천이 강원도의 도청소재지인 것처럼 샤를르빌 메지에는 프랑스 아르덴주(Ardennes)의 도청소재지이다. 하지만 도시의 규모로 본다면 샤를르빌 메지에는 인구 10만 명을 조금 넘는 소도시이다. 그럼에도 불구하고 프랑스 동북부의 이 작은 소도시가 '인형극'을 통해서 국제적으로 도시의 이름을 알리는 방식을 춘천의 예술가들과 행정가들은 눈여겨보고 이 방식의 장점을 흡수해왔다.

샤를르빌 메지에가 세계 인형극의 수도가 된 과정의 시초에는 또 한 명의 거인이 있다. 1961년 인형극배우 자크 펠릭스(Jacques Félix)가 샤를르빌 메지에 시의 후원을 받아 세계인형극축제(FMTA)를 창립한다. 그리고 자크 펠릭스는 국제인형극협회의 프랑스지부를 샤를르빌 메지에에 설립한다. 그리고 10년 뒤 1972

년 샤를르빌 메지에는 국제인형극협회총회를 개최하면서 명실상부 세계인형극의 중심부임을 선언한다. 1980년부터 2000년까지 자크 펠리스는 국제인형극협회의 사무총장을 역임한다. 그리고 이 시기 이제껏 체코, 루마니아 등 동구국가들에 두었던 국제인형극협회 본부를 샤를르빌 메지에로 옮긴다. 전통적으로 인형극은 체코 등 동구권국가가 강세를 보이는 영역이었으며, 이들이 국제인형극협회 초기부터 협회를 주도했다. 하지만 자크 펠리스의 노력으로, 그리고 80년대 이후 동구권의 재정난에 힘입어, 협회본부를 프랑스로 가져올 수 있었다. 이로서 프랑스 아르덴지방의 작은 도시 샤를르빌 메지에는 국제기구의 소재지로서의 위상을 갖게 된다. 1981년에는 국제인형극연구소(Institut international de la marionnette)를 설립한다. 세계인형극축제가 비영리민간단체라면 국제인형극연구소(IIM)는 국가와 지역정부로부터 지원을 받는 준공공예술기관이기에 샤를르빌 메지에 시는 부지 및 건물을 제공하였다. 비로소 국제인형극협회 본부에 어울리는 물리적인 여건이 조성된 것이다. 국가-지역-시 3중의 지원구조는 재정을 안정화시키고 장기적인 기획을 가능하게 한다. 1997년에는 국립인형극학교ESNAM를 설립한다. ESNAM은 프랑스 유일의 국립인형극학교로서 직업적인 인형극 창작자를 양성하는 기관이며 3년 과정이다. 한 기수가 16명의 학생으로 이루어지며, 3년에 한 번씩 신입생을 선발한다. 교육기관을 갖는 것은 인형극을 직업으로 삼는 프랑스 및 국제인력들에게 샤를르빌 메지에가 직업적인 고향이 된다는 것이다. 단지 축제가 개최되는 곳이 아니라, 이 영역의 예술의 요람으로서의 상징적이고 실질적인 위상을 갖게 된 것이다. 샤를르빌 메지에르는 이로서, 교육기관-연구기관-창작거점-배포망을 모두 갖춘 명실상부한 프랑스와 세계 인형극의 중심도시가 되었으며, 이들이 제시한 구조는 다른 나라들이 연구해야 할 대상이다.

지속 가능성을 위한 전제

춘천은 샤를르빌 메지에르를 모델로 삼아 인형극학교의 설립을 추진했다. 이는 실상 강준혁 집행위원장 때부터 논의되어 오던 숙원사업이기도 하다. 물론 춘천인형극학교는 춘천인형극제의 틀안서 논의되고 실현된 것은 아니다. 시는 춘천인형극제와 별도의 기관으로 인형극학교를 추진했으며 오랜 노력 끝에 2022년 춘천인형극학교는 설립을 목전에 두고 있었다. 교장과 교수들을 선정했으며, 학생 또한 선발을 마쳤으나 별안간 춘천시의회는 설치안을 부결시킨다. 인형극학교 설립은 사실상 무산되었다. 시의회는 인형극학교 설립이 전임시장의 숙원사업이었으나 졸속으로 추진되었다고 공격했으며, 인형극학교의 성격이 문화시설과 맞지 않고 절차상으로 문제가 있다고 지적했다. 하지만 시정 주체가 바뀜에 따라 정책적 중요도에 대한 인식이 다르기 때문에 무산시킨 것이라는 것은 누구나 알수 있는 사실이다. 춘천인형극학교의 설립과 국제인형극협회총회를 잇달아 성사시키면서 인형극 영역에서 춘천의 국제적 영향을 보여주려던 기대에 차질이 생겼다. 그런데 인형극학교 설립 무산은 민간이 주도하는 지역도시의 문화적 기획이 매우 불안정한 토대 위에서 작동하고 있다는 사실을 확인하는 계기가 된다. 도시의 브랜드 가치를 경제적 가치와 등가로 삼는 인식이 일반적일 때, 문화예술을 매개로 한 도시 브랜드 추구는 지속성을 담보하기 힘들어진다. 춘천시와 마임축제, 인형극축제는 공동의 기획 속에서 성장했지만, 작은 불일치가 도약에 방해물을 던져놓을 수 있다. 도시를 하나의 브랜드로 만드는 과정은 불안정한 정치적 변수들을 최소화하는 장치가 필요하다.

 2008년 프랑스 문화부는 샤를르빌 메지에의 인형극축제, 연구소, 인형극학교를 묶어서 인형극국가거점센터로 지정한다. 〈자크 펠릭스 국제인형극 거점센터〉가 새 이름이다. 거점센터 지정이 의미하는 것은 프랑스내 유일한 인형극 전문 허브로서 지속적인 국가 예산 확보가 가능하다는 것이다. 이와 같은 거점 지정을 통해서 얻는 이점은 지역이나 시가 정치적 선택으로 지원을 축소하려 한다하더라도 국가가 이를 보장하고 있기 때문에 기관의 장기적인 계획의 설립과 지속적인 발전에 지장을 받지 않는다는 점이다. 예술의 매개로 할 때 한 도시가 예술가를 만들어내고, 그들이 작품을 만들어내며, 그 작품을 함께 즐기기 위해, 그리고 자신들의 작품을 소개하기 위해서 외부로부터 사람들이 몰려들고, 또한 전 세계에서 작품을 소개하는 플랫폼이 되었을 때 작품을 구매하는 기관들이 몰려드는 마켓이 될 때, 이 도시의 예술적 브랜드는 지속될 수 있는 구조를 갖추게 된다.

 문화도시로 지정되면서 춘천이 내세운 문구 "예술로 행복한 문화도시 춘천"을 지속시키려면, 그리하여 춘천시민은 물론, 춘천으로 가는 기차를 탈 국내외의 방문객들이 함께 이 도시의 예술적 활력을 누리기 위해서는 흔들리지 않고 예술적 활력을 생산해낼 수 있는 지속 가능한 구조를 만들어야 한다. 그것을 만들 수 있다면, 문화산업의 국제화가 우리의 기대보다 훨씬 빨랐던 것처럼, 우리 도시가 국제적으로 높은 가치를 지닌 브랜드로 여겨질 날도 그리 멀지 않을 것이다.

Key point!

　　2025년 춘천에서는 세계인형극협회의 총회가 개최되었다. 이는 단지 하나의 국제행사가 지방도시에서 열렸다는 점에서가 아니라, 춘천이라는 작은 도시가 35년이 넘는 시간 속에서 한 장르 예술의 플랫폼으로 국제적으로 승인되었다는 점에서 큰 사건이다. 국내에서 가장 먼저 예술을 매개로 도시 브랜드를 형성한 곳이 춘천이다. 일찍이 1989년 유진규에 의해 춘천마임축제가 그리고 같은 해 강준혁에 의해 춘천인형극제가 개최되었다. 그리고 현재까지 두 축제는 여러 어려움을 이겨내고 각기 다른 방식으로 건재하면서 지역 도시 브랜드 형성과 브랜드 가치의 지속성을 위한 샘플이 되고 있다. 특히 두 축제의 성공을 물론, 두 축제가 겪은 어려움은 함께 살펴볼만한 문제를 보여준다. 그것은 도시의 지원에도 불구하고, 도시와 민간축제의 의견이 다를 때 도시의 직접적인 개입은 축제의 성장에, 결과적으로 도시브랜드 가치를 높이는데 도움이 되지 않는다는 점이다. 도시는 민간의 기획을 지원하는 역할을 수행해야 한다. 그리고 도시 브랜드가 경제적 실효성을 가져오기 위해서는 도시가 매개로 삼는 예술영역에서 교육, 창작, 배포의 국제적 중심지로서 성장할 때 가능하다. 곧이 닭갈비를 먹기 위해서 세계인들이 몰려들지는 않지만 이 문화예술의 중심에 세계인들이 몰려오면 그들은 당연히 닭갈비를 먹을 것이다.

미주

part 1

1. https://www.hellot.net/news/article.html?no=102509
2. https://www.khan.co.kr/article/202506070600011
3. https://www.etnews.com/20250525000063
4. https://www.aitimes.com/news/articleView.html?idxno=171226
5. https://www.tenasia.co.kr/article/2025060447714
6. https://www.hansbiz.co.kr/news/articleView.html?idxno=749324
7. https://www.forbeskorea.co.kr/news/articleView.html?idxno=400199
8. https://www.hankyung.com/article/202506232560g
9. https://www.hankyung.com/article/202503210618i
10. https://www.insight.co.kr/news/506354#google_vignette
11. 조선일보 2025. 1. 13. 트럼프 '우크라전 24시간애 해결' 사실상 철회… "목표 6개월로 늘려" https://www.chosun.com/international/international_general/2025/01/10/IRKWURI3EJGHNFBC4UKPAW4JSQ/
12. 한국경제 2025. 1. 9. 문화강국 먹칠하는 4류정치, https://www.hankyung.com/article/2025010968191
13. 조선일보 2025. 6. 23. 이란 핵 직접 공격… '트럼프의 전쟁' 시작됐다 https://www.chosun.com/international/international_general/2025/06/23/VI7QUV6WTJBFDD7GFVFMNHCEVY/
14. 한국일보 2025. 3. 12. 상승세 매섭네… 하츠투하트, 데뷔 12일 만 음악방송 1위, https://www.hankookilbo.com/News/Read/A2025031217340005360

15 Ahn, Y., Shin, H. D., & Hong, S. (2025). THE ROLE OF EXPLORATION, EXPLOITATION AND DYNAMIC CAPABILITIES: SOUTH KOREAN ENTERTAINMENT FIRMS'PROACTIVE RESPONSE STRATEGIES TO THE COVID-19 PANDEMIC. Economics and Culture, 22(1), 34-45.
16 경향신문 2024. 8. 17. 트럼프, 수십억대 가상화폐 소유… NFT로 100억 가까운 수입도. https://www.khan.co.kr/article/202408170828001
17 국민일보 2024. 9. 25. 미술품 투자했는데 '폰지 사기'… 900억 챙긴 갤러리 일당. https://www.kmib.co.kr/article/view.asp?arcid=1727185618
18 조선일보 2025. 6. 22. 2년 전 악몽 또 터지나… 미술계 덮친 1조 아트테크 다단계 사기 의혹. https://www.chosun.com/economy/economy_general/2025/06/22/RLE3XP7MGRFAXL3GJRL5RZ6MIA/
19 Den 2024. 1. 2. 현명한 미술품 투자의 모든 것. https://www.theden.co.kr/news/articleView.html?idxno=2076
20 한국경제 2025. 6. 3. 휴업, 폐업, 철수… 미술시장 장기불황에 쓰러지는 갤러리들. https://www.hankyung.com/article/2025060324441
21 뉴스저널리즘 2024. 7. 25. 문체부, 미술정책 진흥 담은 '미술진흥법' 26일 시행. https://www.ngetnews.com/news/articleView.html?idxno=509604
22 서울경제 2025. 7. 1. 미술품 '감정서, 진품증명서' 표준규격 나왔다. https://www.sedaily.com/NewsView/2GV6KEY423/GH0212?utm_source=dable
23 한국예술가협회 2025. 6. 4. STO, 미래비전, 디지털 자산 제도화. https://www.koreaart21.com/news/articleView.html?idxno=3299
24 https://www.hankyung.com/article/202505142093i
25 https://www.ilyo.co.kr/?ac=article_view&entry_id=494568
26 https://www.jnilbo.com/76592438571
27 https://www.munhwa.com/article/11469742
28 https://www.the-pr.co.kr/news/articleView.html?idxno=53400

29	https://www.sedaily.com/NewsView/2GU4ECIV73
30	조선일보 2022. 6. 27. '유미의 세포들2' 티빙 오리지널 역대 최고 흥행.. 유료 가입기여 전체 1위 https://www.chosun.com/entertainments/entertain_photo/2022/06/27/COH5ZXJSSPHQRQSTSLASEKFHDU/
31	스타투데이 2025. 5. 13. 김고은, '유미의 세포들 시즌3' 출연 확정… 2026년 공개. https://www.mk.co.kr/news/broadcasting-service/11315172
32	매일경제 2025. 6. 28. "롯데냐춰 못 Tjtj 남산타워로?"… 넷플 1dnl '케이팝 데몬헌터스'가 불 지핀 건축물 저작권 논란. https://www.mk.co.kr/news/realestate/11354603
33	중앙일보 2025. 4. 15. "개봉까지 10년… 처음부터 세계시장 목표로" 미흥행 '킹 오브 킹스'. https://www.joongang.co.kr/article/25328692
34	조선일보 2025. 4. 8. '폭삭 속았수다' 흥행, '이것' 때문에 안 되면 어쩌나 했는데.. https://www.chosun.com/entertainments/broadcast/2025/04/08/S3JZLELGTKR6XUEAR3E44WSLGI/
35	한국경제 2025. 6. 10. 티빙-웨이브 합병 '코앞'…"내년까지 요금 유지 조건". https://www.hankyung.com/article/2025061051037
36	https://www.topstarnews.net/news/articleView.html?idxno=15705318
37	https://news.kbs.co.kr/news/pc/view/view.do?ncd=8288034&ref=A
38	https://sports.khan.co.kr/article/202506261700003?pt=nv
39	https://news.unn.net/news/articleView.html?idxno=575426
40	https://www.newsis.com/view/NISX20250604_0003201452
41	https://www.skyedaily.com/news/news_view.html?ID=251498
42	글로벌 이코노믹 2025. 4. 16. 유럽 기후변화 심각… 2024년 하천망 30% '심각한 홍수' 335명 사망, https://m.g-enews.com/view.php?ud=202504151944358622fbbec65dfb_1#_PA
43	한겨레신문 2025. 1. 16. 'PC주의 반감' 불붙이는 트럼프… 사회적 약자 '포용'이 사라진다, https://www.hani.co.kr/arti/international/

44 방송통신위원회 2025. 3. 26. 방통위, 24년 방송시장경쟁상황 평가 결과 발표

part 2

1 박정재(2023), 기후위기 속 도시의 미래, 지식의 지평, (35), 69-90.
2 https://www.climatescorecard.org/2021/06/spotlight-report-lisbon-deemed-2020-european-green-capital-exemplifies-commitment-to-sustainable-development-and-decreasing-emissions/
3 딜로이트(2023), 기후위기의 시대, 도시의 재발견: 지속 가능한 삶의 공간으로 전환, 딜로이트 인사이트
4 https://ecobnb.com/blog/2021/05/green-lisbon-portugal/
5 https://centreforpublicimpact.org/public-impact-fundamentals/green-participatory-budgeting-lisbon-portugal/
6 https://boku.ac.at/en/universitaetsleitung/rektorat/stabsstellen/oeffentlichkeitsarbeit/themen/presseaussendungen/presseaussendungen-2022/02022022-new-method-for-co2-monitoring-in-vienna-on-high-level
7 Vienna Municipal Administration (2022), Smart Climate City Strategy Vienna.
8 https://www.jejusori.net/news/articleView.html?idxno=411755
9 제주연구원(2025), 제주올레의 경제적 가치 평가에 관한 연구.
10 https://www.jejunews.com/news/articleView.html?idxno=1999255
11 https://www.jejusori.net/news/articleView.html?idxno=430140

12	https://www.wgsn.com/en/great-exhaustion?utm
13	https://press.uos.ac.kr/news/articleView.html?idxno=14328&utm
14	https://www.donga.com/news/Economy/article/all/20240711/125878641/1
15	https://www.hynews.ac.kr/news/articleView.html?idxno=12830
16	Global Wellness Institute(2021) Wellness Tourism, Spas, and Thermal/Mineral Springs
17	https://mediahub.seoul.go.kr/archives/2012527
18	동아일보 2024. 5. 12. "부가가치 사상 초월"… 스마트시티, 위기의 한국경제 등불될까, https://www.donga.com/news/article/all/20240510/124883850/1
19	국토연구원 기획경영본부 출장보고서, https://www.krihs.re.kr/board.es?mid=a10506000000&bid=0014&tag=&act=view&list_no=397337
20	연합뉴스 2025. 2. 12. '빈살만 승부수' 네옴시티에 AI 데이터 센터 들어선다, https://www.yna.co.kr/amp/view/AKR20250212060900009
21	머니투데이 2024. 10. 10 오세훈 "서울이 세계 스마트도시 플랫폼, 약자와 동행할 것" https://news.mt.co.kr/mtview.php?no=2024101016022522013
22	인천일보 2019. 5. 15 시흥형 스마트시티 '정왕동' 밑그림, https://www.incheonilbo.com/news/articleView.html?idxno=945155
23	국토교통부 2022. 9. 29 보도자료, 스마트 도시 9곳, 스마트 서비스 4개 인증.
24	에스엘 플랫폼 SH공사 고덕강일지구 소셜 스마트 주거서비스 애플리케이션 리뉴얼 2024. 4. 1 https://sl-platform.com/pr/pressdetails.aspx?bbs_seq=314
25	거제신문 2024. 7. 17. 거제조선업 50년, 반세기의 역사를 돌아보다, https://www.geojenews.co.kr/news/articleView.html?idxno=82062
26	경인일보 2023. 10. 9. 반도체 지나온 50년, 앞으로의 100년, https://www.kyeongin.com/article/1658484
27	김완중(2022). 한국 신재생에너지 산업의 지역별 성장 격차: 동태적 변이

할당분석. 아시아연구, 25(1), 405-424.
28. 여행신문 2024. 7. 5. 민관학 한데 모여 관광 R&D 활성화 모색 "중요성 인식하고 투자 확대해야" https://www.traveltimes.co.kr/news/articleView.html?idxno=408838
29. 한국노동연구원 정책보고서 2023. 12. 29. 스마트관광 활성화가 고용에 미치는 영향.
30. 중부일보 2025. 1. 12 양주시 물류센터 건축주 직접 밝혔다… "지역주민 일자리 창출·세수증대 기여할 것" https://www.joongboo.com/news/articleView.html?idxno=363682206
31. 매일경제 2024. 9. 3. 쿠팡 2026년까지 지방서 1만명 더 뽑는다, https://www.mk.co.kr/news/business/11108791
32. 이우배(2020) 지식경제시대 전통산업도시 부흥전략 연구: 미국 러스트벨트 도시 사례를 중심으로, 한국지역 개발학회지, 32(3), 95-122.
33. Cowell, Margare. (2015). Dealing with Deindustrialization: Adaptive Resilience in American Midwestern Regions. Routledge
34. 영남일보 2022. 11. 25. {윤대식의 시중세론} 피츠버그의 쇠퇴와 부활, https://www.yeongnam.com/web/view.php?key=20221116010002223
35. 권진우, 정시이, 이슬(2022). 지역 고용 위기의 원인과 대응: 경기도 5개 도시 사례, GRI연구논총 24(4), 29-56.
36. 김기완, 김형태(2017), 지역산업구조 재편의 영향과 전략, KDI 연구보고서 2017-11.
37. 정여울. (2018). 나만 알고 싶은 유럽 작은 도시. 인플루엔셜.
38. 배정철. (2022). 작은 도시에서 길을 묻다. 반니.
39. Kim, S. (2020). K-pop and Korean soft power: promoting Seoul as a global city. International Journal of Cultural Policy, 26(3), 368-381.s.
40. 노지민 (2025). '국민 드라마'도 넷플릭스로?… '폭싹 속았수다'가 바꾼 공식. 미디어오늘 (2025.3.16)

41 황소영. (2020). 美 할리우드로 간 박준형, '와썹맨GO!' 론칭⋯27일 넷플릭스 공개. 일간스포츠 (2020.3.25).
42 김혼비. (2020). 아무튼, 술. 제철소.
43 Buhalis, D., & Amaranggana, A. (2015). Smart tourism destinations enhancing tourism experience through personalisation of services. In Information and Communication Technologies in Tourism 2015 (pp. 377–389). Springer.
44 Jansson, A. (2007). A sense of tourism: New media and the dialectic ofdisplacement. Tourism Geographies, 9(3), 273-292. Jenkins, H. (2006). Convergence Culture: Where Old and New Media Collide. NYU Press.
45 연합뉴스 2021. 4. 19. 가상화폐 규제 들어가나⋯ 정부 경고한 2018년엔 비트코인 폭락. https://www.yna.co.kr/view/AKR20210419070951002
46 매일경제 2025. 5. 20. 미 스테이블법안 사실상 통과에 비트코인 10.6만 달러. https://www.mk.co.kr/news/stock/11321635
47 주요국 지역화폐 발행 형태의 변화. 2019. 5. 21. 자본시장포커스, 자본시장연구원.
48 매일경제 2024. 10. 3. 지역화폐 써봤더니 "득보단 실"⋯ 미국, 영국, 일본서도 잇단 중단. https://www.mk.co.kr/news/economy/11131238
49 연합뉴스 2025. 2. 14. 경기도 올해 지역화폐 더 늘린다⋯ 최대 4조7천억 원 발행. https://www.yna.co.kr/view/AKR20250214062700060
50 매일경제 2025. 5. 30. "통화주권 더는 잃을 수 없다" 각국서 힘 받는 스테이블 코인 금융 게임체인저 될 수 있을까. https://www.mk.co.kr/news/economy/11331018
51 머니투데이 2025. 5. 28. 인스코비, 파라메타, 원화기반 '스테블코인' 만든다. https://news.nate.com/view/20250528n09528
52 본미디어 2025. 5 .29. 지역화폐, 블록체인에서 해답 찾아야. https://www.bonmedia.kr/news/articleView.html?idxno=3389
53 인베스트 라운지 2025. 3. 26. 예치금 구조 (3) - 소멸된 예치금의 그림

	자. https://eastast.tistory.com/256?category=1275219
54	중도일보 2023. 7. 27. 독일 작은 마을서 유통되는 마이너스 금리 화폐 '킴가우어' https://m.joongdo.co.kr/view.php?key=20230726010007597
55	조선일보 2024. 12. 16. 100만원 지역화폐 발행 유통비만 10만원… 그 돈으로 소상공인 지원이 낫다 https://www.chosun.com/economy/economy_general/2023/11/28/6TOVMS3XIJAC3IL2FTQTWUV7Y4/
56	고양신문 2023. 9. 11. 인천e음 5년, 지역에서 번 돈 지역에서 도는 선순환 모델 만들다 https://www.mygoyang.com/news/articleView.html?idxno=75137
57	인천in 2019. 6. 21. 세금으로 캐시백 혜택 - 지속 가능성에 성패 달려 http://t618.ndsoftnews.com/news/articleView.html?idxno=49594
58	인천투데이 2019. 7. 30. '인천e음 오해와 진실' 5문 5답…e음카드로 금괴 구입? https://mail.google.com/mail/u/0/#search/%EC%9D%B4%EC%9E%AC%EC%A7%84
59	https://namu.wiki/w/%ED%94%8C%EB%9E%9C%2075
60	https://www.aseanexpress.co.kr/news/article.html?no=9896
61	https://economist.co.kr/article/view/ecn202501100028
62	https://www.mbn.co.kr/news/culture/5085892
63	https://eiec.kdi.re.kr/publish/naraView.do?fcode=00002000040000100012&cidx=7308
64	https://www.hani.co.kr/arti/international/japan/1148266.html
65	https://www.youtube.com/watch?v=ymnC-whbwLU&t=163s
66	Fukuoka City (2023), Fukuoka Dementia-Friendly Design (2nd edition).
67	https://www.dementianews.co.kr/news/articleView.html?idxno=7327
68	국회도서관 (2024), 초고령사회와 노인돌봄 한눈에 보기.

69 World Economic Forum Global Risks Report 2025
70 UN Human Development Report 2023
71 World Development Report 2020
72 https://view.asiae.co.kr/news/view.htm?idxno=2018120407123601360
73 https://news.kbs.co.kr/news/pc/view/view.do?ncd=4087538&ref=A
74 세계이주보고서 2024
75 https://imnews.imbc.com/news/2024/enter/article/6570026_36473.html
76 https://news.mt.co.kr/mtview.php?no=2024121909083180012
77 https://www.jjan.kr/article/20211216746292
78 나미선 (2023). "일본 도시의 역사와 디벨로퍼의 변신", 『대신증권』, Special Report.

남지현 (2015). "도쿄도 역세권의 지역적 공공공간 형성과 관리에 관한 연구", 서울대학교 대학원 건축학과 박사학위논문.

송연정 (2015). "일본 도시철도와 대형 사철의 경영전략", 『철도저널』, 18권, 3호, pp.96-102.

일본정부관광국 (2022). 변화하는 도쿄의 풍경, 시부야의 하늘이 열리다.

한광야 (2022). '철도, 오래된 도심으로 돌아오라', 광주일보 (2022.08.23).

한광야 외 2인 (2024). "도쿄의 철도 기반 도시확장 특성에 관한 고찰", 『도시설계』, 25권, 6호, pp.99-118.

한광야 외 3인 (2022). "대구의 철도 기반 도시확장 특성에 관한 고찰", 『도시설계』, 23권, 5호, pp.105-124.

Abe, R. & Kato, H. (2017), 'What Led to the Establishment of a Rail-oriented City? Determinants of Urban Rail Supply in Tokyo, Japan, 1950-2010', Transport Policy, vol. 58, pp.72-79.

Aoyama, Y. (2020), 'Tokyo Metropolis after the 2020 Olympics and Paralympics', Meiji University Graduate School of Governance Studies, vol. 16, pp.175-202.

Cao, Z. (2022), 'Integrating Station-Area Development with Rail Transit Networks: Lessons from Japan Railway in Tokyo', Urban Rail Transit, vol. 8, pp.167-174.

Chorus, P. (2012), Station Area Developments in Tokyo and What the Randstad can Learn from It, Eburon Publisher.

Figes, O. (2019), The Europeans: Three Lives and the Making of a Cosmopolitan Culture, Metropolitan Books, New York.

Hirooka, H. (2000), 'The Development of Tokyo's Rail Network', Japan Railway and Transport Review, no. 23, pp.22-30.

Jain, V & Okazawa, Y. (2017), Case Study on Tokyo Metropolitan Region, The World Bank Group, Washington DC.

Nishikawa, Y. 2003), 'Redevelopment of Shiodome'. Japan Railway and Transport Review, no. 35, pp.48-55.

Saito, T. (1997), 'Japanese Private Railway Companies and their Business Diversification', Japan Railway and Transport Review, January, pp.2-9.

Satoh, S. (1997), 'The Morphological Transformation of Japanese Castle-Town Cities', Urban Morphology, vol. 1, no. 1, pp.11-18.

Suzuki, H. et al. (2015), Financing Transit-oriented Development with Land Values: Adapting Land Value Capture in Developing Countries, World Bank Group.

Tanabe, H. (1978), 'Problems of the New Towns in Japan', Geo Journal , vol. 2, no. 1, pp.39-46.

Waley, P. (1990), 'The Sumida: Changing Perceptions of a River', Géocarrefour Année, vol. 65, no. 4, pp.261-275.

Yajima, T. & Ieda, H. (2019), TOD Practice in Japan; Tokyo, A

Global City Created by Railways, Institute of Behavioral Sciences.
79 Ray Oldenburg, The Great Good Place (1999)
80 Abe, R. & Kato, H. (2017), 'What Led to the Establishment of a Rail-oriented City? Determinants of Urban Rail Supply in Tokyo, Japan, 1950-2010', Transport Policy, vol. 58, pp.72-79.
81 한광야 김민지 손강현 (2024). "도쿄의 철도 기반 도시확장 특성에 관한 고찰", 『도시설계』, 25권, 6호, pp.99-118.
82 나미선 (2023). "일본 도시의 역사와 디벨로퍼의 변신", 『대신증권』, Special Report.
83 Chorus, P. (2012), Station Area Developments in Tokyo and What the Randstad can Learn from It, Eburon Publisher.
84 Suzuki, H. et al. (2015), Financing Transit-oriented Development with Land Values: Adapting Land Value Capture in Developing Countries, World Bank Group.
85 한광야 김민지 손강현 (2024). "도쿄의 철도 기반 도시확장 특성에 관한 고찰", 『도시설계』, 25권, 6호, pp.99-118.
86 유홍준. (2011). 나의 문화유산답사기. 미디어창비.
87 김진희. (2020). 도시문화재의 디지털 콘텐츠 활용 방안 연구. 도시문화연구, 32(2), 77-102. 유홍준. (2011). 나의 문화유산답사기.
88 김진희. (2020). 도시문화재의 디지털 콘텐츠 활용 방안 연구. 도시문화연구, 32(2), 77-102.유홍준. (2011). 나의 문화유산답사기.
89 유네스코한국위원회. (2021). 유네스코 세계유산과 지역개발 전략. 서울: 유네스코한국위원회.
90 김이연. (2017). 세계문화유산 '경주역사유적지구', 신라 천년의 역사가 빛나는 곳. 중앙이코노미뉴스 (2017.10.05) https://www.joongangenews. com/news/articleView.html?idxno=202163
91 정승현. (2021). 지역 유산 기반 관광 콘텐츠 개발 사례 분석. 관광학연구, 45(1), 123-146.

92 Royal Commission for AlUla. (2022). AlUla heritage and cultural development plan. Saudi Arabia: Royal Commission for AlUla..

93 유네스코한국위원회. (2025). 사우디아라비야, 아드-디리야의-아트-투라이프-지구. https://heritage.unesco.or.kr/아드-디리야의-아트-투라이프-지구/.

94 Cho, M. (2019). Cultural Heritage and Urban Regeneration in East Asia. Journal of Urban Culture Research, 18, 25-40..

95 정진환. (2022). 문화유산을 활용한 지역 스토리텔링 전략에 관한 연구. 한국문화관광연구원, 24(3), 45-69..

96 OECD. (2020). Cultural and Creative Industries: Local Economic Development Strategies. Paris: OECD Publishing.10.

97 신학현 (2019.3.24). 이제는 '레트로'에서 한 보 전진해 '뉴트로(New+Retro)'다. 데일리메이커. https://www.d-maker.kr/news/articleView.html?idxno=9868

98 전북투어패스. (2023). 군산 시간여행마을 가이드. https://www.jbtourpass.kr/travel/705. 정준모 (2022.8.15). 군산시간여행마을 달빛산책 코스 이색적인 명소 자리매김. 전북도민일보. https://www.domin.co.kr/news/articleView.html?idxno=1392638

99 한국관광공사. (n.d.). 근대문화도시 군산 - 시간여행축제. 대한민국 구석구석. https://korean.visitkorea.or.kr/detail/fes_detail.do?cotid=2b735374-27aa-41db-bfac-888e410d80e0

100 국토연구원. (2023). 도시재생과 청년 유입: 제물포 르네상스 사례 분석 (연구보고서 No. KRI-23-04). 국토연구원. 양원석 (2016.2.25). 유령거리 '제물포' 옛 명성 되찾나… 인천시 10년 재생사업 시동. https://biz.newdaily.co.kr/site/data/html/2016/06/17/2016061710045.html

101 국토연구원. (2023). 도시재생과 청년 유입: 제물포 르네상스 사례 분석 (연구보고서 No. KRI-23-04). 국토연구원. 양원석 (2016.2.25). 유령거리 '제물포' 옛 명성 되찾나… 인천시 10년 재생사업 시동. https://biz.newdaily.

co.kr/site/data/html/2016/06/17/2016061710045.html
102 인천광역시. (2023). 제물포 르네상스 추진계획: 구도심 혁신 및 창업 활성화 전략. 인천광역시청. https://www.incheon.go.kr. Incheon Metropolitan City. (2023). 제물포 르네상스 마스터플랜 보고서 [Jemulpo Renaissance Master Plan Report]. 인천광역시.
103 Kim, H., & Lee, S. (2022). "Urban regeneration strategies for declining port cities: A case study of Incheon." Journal of Urban Planning and Development, 148(3), 04522022. https://doi.org/10.xxxx/jup.2022.04522022
104 Sasaki, M. (2010). "Cultural policy and urban regeneration in Japan: A case study of Osaka's Shinsekai district." International Journal of Urban and Regional Research, 34(3), 741-760. https://doi.org/10.xxxx/ijur.2010.7417608
105 Authentic Portugal. (n.d.). Come party in the Ribeira district in Porto. https://authentic-portugal.com/en/256/ribeira-district-in-porto
106 OpenEdition Journals. (2025). A case study of the historic centre of Porto. In Situ - Revue des patrimoines. https://journals.openedition.org/insituarss/4534?lang=en. Porto City Council. (2024). Basic strategy for the dispersion of Porto's tourism flows and the creation of quarters in the Municipality of Porto. Visit Porto. https://visitporto.travel/storage/01HZER0RKPNVVFD34JJNNK2ZA4.pdf
107 Castells, M. (2010). The rise of the network society (2nd ed.). Wiley-Blackwell.
108 Florida, R. (2017). The new urban crisis: How our cities are increasing inequality, deepening segregation, and failing the middle class—and what we can do about it. Basic Books. Glaeser,

E. L., & Gottlieb, J. D. (2020). Urban decline and innovation in shrinking cities. Journal of Economic Perspectives, 34(3), 133-157. Hall, P. (1998). Cities in civilization: Culture, innovation, and urban order. Pantheon Books.

109 김희연, 춘천인형극제 20돌..세계 축제로 정착 보람, 경향신문, 2008. 07.21

박기남, 춘천리포트. 4, 개방시대의 춘천, 나남, 2009

박수혁, "개최지 논란, 춘천마임축제 무산위기", 한겨레신문, 2013.03.14.

유승호, 문화도시 : 지역발전의 창조적 패러다임, Gasse 아카데미. 2018

이원경, 지역축제 및 브랜드 사례 분석을 통한 중소도시의 브랜드 아이덴티티 체계 구축 연구, 경기대학교, 2014.

허준구, "기록과 증언으로 보는 춘천이야기, 마임이스트 유진규와 춘천 : 춘천마임축제 원형을 찾아서", 2024.02.01.

Christina Marinom A Charleville-Mézières, les marionnettes ne perdent pas le fil, Le Monde, 20 septembre 2021.

이미지 출처

9쪽 it bag from Barcelona, España, CC BY 2.0 〈https://creativecommons.org/licenses/by/2.0〉, via Wikimedia Commons. https://upload.wikimedia.org/wikipedia/commons/0/07/FIFA_World_Cup_2010_Spain_Switzerland_midfield.jpg

10쪽 Diario de Madrid, CC BY 4.0 〈https://creativecommons.org/licenses/by/4.0〉, via Wikimedia Commons, https://upload.wikimedia.org/wikipedia/commons/1/1c/Mercado_de_Productores_apuesta_por_el_consumo_responsable_en_Matadero_Madrid_01.jpg

16쪽 위키미디어커먼스: https://commons.wikimedia.org/wiki/File:Weverseofficiallogo.png?uselang=ko

22쪽 사진=농심

24쪽 DonkeyHotey, CC BY-SA 2.0

26쪽 Republic of Korea capitol by Cjb8293, CC AS-4.0

32쪽 https://www.shutterstock.com/ko/image-vector/digital-transformation-concept-futuristic-data-flow-2601526247

34쪽 YouTube, Public domain, via Wikimedia Commons, https://upload.wikimedia.org/wikipedia/commons/b/b8/YouTube_Logo_2017.svg

40쪽 Ahn, Shin and Hong (2025)

41쪽 Ahn, Shin and Hong (2025)

42쪽 CriptoDragons artwork by CriptoDragons LP, CC BY-SA 4.0

44쪽 London Art Fair by Jpbowen, CC-SA-4.0

45쪽 Johan Meijering and Tjitske Regnery by Carla Durville, CC0 PD

55쪽 Jernej Furman from Slovenia, CC BY 2.0 〈https://creativecommons.

org/licenses/by/2.0〉, via Wikimedia Commons. https://upload.wikimedia.org/wikipedia/commons/3/35/Homepage_of_TIKTOK_Website_magnified_on_logo_with_magnifying_glass_%2853147161264%29.jpg

57쪽 EPTrilhas, CC BY 4.0 〈https://creativecommons.org/licenses/by/4.0〉, via Wikimedia Commons. https://upload.wikimedia.org/wikipedia/commons/7/75/Teoria_da_gest%C3%A3o_do_tempo_no_contexto_de_trabalho.png

67쪽 위키미디어커먼스

72쪽 경빈마마, CC BY 2.0 KR 〈https://creativecommons.org/licenses/by/2.0/kr/deed.en〉, via Wikimedia Commons. https://upload.wikimedia.org/wikipedia/commons/5/5a/Dongchimi-gimbap_2.jpg

77쪽 by Iwy, CC BY 2.0 〈https://creativecommons.org/licenses/by/2.0〉, via Wikimedia Commons. https://upload.wikimedia.org/wikipedia/commons/8/8d/Korea-Seoul-Namdaemun-Sungnyemun-11.jpg

78쪽 Squid Game 3 logo by netflix, CC PD 1.0

82쪽 [ⓒ한국관광공사 포토코리아-김지호]

84쪽 문화체육관광부 메타버스 데이터랩

85쪽 [ⓒ한국관광공사 포토코리아-허은선]

87쪽 Poster for the 1915 film Alice in Wonderland by Eskay Harris, CC0-PD

88쪽 Elon Musk Aril 2022, by US Air Force, CC0-PD

92쪽 A caged rabbit by Abiolakintrunde, CC0-PD

94쪽 https://www.pexels.com/ko-kr/photo/684387/

97쪽 저자촬영

98쪽 number of natural disaster events by Our World In Data, CC AS-4.0

99쪽 Esther McVey Political Cabinet 2024 by The Conservative Party, CC BY

102쪽	방송통신위원회 보도자료, 2025. 3. 26.
103쪽	Tesla Optimus Gen-2 Humanoid robot by Tesla, CC-A 3.0
110쪽	2024년 이상기후 보고서
111쪽	2024년 이상기후 보고서
113쪽	pixabay
116쪽	저자 촬영
119쪽	Unsplash/aestelle 제공
122쪽	저자 촬영
125쪽	pixabay
130쪽	Pixabay, HolgersFotografie, Creative Commons Zero, Public Domain Dedication
132쪽	한국은행(2024); 경제활동 인구조사
133쪽	2323209Dhwani, CC BY-SA 4.0
135쪽	Global Wellness Institute(2021)
137쪽	Matteo Morando, Creative Commons Attribution-ShareAlike 4.0 International
139쪽	웰니스 페스티벌 웹사이트
150쪽	NASA Johnson Space Center, PD CC0 1.0
153쪽	Jeferrb, PD CC0 1.0
155쪽	Hadi, PD CC0 1.0
157쪽	Cergun62, PD CC0 1.0
159쪽	시흥시 홈페이지
164쪽	ENERGY.GOV, PD CC0 1.0
167쪽	Océanos y dados, PD CC0 1.0
169쪽	David E. Lucas, PD CC0 1.0
176쪽	충주시 유튜브 채널(2025.3.11) https://www.youtube.com/watch?v=qMc0w04qkOQ.(충주시 뉴미디어팀 이미지 사용 승인받음)
178쪽	충주시 유튜브 채널(2025.3.11) https://www.youtube.com/

	watch?v=qMc0w04qkOQ.(충주맨 이미지 사용 승인받음
180쪽	빠니보틀 유튜브채널 썸네일, https://www.youtube.com/watch?v=F2utz6L76D0.(빠니보틀 이미지 승인받음)
189쪽	인천시 및 인천크래프트 홈페이지 (https://incheoncraft.net/#/contents). (인천시 이미지 사용 승인받음)
194쪽	Percy Benzie Abery, CC0 1.0
196쪽	Vijay Verma, CC0 1.0
198쪽	B140970324, CC SA 4.0
199쪽	Spuspita, CC SA 4.0
205쪽	Christian Gelleri, CC SA 2.0
213쪽	Unsplash/K. Mitch Hodge 제공)
216쪽	2023 건강보험통계연보
219쪽	WHO Age-friendly World 홈페이지, 2025.6월 기준
221쪽	후쿠오카시 홈페이지
226쪽	위키미디어커먼스 https://commons.wikimedia.org/wiki/File:Flag_of_Cheongyang.svg?uselang=ko
230쪽	Freepik by redgreystock
237쪽	자료: 통계청(2024), 2022년 기준 장래인구추계를 반영한 내·외국인 인구추계: 2022~2042년
241쪽	Bernard Gagnon, Creative Commons Attribution-Share Alike 4.0
243쪽	José Luiz, Creative Commons Attribution-Share Alike 4.
270쪽	한광야 김민지 손강현 (2024). "도쿄의 철도 기반 도시확장 특성에 관한 고찰", 『도시설계』, 25권, 6호, pp.99-118.
271쪽	저자 촬영
272쪽	저자 촬영
	한광야 김민지 손강현 (2024). "도쿄의 철도 기반 도시확장 특성에 관한 고찰", 『도시설계』, 25권, 6호, pp.99-118.
273쪽	저자 촬영

274쪽	저자 촬영
275쪽	저자 촬영
283쪽	https://www.shutterstock.com/ko/image-photo/sunset-view-hwaseong-fortress-unesco-world-2622693799(이미지 사용 승인)
288쪽	Cornflower123, CC0, via Wikimedia Commons. https://upload.wikimedia.org/wikipedia/commons/b/bc/Woljeonggyo_Bridge.jpg(이미지 사용 승인)
290쪽	Bernard Gagnon, CC0, via Wikimedia Commons. https://upload.wikimedia.org/wikipedia/commons/e/ed/Jeonju_Hanok_Maeul_01.jpg(이미지 사용 승인)
292쪽	WIKIMEDIA COMMONS, 사우디아라비아 알울라 Heritage Commission, CC BY-SA 4.0 〈https://creativecommons.org/licenses/by-sa/4.0〉, via Wikimedia Commons. https://commons.wikimedia.org/wiki/File:1%D8%A8%D9%84%D8%AF%D8%A9_%D8%A7%D9%84%D8%B9%D9%84%D8%A7.jpg(이미지 사용 승인)
305쪽	CJ ENM 커머스부문, 하이트진로 보도자료. https://www.hitejinro.com/socialmedia/press_view.asp?seq=20620&page=1. https://cjnews.cj.net/cj%ec%98%a8%ec%8a%a4%ed%83%80%ec%9d%bc-x-cu-x-%ea%b3%b0%ed%91%9c-%eb%b9%bc%eb%b9%bc%eb%a1%9c%eb%8d%b0%ec%9d%b4-%eb%a7%9e%ec%95%84-9d%b4%ec%83%89-%ec%bd%9c%eb%9d%bc%eb%b3%b4/(CJ ENM 커머스부문 이미지 사용 승인받음 / 진로 이미지 사용 승인받음)
309쪽	군산 온라인홍보포털시스템 https://uprbank.gunsan.go.kr/main/m54/index.do군산시청 홈페이지 (군산시 문화관광) https://www.gunsan.go.kr/tour/m2078.(군산시 이미지 사용 승인받음)
312쪽	https://www.shutterstock.com/ko/image-photo/night-view-gaehangjanggeori-junggu-incheon-2402035023(이미지 승인)
313쪽	인천관광공사 (2025). https://www.ito.or.kr/main/introduce/

business4_5.jsp. (인천관광공사 이미지 사용 승인받음)

318쪽 Nesnad, CC BY 4.0 〈https://creativecommons.org/licenses/by/4.0〉, via Wikimedia Commons. https://upload.wikimedia.org/wikipedia/commons/2/2b/Shinsekai_-_Osaka_-_2025_Jan_1_-_360_degree_panorama.jpeg(이미지 사용 승인)

319쪽 Roberto orgera, Public domain, via Wikimedia Commons, Joe deSousa [2], CC0, via Wikimedia Commons. https://upload.wikimedia.org/wikipedia/commons/1/1c/The_city_Porto_%28Portugal%29.jpg. https://upload.wikimedia.org/wikipedia/commons/6/6c/PORTO_-_prca_da_Ribeira.JPG. (이미지 승인)

329쪽 UNIMA Korea제공

332쪽 춘천인형극제 제공

335쪽 춘천인형극제 제공

338쪽 춘천인형극제 제공

문화 트렌드 2026: 도시활력과 지역발전을 위한 12가지 조류와 제안

초판발행	2025년 10월 25일
지은이	신형덕·박지현·박영은·정보람·조만수·한광야
펴낸이	안종만·안상준
편 집	조영은
기획/마케팅	김민규
표지디자인	권아린
제 작	고철민·김원표
펴낸곳	(주) **박영사**
	서울특별시 금천구 가산디지털2로 53, 210호(가산동, 한라시그마밸리)
	등록 1959. 3. 11. 제300-1959-1호(倫)
전 화	02)733-6771
fax	02)736-4818
e-mail	pys@pybook.co.kr
homepage	www.pybook.co.kr
ISBN	979-11-303-2398-5 03320

copyright©신형덕·박지현·박영은·정보람·조만수·한광야, 2025, Printed in Korea

* 파본은 구입하신 곳에서 교환해 드립니다. 본서의 무단복제행위를 금합니다.

정 가   17,000원